图书馆数字化及个性化信息服务研究

崔建伟 著

天津出版传媒集团
天津科学技术出版社

图书在版编目(CIP)数据

图书馆数字化及个性化信息服务研究 / 崔建伟著
. -- 天津：天津科学技术出版社, 2024.4
ISBN 978-7-5742-1969-4

Ⅰ. ①图… Ⅱ. ①崔… Ⅲ. ①图书馆服务－研究
Ⅳ. ①G252

中国国家版本馆CIP数据核字(2024)第072697号

图书馆数字化及个性化信息服务研究
TUSHUGUAN SHUZIHUA JI GEXINGHUA XINXI FUWU YANJIU

责任编辑：刘　鸫
责任印制：兰　毅
出　　版：天津出版传媒集团
　　　　　天津科学技术出版社
地　　址：天津市西康路35号
邮　　编：300051
电　　话：（022）23332377
网　　址：www.tjkjcbs.com.cn
发　　行：新华书店经销
印　　刷：河北万卷印刷有限公司

开本 710 × 1000　1/16　印张　16.5　字数　220 000
2024年4月第1版第1次印刷
定价：98.00元

前 言

在信息技术飞速发展的今天，图书馆数字化转型已成为全球图书馆界的共同追求。数字化不仅改变了信息的存储与传播方式，还极大地丰富了图书馆的服务功能和服务模式，使得个性化信息服务成为可能。《图书馆数字化及个性化信息服务研究》这部专著，旨在全面探讨图书馆数字化的理论基础、实践应用、系统设计、个性化服务以及未来发展趋势，为图书馆信息服务专业人员、管理者和研究者提供一本内容全面的参考书。

随着数字技术的快速发展，特别是互联网的广泛应用和移动计算技术的日趋成熟，图书馆界面临着前所未有的挑战和机遇。数字化已经深刻地影响了图书馆的各个方面，包括资源的采集、信息的组织、服务的提供及其管理方式。图书馆数字化不仅仅是传统纸质资源向电子资源的转换，更涉及服务模式的创新和用户体验的提升。在这个过程中，作为一种新兴的服务模式，图书馆个性化服务应运而生，它以用户为中心，力求为用户提供更为贴心、精准的信息服务。

本书的第一章“图书馆数字化概述”介绍了数字技术的基本理论和图书馆数字化的概念、内涵、特点、功能以及发展历程。这些内容为读者提供了图书馆数字化的理论框架和历史背景，为理解后续章节中更具体的讨论打下基础。

第二章“图书馆数字化信息服务与建设”则着眼于图书馆数字化服

务的实践层面，从图书馆数字化信息服务标准化、服务体系构建、资源建设到管理系统建设等方面进行阐述。这部分内容展示了图书馆数字化转型过程中的实际操作和管理策略，为图书馆数字化实践提供了行动指南。

第三章“图书馆数字化信息管理系统设计”深入探讨了图书馆数字化信息管理系统需求分析、数据库分析与设计、信息管理系统详细设计以及信息管理系统实现策略，旨在为图书馆数字化信息管理系统的开发和实施提供科学的方法和实践指导。

第四章“数字化图书馆个性化服务分析”和第五章“数字化图书馆个性化信息服务创新”则将视角转向图书馆个性化服务，探讨个性化服务的理论、模式、技术及其创新内容，这些讨论对于图书馆如何在数字化背景下提供更加精准和高效的服务具有重要的指导意义。

最后，第六章“图书馆数字化与个性化服务未来发展趋势”展望了图书馆数字化服务的未来发展方向，特别是人工智能技术如何融入图书馆服务，以及数字化服务的创新方向，为图书馆未来的发展提供了思路和预见。

本书综合了理论分析和实践经验，多角度、多层面地介绍了图书馆数字化及个性化信息服务的全貌。本书不仅适于图书馆及信息科学领域的研究者和学生，也可供图书馆管理者和实践工作者参考。随着图书馆服务环境的不断变化，数字技术的不断进步，图书馆的未来将充满变革和创新。本书旨在为这一变革和创新提供理论支撑和实践指导，帮助图书馆从业者更好地适应数字时代，不断提升信息服务的质量和效率。

作者

2024 年 2 月

目　录

第一章　图书馆数字化概述

第一节　数字技术的基本理论

一、数字技术的概念

数字技术是现代信息科学的一个基础领域，是一项与电子计算机相伴相生的科学技术，它是指借助一定的设备将各种信息，包括图、文、声、像等，转化为电子计算机能识别的二进制数字“0”和“1”后进行运算、加工、存储、传送、传播、还原的技术。①

在数字技术的运作过程中，关键的环节包括编码、压缩、解码等步骤，这些步骤通过计算机程序的执行来实现。编码是将原始信息转换成为机器语言的过程；压缩是减少数据所需存储空间或传输带宽的过程；而解码则是将这些编码后的信息恢复到其原始形态。通过这些步骤，数字技术能够确保信息在电子设备之间传送时的完整性和准确性。

数字技术推动了信息科学的发展，使得大量数据能够以更小的存储空间和更快的速度进行传输。它的应用领域非常广泛，从日常生活的通

① 任慧栋．数字化图书馆研究[M]．北京：中国书籍出版社，2016：3.

信设备到复杂的工业制造，从简单的数据存储到大规模的信息处理，数字技术都起到了核心的作用。数字技术的应用也促进了其他领域的发展，如数字媒体、数字艺术、数字医疗以及智能制造等。

二、数字技术的特点

数字技术显著地改变了人类对信号与系统的理解和应用。

（一）数字系统的精度问题得以通过增加二进制位数有效解决

数字系统的精度问题通过增加二进制位数（量化比特数）有效解决，是数字信号处理领域的一个重要进展。与模拟信号相比，数字信号的一个显著优势在于其对噪声的抵抗力。模拟信号容易受到各种噪声的干扰，而这种干扰往往会导致信息失真。在数字信号中，增加量化的比特数，可以有效降低量化噪声，即在信号转换过程中由于分辨率限制造成的信息丢失。量化比特数的增加意味着信号表示的精细程度提高，从而提升了信号处理的精度。这种精度的提升对于信号的质量和可靠性至关重要。在信号处理领域，尤其是在那些要求高精度信号重建的应用中（如高清音视频传输、精密测量和医疗成像等），数字信号的这一特性使得它能够提供更为清晰、准确的信息传递和处理能力。因此，增加二进制位数在数字信号处理技术中是提升信号质量和系统性能的有效途径。

（二）数字信号与计算机技术的融合为信号处理提供了前所未有的便捷性

数字信号与计算机技术的融合标志着信号处理领域的一个重要变革，为信号处理带来了前所未有的便捷性和灵活性。数字信号的特点使其极易被计算机算法处理，这种易处理性不仅有利于实现复杂的过程控制和高效的信息显示，还使得数字化产品能够无缝地融入各种计算机系统中。计算机的核心特性，如可编程性、高速运算能力和大容量存储，为数字信号处理提供了强大的支撑。这种支撑使得数字信号可以被更加高效和灵活地应用于广泛的场景中，从基础的数据传输到复杂的图像处理、从简单的声音编辑到高端的人工智能应用，数字信号在计算机技术的助力下展现出巨大的潜力和广泛的应用前景。因此，数字信号与计算机技术的融合不仅提升了信号处理的效率和准确性，还为各种数字化应用提供了新的可能性，推动了技术创新和产业发展。

（三）数字技术显著提高了资源利用率

数字技术在提高资源利用率方面的贡献是显著的，尤其在通信和数据存储领域表现突出。通过高效的数字调制技术，频道的频带利用率得以显著提升，意味着在每个赫兹（Hz）的带宽内可以传送更多的数据。这种提升在带宽有限的通信系统中尤为重要，因为它允许在相同的频谱资源下传输更多的信息，从而提高整体的通信效率。

数字信息压缩技术也在资源利用率的提升中扮演着关键角色。有效的压缩算法可以在尽可能减少数据失真的同时显著降低数据的体积。这种降低不仅减少了数据传输过程中对信道带宽的需求，也减少了对存储介质空间的占用。在数据密集型的应用中，如视频流媒体、云存储和大规模数据中心，这种压缩技术的应用是至关重要的。它不仅提高了存储和传输效率，还有助于降低相关的成本和能耗。

数字技术在提高资源利用率方面的作用不可小觑。通过高效的调制技术和信息压缩算法，数字技术能够更加充分地利用有限的带宽和存储资源，这对于应对日益增长的数据通信和存储需求具有重要意义。

（四）数字信号采用二值形式

数字信号的二值形式，即使用电路的两个稳态（通常为高电平和低电平）来表示信息，是数字技术在电子产品中得以广泛应用的关键因素之一。这种二值化的表示方法简化了电路设计，因为它减少了对电路中各元器件精度的要求。在模拟电路中，信号的任何微小变化都可能影响信息的准确传输，因此对元器件的精度和稳定性要求很高。相比之下，数字电路只需区分两个稳定状态，这大大降低了电路设计的复杂程度，并降低了对元器件性能的高标准要求。

数字信号的二值形式还有利于电路的集成化。集成电路的发展是现代电子技术的一个重要里程碑，而数字电路以其简化的设计和较低的精度要求，更容易实现高度集成化。这种集成化不仅使电子设备更加紧凑和高效，还降低了生产成本并提高了可靠性。

（五）数字系统部件的通用性强、可扩展性好

数字系统部件的通用性和可扩展性是其在现代技术领域中广泛应用的关键特点之一，尤其是以微处理器为代表的部件。微处理器的设计理念基于一种通用的处理平台，可以通过加载不同的软件实现多样化的功能。这种灵活性使得同一硬件设备能够适应多种不同的应用场景，极大地提高了其实用价值。这种通用性和可扩展性有利于硬件的标准化，意味着制造商可以生产统一标准的硬件产品，而用户则可以根据自己的需要通过软件来定制功能。这不仅降低了生产成本，还减少了用户在特定应用需求下的额外投入，实现一机多用。这样不仅节约了资源，提高了使用效率，也促进了技术创新，因为开发者可以更专注于软件层面的创新而不是硬件本身。

各种不同信息的数字化构成统一的比特流是实现多媒体技术的基础。无论是文字、图像、声音还是视频，所有这些不同类型的信息都可以被转换为数字信号，并以统一的数据格式存储和传输。这为多媒体技术的发展提供了坚实的基础，使得不同类型的信息能够在同一个平台上被处理和展现，从而实现了信息传播方式的革命性变化。因此，数字系统部件的通用性和可扩展性在现代信息技术发展中起着至关重要的作用。

三、数字技术的发展历程

数字技术的发展与模拟电路相同，经历了电子管、半导体分立器件到集成电路的过程。[①]

① 任慧栋．数字化图书馆研究［M］. 北京：中国书籍出版社，2016：16.

1854 年，英国数学家布尔（Boole）创立了逻辑代数，标志着数字技术的理论基础的确立。布尔发展了一种表征简单逻辑函数的代数系统，该系统以二元变量表示“真”与“假”的状态，并以“1”和“0”来代表。这种表示形式使得逻辑函数的推导与表示得以形式化，且能够通过一系列的“与”“或”“非”操作构建更为复杂的逻辑关系。布尔的逻辑代数成为后续数字电路设计基础理论的重要部分，其影响力一直延续到了现代的电子设备和计算机技术中。

1906 年，美国发明家德福雷斯特（De Forest）发明了三极管，为电子计算设备提供了关键的电子元件，促进了数字技术的实用化进程。真空管的发明不仅推动了早期的计算机和广播技术的发展，而且为之后的电子技术提供了重要的基础。

1935 年，IBM 推出了 IBM601。这是一台早期的电子计算机，其操作和处理能力的提升，进一步展示了数字技术在计算和数据处理领域的巨大潜力。IBM601 的问世标志着信息时代的开启，数字技术的应用开始向广泛的领域扩展，极大地推动了现代科学和工业的发展。

1939 年 11 月，美国科学家阿塔纳索夫（Atanasoff）及其学生贝里（Berry）构建了一台 16 位加法器，它被认为是首台采用真空管的计算机。同年，德国工程师楚泽（Zuse）与助手施莱尔（Schreyer）基于 Z1 计算机原型，发展出 Z2 计算机，并通过采用继电器改进其存储和计算单元。随后，1940 年，施莱尔设计并实现了一个 10 位的加法器，并创新性地使用了氖灯作为存储装置。

1946 年，世界上第一台完全电子化的计算机诞生，这一事件标志着人类制造工具历史上的一次质的飞跃。这台计算机增强了人类的脑力劳动能力，与此前旨在增强体力劳动的工具不同，它开启了全新的可能性，为人类社会的进步提供了强大的动力。与农业社会及后续的工业社会中创造的工具相比，这台电子计算机的出现象征着人类向信息社会转型的重大步骤，奠定了进入新时代的基础。

而数字系统的历史可以追溯到17世纪。1624年，帕斯卡（Pascal）设计了一台机械的数值加法器。1671年，德国数学家莱布尼茨（Leibniz）发明了一台可以进行乘法与除法运算的机器。1958年，第一块集成电路研制成功，这在电子设计方法上是变革的开始。

交通控制系统的演进展示了数字技术应用的历史轨迹与发展潜力。1920年，机电定时器控制的交通灯的出现标志着对城市交通流的初步规范。随后，继电器和开关的使用使得控制系统能够响应道路传感检测信号，提升了交通管理的灵活性与响应性。现代交通控制系统的计算机化则代表了数字技术在此领域中的最新应用，实现了更加动态和智能的交通流管理。系统通过分析监测到的车辆流量数据，优化信号灯的时间分配，以减轻拥堵，这种自适应控制策略显著提高了交通效率。

数字电路作为技术发展的基石，其前景被认为是无限的。特别是以个人电脑（PC）为基础的系统，因其开放性、低成本、高效率、高可靠性以及丰富的软硬件资源，成为越来越多厂家的选择。PC机在数控系统中的应用使得人机界面更加友好，编程和网络通信变得更加便捷，这些改进极大地提升了数控系统的普及率和效率。随着远程通信技术的进步，远程诊断和维护的能力得到增强，推动了工业过程向高速化和高精度化的发展。在这一过程中，人工智能技术在计算机领域的应用日益广泛，为数控系统带来了更高层次的智能化，使其能够进行更复杂的任务和决策过程。

信息化时代的推进和数字技术的普及预示着更多数字产品的诞生，这些技术革新预计将极大地促进生活方式的便捷化、丰富化与人性化。数字化进程不仅仅是技术的革命，更是对传统工业生产和社会劳作方式的根本颠覆。新产品的推出和新技术的开发将深刻改变人类的生产模式、生活习惯及思维方式，引领人类进入一个全新的数字化时代。

四、数字化信息服务

（一）数字信息分类与数字化信息服务社会规范

1. 数字信息的分类

数字信息的分类呈现多样性，反映了信息组织和检索的不同需求与方法。时效性和文件组织方式的分类表现出数字信息的差异，从即时的电子报纸到长期储存的书目数据库，再到动态不断更新的全文信息，这种分类揭示了数字资源管理的复杂性，以及如何根据信息的时效性选择合适的存储和检索系统。数字信息的分类如图 1–1 所示。

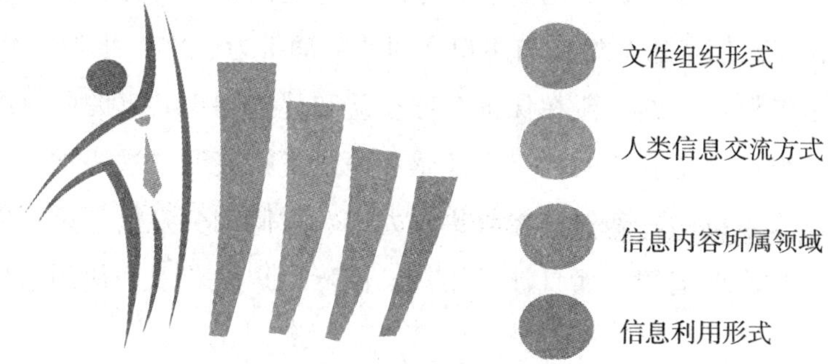

图 1–1　数字信息的分类

（1）文件组织形式。自由文本与规范文本的区分反映了信息检索的便利性与精确性。自由文本允许更为灵活的查询，而规范文本则依赖于严格定义的数据结构，提供了高度的一致性和可预测的检索结果。这种分类体现了在文本分析和信息检索技术中结构化与非结构化数据处理的差异。

（2）人类信息交流方式。将数字信息分为非正式出版信息、半正式出版信息和正式出版信息，这一分类突出了信息的权威性和正规性。非正式出版信息通常快速流通，容易获得但可靠性有待审查；半正式出版信息介于两者之间；而正式出版信息则经过严格的出版和审稿流程，具有较高的可信度。

（3）信息内容所属领域。在知识组织和学科分类的基础上，将数字信息划分为多个学科类别，如农业、人类学等。这种分类不仅反映了学科的广度和专业性，而且方便了跨学科的信息检索和知识发现。

（4）信息利用形式。信息利用形式涵盖数字信息的各种物理格式，如电子期刊、文本、技术报告、法律文件、统计资料等。这种分类强调了不同类型的信息产品在功能、用途和用户界面设计上的特异性，也揭示了信息技术在不同应用领域中的深度融合。

2. 数字化信息服务的社会规范

（1）行为规范。数字化信息服务的行为规范是一套综合性原则，旨在指导和规范信息服务机构与用户之间的互动行为。作为社会行为规范，其目的是确保信息的交流在保护个体权益和促进知识共享的同时维护社会秩序，强化信息服务的社会责任感和伦理道德底线。这些规范不仅适用于信息服务机构，确保其在收集、处理、存储和分发信息过程中遵循法律法规和伦理道德，而且涉及用户，保障用户在获取和使用信息时的合法权益。

在数字化信息服务领域，行为规范的制定必须围绕数字信息的固有特性展开。这包括对数字信息的可访问性、完整性、可靠性、及时性和相关性等方面提出明确要求。服务机构需确保信息资源的高质量标准，同时保障用户隐私和数据安全。数字化信息服务行为规范还需体现出对技术发展的适应性，考虑数字化环境下新兴技术的应用，如人工智能、大数据分析等，在此基础上，不断更新和完善规范，以反映技术进步和社会变迁。这种规范需要不断演化，以适应全球信息服务的发展趋势和跨文化的互动需要。在全球化背景下，信息服务行为规范还应考虑不同国家和地区在法律、文化和伦理标准上的差异，制定国际化标准，促进全球信息资源的共享与交流。

（2）技术规范。数字化信息服务的技术规范是指导数字环境中服务设计、实施和维护的具体技术要求和标准。在信息网络系统中，技术规范必须反映出与社会系统的相似性，确保数字化信息服务与用户的社会实践和需求相协调。技术规范的制定要具有一定的弹性，以适应技术的快速发展和多变的应用场景。由于网络环境缺乏现实社会中政府那样的中央集权机构，规范需要尊重分权化的特点，并赋予个人更大的自主权。

在数字化信息服务领域内，技术规范还要与法律规范相结合。法律规范提供了行为激励和约束，补充技术规范的不足，确保网络行为符合社会的法律和伦理要求。技术规范应内化法律规范的基本原则，从而有效地引导网络行为，保障信息服务的公共利益不受侵害。技术规范应防止恶意行为，如故意破坏网络安全和传播虚假信息的行为，确保网络环境的健康发展。

技术规范的构建和应用应当遵循透明、合理、自治、民主的原则。透明原则要求技术规范的制定和实施过程公开，以获得广泛的认可和遵守；合理原则强调技术规范应与实际需求相吻合，不应过度约束或限制创新；自治原则倡导在不侵犯他人权益的前提下，用户应自主负责其在网络环境中的行为；民主原则要求技术规范的制定应考虑所有利益相关者的意见，确保规范的公正性和有效性。

（3）法律规范。数字化信息服务的法律规范是确保网络信息环境秩序与稳定的关键，它涉及多个层面的法律法规内容，首要的是规定网络信息服务主体的权利和义务，并明确其法律地位和主体资格，这为网络信息服务提供了基本的法律框架和操作边界。法律法规还需涵盖宏观调控，确保网络信息活动的健康发展与秩序，为市场行为提供法律依据，维护公平竞争的市场环境。

在网络信息活动中，知识产权保护尤其重要，相关法律应保护创新成果，鼓励内容创造和技术进步，同时打击侵权行为。法律还需涉及社会保障方面，包括用户隐私保护、数据安全和防止网络诈骗等，以确保用户在数字化环境中的权益不受侵害。网络道德作为社会规范的一部分，在数字化信息服务领域发挥着不可或缺的作用。网络道德规范引导使用者遵循良好的网络行为准则，这不仅有利于发挥网络在教育、文化和经济等方面的正面作用，还是完善网络法治的重要补充。道德规范的建设，可以强化个体在网络信息服务活动中的自我约束能力，促进建立更加文明和谐的网络环境。

（二）用户与数字信息的关联性及其交互作用

用户与数字信息的关联性及其交互作用体现在构建基于用户的信息共享空间（information commons, IC）的过程中。IC 作为一种综合的协同学习环境，重视用户在信息使用、共享和创造中的中心地位。用户不仅是信息的接收者，还是参与者和创造者，用户与数字信息的交互作用在 IC 的设计理念中得到了充分的体现。

在实体层面，用户通过与物理空间，如电子教室、讨论室、咨询区和多媒体制作室的互动，享受具有适应性和伸缩性特点的学习和研究环境。这些空间的设计旨在满足用户多样化的学习和研究需求，同时促进群体性的交流与合作。在虚拟层面，用户通过网络平台进行协作学习和信息交流。社交网络服务（SNS）、即时消息（IM）、在线课程、数据库和数字图书馆（DL）资源等，都是构成虚拟层的关键元素，它们以用户的需求为动因，提供个性化和定制化的信息服务。

支持层则是确保用户能够有效利用 IC 资源的关键，由参考咨询馆员、IT 专家、多媒体工作者、指导教师和学习助理组成。这些工作人员的专业知识和技能对于培养用户的信息素养，以及促进用户的学习、交流、协作和研究至关重要。IC 的特点，如无处不在的接入性、适应性、伸缩性和群体性，进一步强化了用户与数字信息的关联。用户通过 IC 可以随时随地访问统一界面和资源，这使得用户的学习和研究活动更为便捷和高效。适应性和伸缩性则确保了 IC 能够随着用户需求和技术发展不断演进，提供持续的支持。

在 Web2.0 环境下，信息共享空间成为一种以用户为中心的动态服务模式。用户的需求驱动信息服务的发展，同时，信息服务的创新也反过来促进用户参与度的提升。用户在此过程中不仅是消费者，还是合作者和贡献者，这种双向的交互作用是构建有效的信息共享空间的核心。

第二节　图书馆数字化的概念与内涵

一、图书馆数字化的概念

图书馆数字化是指将图书馆的传统纸质资源通过扫描或其他形式转化为数字格式，并通过信息技术手段进行存储、管理和检索的过程。它不仅包含文本资料的数字化，也涵盖音频、视频、图像等多种非文本资料的数字化。图书馆数字化的核心目的在于提高信息资源的可获取性和传播效率，同时增强图书馆服务的时空灵活性和个性化水平。

在图书馆数字化过程中，数字资源的创建仅是第一步。关键的后续步骤包括对数字化资源的组织、索引和提供访问接口，这些步骤确保了数字资源可以被有效地检索和利用。组织数字化资源时，元数据的创建至关重要，元数据不仅描述了资源的内容和结构，也提供了关于资源的创建、版权和访问条件等信息。图书馆数字化还包含对原有图书馆服务流程的重构。数字技术使得用户可以远程访问图书馆资源，这要求图书馆在数字化服务中实施新的用户服务策略，如线上参考咨询、远程教育资源共享、数字资源的长期保存与数字版权管理等。

图书馆数字化还需要考虑长期的数字资源保存问题，即数字化保存。考虑到技术的快速变化，数字资源的保存需要采用能够适应未来技术变革的策略，保证数字资源能够经受时间考验，不受技术过时的影响。图书馆数字化是为了实现知识的共享与传播，降低知识获取的门槛，提供跨时空的学习和研究服务。图书馆数字化不仅改变了图书馆资源的形态，还重塑了图书馆的服务模式，可为用户提供更为丰富、便捷的信息服务。

二、图书馆数字化的内涵

图书馆数字化的内涵是多维度的，包括一系列由传统信息服务到现代信息服务转型的复杂活动。在图书馆学与信息科学领域，它主要指的是将图书馆藏书、文档、图片、音频和视频等多种类型的物理媒介转换为数字格式，进而通过电子方式存储、检索、传播和利用这些资源的过程。

（一）资源转换

图书馆数字化的第一个层面，即资源的转换层面，主要关注将图书馆的实体资源转化为数字资源的技术和流程。这一层面涉及以下 6 个关键环节。

1. 资源选择与评估

在转换开始之前，图书馆必须对收藏的资源进行评估，选择那些最适合数字化的资源。评估标准包括物理条件、使用频率、历史价值、独特性和版权状况等。选择过程旨在确定哪些资源对用户最有价值，哪些资源数字化后能够最大限度地增加其可访问性和使用率。

2. 预处理

实体资源往往需要在数字化之前进行预处理，包括修复受损的页面、平整折叠的边缘、去除或平整夹在书页之间的物件，确保在扫描过程中不会造成进一步的损害。

3. 扫描与数字化

预处理完成后，实体资源将通过扫描仪进行数字化。这个过程要求高质量的图像捕捉技术和设备，以确保生成的数字副本尽可能地忠实原始材料。对于文本资料，通常使用光学字符识别（OCR）技术将图像转换成可编辑和可搜索的文本。

4. 格式转换与质量控制

转换的数字资源需要保存在适当的格式中，如 PDF、JPEG、TIFF 等，这取决于资源的类型和预期用途。在转换过程中，进行质量控制至关重要，以确保数字副本的清晰度、色彩准确性和完整性。

5. 元数据创建

每个数字化资源都需要创建元数据，这是描述和索引资源以便检索的结构化信息。元数据包括标准化的数据集，如标题、作者、出版日期、主题、关键词和版权信息等。

6. 存储与备份

数字资源需要被安全地存储在服务器或其他存储设备上，并且进行适当的备份以防止数据丢失。存储解决方案应当考虑数据的长期保存，包括防止技术过时带来的风险。

（二）元数据的创建和管理

元数据，作为数据的数据，提供了关于信息资源的详细描述，其范畴远超过传统目录记录，涉及多维度的描述标准，包括但不限于描述性元数据、结构性元数据和管理性元数据。描述性元数据便于资源的检索和识别，包含资源的标题、作者、出版信息和主题关键词等。结构性元数据揭示资源内部的组织结构，如书籍的章节、期刊的文章以及多媒体文件中的时间码。管理性元数据则涉及资源的版权信息、访问权限和存储格式，为资源的长期管理和合法使用提供依据。

元数据的标准化，如采用国际通行的 MARC 标准、Dublin Core 元数据元素集和 MODS 等，确保了不同系统和组织之间信息资源的互操作性和一致性。图书馆需建立健全的元数据管理策略，以支持资源的持续可访问性和可发现性，同时保障数字资源在生命周期内的完整性和安全性。随着技术的进步和用户需求的发展，元数据标准和管理策略也应不断演进，以适应数字化环境中日新月异的挑战。

（三）资源的组织和存储

这一过程确保数字化资料的有序性和检索性，以及其在图书馆信息系统中的有效融合。数字化后的文档通过光学字符识别转换成的文本，需要进一步的编辑和校对，以纠正扫描和转换过程中产生的错误。这些文本随后被赋予结构化的形式，通常涉及标记语言，如 XML，使得文档的不同部分，如标题、章节、脚注能被精确识别并正确展示。

在资源组织方面，图书馆需采用适当的分类和索引系统，如图书分类法和主题索引，这些系统必须能够适应数字环境，同时保持与传统图书馆分类系统的兼容性。数字资源的组织还要求图书馆综合考虑用户检索行为，以及如何通过提供多种检索路径增加资源的可发现性。存储涉及数据的长期安全和可持续性问题。图书馆需要选择合适的数字存储解决方案，保证数据的安全性、稳定性以及面对技术发展的可适应性。这要求定期对存储媒介进行维护和更新，以防数据丢失或技术过时。为了确保信息的长期可用性，图书馆需要制定数字保存政策，包括灾难恢复计划和数据迁移策略。

这一层面的成功实施对于确保数字资源的有效利用至关重要。资源的有序组织和安全存储是图书馆能够满足用户信息需求并支持其教学、学习和研究活动的基础。因此，图书馆需不断优化其资源组织和存储策略，以应对不断变化的技术环境和用户需求。

（四）数字资源的格式转换与质量控制

图书馆数字化的第四个层面涉及数字资源的格式转换与质量控制，这一环节确保数字资源在长期保存与使用中的稳定性和可靠性。适宜的格式选择是数字资源可持续利用的关键，因此必须根据资源的特性和使用需求来确定。文本资料常用的 PDF 格式既支持文本内容的完整性，又保留了布局和图像，适合阅读和打印。而图像文件，如照片和画作，则更适宜使用 JPEG 或 TIFF 格式，这两者分别平衡了压缩效率和图像质量。

在格式转换过程中，质量控制是保证数字副本符合预期标准的必要步骤，包括对图像的分辨率、清晰度进行评估，对颜色的准确性进行校正，以及确保内容的完整性不受损失。质量控制不仅是一个技术流程，还涉及对扫描和转换标准的制定，以及对这些标准执行情况的监督。图书馆可采用自动化工具检测和纠正常见的错误，但也需要人工审核，以处理复杂或难以自动识别的问题。随着技术的进步，图书馆也需要不断更新其质量控制的工具和方法，以保持与当前技术水平的同步。

这一层面是图书馆数字化工作中保证资源质量的基础，对于维护用户的信任、满足学术研究的精确性需求以及确保文化遗产的准确传承均有着不可替代的作用。

（五）元数据的创建

图书馆数字化内涵的第五个层面集中于元数据的创建，这一过程为数字化资源的检索、访问和管理提供了结构化的描述性框架。元数据作为关键的信息桥梁，不仅使资源得以在图书馆数字化中被精确地标识和定位，而且确保了信息的可追溯性和交互操作性。创建元数据涉及对资源的详尽描述，包括但不限于资源的标识信息，如标题和作者；出版相关的数据，如出版日期和出版社；主题描述，如分类号和关键词；以及与版权相关的信息。元数据的构建还需要遵守一定的标准和协议，以确保其在不同系统和环境中的兼容性与互操作性。

在数字化图书馆的环境下，元数据的管理同样重要。图书馆需确保元数据本身的质量控制、更新和维护，以反映资源的变化或新的发现。随着技术和标准的演进，元数据创建的实践也需适应新的需求和挑战，如涵盖更丰富的描述信息、支持新的元数据标准，以及融合语义网技术增强元数据的表现力和功能。元数据不仅在资源管理中发挥作用，还在提升用户检索体验、支持资源共享和促进数字资源的长期保存等方面扮演关键角色。因此，数字化图书馆在建构元数据时，需全面考虑元数据的多样化功能，确保其能够支撑数字化图书馆的广泛服务和运营目标。

（六）存储与备份

图书馆数字化内涵的第六个层面聚焦于数字资源的存储与备份，确保信息资产的长期可用性与数据的完整性。在这一层面，图书馆所面临的关键任务是实现对大量数字化信息的有效管理，包括选择稳定可靠的存储媒介、制定和执行数据备份策略，以及确保数据免受物理和技术性损坏。存储方案需能够应对技术快速变化带来的挑战，特别是在格式和存储设备的兼容性方面。为此，图书馆需要投资于多级存储系统，包括但不限于在线存储、近线存储和离线存储，同时考虑数据迁移的要求和存储系统的可扩展性。备份则是防止数据意外丢失的重要措施，应通过定期备份和创建数据副本的方式进行，图书馆还需制定灾难恢复计划以应对可能的数据丢失事件。这些措施共同构成了数字化图书馆保障数字资产安全、维护信息服务连续性的基础性工作，是其服务能力和责任范围的体现。因此，图书馆必须持续关注数据存储和备份技术的发展，以确保其数字化资源管理策略与时俱进，能够满足当前和未来用户的需求。

第三节　图书馆数字化的特点与功能

一、图书馆数字化的特点

图书馆数字化作为信息技术与图书馆学交叉融合的产物，体现了现代图书馆服务模式的重要转变。其特点如下（图 1–2）。

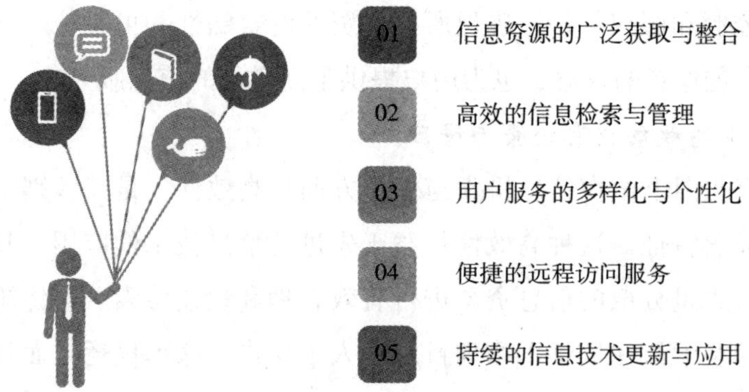

图 1-2　图书馆数字化的特点

（一）信息资源的广泛获取与整合

图书馆数字化在信息资源的广泛获取与整合方面展现了显著特征，这一转变标志着传统图书馆服务模式向现代化、网络化的根本性跨越。在此过程中，数字化图书馆不仅仅是物理空间的扩展，更是信息内容和格式的深度融合与创新。以往图书馆所能提供的仅限于实体书籍、报刊等有形资源，而数字化图书馆则打破了这一限制，包含了电子书籍、学术期刊及多媒体资料等多种数字化格式的资源。这种多样性不仅丰富了图书馆的资源种类，也满足了不同用户的需求。

数字化图书馆在整合这些多样化资源时，运用了先进的信息技术手段，如数字化存储、电子目录、在线数据库等，这些技术不仅保证了资源的高效管理和长期保存，也使得资源的检索与访问更加方便快捷。用户通过简单的网络搜索即可找到所需信息，这一点在传统图书馆中是难以实现的。

数字化图书馆通过网络平台实现了信息资源的共享，打破了地域和时间的限制。无论用户身处何地都可以轻松获取丰富的数字资源，这在很大程度上提高了图书馆资源的利用率和影响力。例如，偏远地区的学者可以轻松访问到国际最新的学术成果，这对于促进学术交流和知识传播具有重要意义。数字化图书馆在资源整合过程中，还注重对信息内容的质量控制和版权保护，确保所提供资源的合法性和可靠性。这不仅保护了内容创作者的权益，也为用户提供了高质量的信息服务。

（二）高效的信息检索与管理

数字化图书馆在信息检索与管理方面的高效性，是其区别于传统图书馆的显著特征。这种高效性得益于先进的信息技术的应用，其核心在于能够对大量分散的信息资源进行有效管理和快速检索。在传统图书馆中，信息检索往往依赖于物理目录和人工操作，这不仅耗时而且效率不高。而数字化图书馆通过引入电子目录、索引及数据库等工具，极大地提升了信息管理和检索的效率。电子目录和索引的应用，使得用户可以通过关键词、作者、出版日期等多种方式快速定位所需信息，而这一过程几乎是即时的。这种检索方式的灵活性和便捷性，为用户节省了大量的时间和精力。这些电子工具的准确性也大大高于传统的人工检索方式，减少了错误和遗漏的可能性。

数据库技术的应用是数字化图书馆高效管理的关键。数据库不仅存储了大量的信息资源，而且通过结构化的方式组织这些信息，使得检索和管理更加高效。用户可以通过数据库进行复杂的查询，如同时根据作者、题目和出版年份等多个条件进行搜索，这在传统图书馆中是难以想象的。数字化图书馆还通过持续的技术更新，不断提升信息检索和管理的效能。例如，图书馆引入人工智能和大数据技术，可以对用户的检索习惯和偏好进行分析，进而提供更加精准和个性化的检索服务。这种基于用户行为的智能化服务，不仅提高了用户体验，也提升了资源利用的效率。

（三）用户服务的多样化与个性化

数字化图书馆在用户服务方面展现的多样化与个性化特性，标志着其服务理念和方式的根本性变革。这种变革不仅仅是服务项目的增加，更体现在服务模式的深度创新和对用户需求的精细化响应上。在传统图书馆中，用户服务通常限于现场的图书借阅和参考咨询，而数字化图书馆通过网络化的服务平台，大幅拓展了服务的形式和内容。

虚拟参考咨询服务是数字化图书馆服务多样化的重要体现。用户可以通过电子邮件、即时消息或在线聊天室等方式，随时获取图书馆专业人员的帮助。这种服务方式不受时间和地点的限制，极大地提高了图书馆服务的可及性和便利性。相比于传统图书馆的面对面咨询，这种在线服务更加灵活，能够满足快节奏社会中用户的即时需求。个性化推荐则是数字化图书馆服务个性化的显著特征。通过分析用户的历史借阅记录、搜索习惯和偏好设置，数字化图书馆能够提供量身定制的阅读推荐和学习资源建议。这种基于数据分析的个性化服务，不仅提升了用户的体验，也使得图书馆资源的利用更加高效和精准。数字化图书馆还通过不断更新的技术手段，如移动应用、社交媒体互动等，与用户建立更加紧密和动态的联系。这些技术手段不仅便于用户获取图书馆的最新信息和服务，也为图书馆提供了更多与用户互动和了解用户需求的渠道。

（四）便捷的远程访问服务

便捷的远程访问服务是数字化图书馆最为突出的特点之一，远程访问服务不仅改变了图书馆服务的传统模式，而且极大地拓展了图书馆的影响范围和用户基础。在传统图书馆模式中，用户必须亲自到访图书馆才能获取资源，这种模式受地理位置和开放时间的双重限制。而数字化图书馆通过互联网打破了这些限制，实现了图书馆服务的时空转变。

这种远程访问服务意味着用户可以在任何时间、任何地点，只要有互联网连接，就能访问数字化图书馆的资源。无论是学生在家中完成作业，还是研究人员在实验室进行学术研究，都可以轻松访问所需的图书、期刊和其他资源。这种访问方式特别适合现代社会的快节奏和高效率生活方式，为用户提供了极大的便利。便捷的远程访问服务也在一定程度上促进了知识的平等获取。在过去，偏远地区的居民或经济条件较差的学校难以获得高质量的图书馆服务。数字化图书馆的出现使这些用户也能享受到与大城市用户相同的图书馆服务，从而在一定程度上缩小了地理和经济条件造成的信息获取差距。

远程访问还为图书馆的资源管理和服务提供了新的可能性。数字化图书馆可以通过网络平台收集用户的访问数据和反馈，从而更好地理解用户需求，优化资源配置和服务策略。这种基于数据的管理方式，不仅提高了资源利用的效率，也提升了用户服务的质量。

（五）持续的信息技术更新与应用

这一特征不仅涉及技术的迭代更新，还包含对新兴技术的适应与整合。信息技术的不断演进，如人工智能、大数据分析等，为图书馆的数字化转型提供了强大动力。这种动力不仅仅体现在硬件设备的升级上，更重要的是在软件应用和服务模式上的创新。

数字化图书馆在技术更新上的挑战并非孤立的，而是与整个信息技术生态的发展紧密相连。图书馆必须在保持现有数字资源的可用性和安全性的同时，积极探索应用新技术的可能。例如，人工智能技术可以用于优化书目检索系统，提升用户体验；大数据分析能够帮助图书馆更准确地理解用户需求，实现个性化服务。这些技术的应用不仅提升了图书馆服务的质量和效率，也使图书馆能够更好地适应数字化时代的变化。持续的信息技术更新与应用也带来了一系列挑战，如技术更新的资金压力、员工技能的提升需求等。图书馆需要在预算和资源的限制下，做出合理的技术投资决策。为了更好地适应新技术，图书馆员工的培训和技能提升也至关重要。只有当图书馆内部的人员能够有效地利用这些新技术时，持续的技术更新才能真正转化为图书馆服务质量的提升。

二、图书馆数字化的功能

（一）提供书目网上查询①

图书馆数字化在实现信息获取的便利性与高效性方面扮演了关键角色，其中提供书目网上查询功能尤为显著。这一功能通过将传统的纸质书目转化为电子格式，并建立相应的在线查询系统，极大地扩展了读者检索和访问图书馆藏书的能力。在这个过程中，读者可以通过各种检索点，如书名、作者、主题等，快速定位所需的文献资源，这种方式不仅提高了检索的效率，也增强了检索的准确性。

网上书目查询系统的建立，是图书馆服务现代化的重要标志。它不仅仅是对传统书目的数字化复制，更是对图书馆服务方式的根本变革。通过网络平台，这一功能打破了地理和时间的限制，使得读者无论身在何处都可以方便地访问图书馆的藏书目录。这种便捷性极大地促进了知识的传播和学术交流，满足了现代社会快速获取信息的需求。

网上书目查询系统还与其他数字化服务相互融合，如电子资源的链接、推荐阅读的智能算法等，这些都极大地丰富了读者的使用体验。例如，读者在查询某一书目时，系统可以自动推荐相关的文献或资源，从而拓展读者的阅读视野。通过对查询数据的分析，图书馆可以更好地了解读者的需求，进而优化馆藏结构和服务方式。

（二）提供网上文献订购

这一服务的核心在于通过建立一个高效的文献供应链，将读者、图书馆、书店及出版发行机构紧密联系起来，形成一个集成的电子交易系统。在这个系统中，图书馆的采购工作得以实现集约化管理，不仅使得人员和经费的使用更加合理，还实现了文献配置的优化。网上文献订购的实施，是图书馆数字化转型过程中的一个关键步骤。它改变了传统的

① 李青，张丽红．中小型图书馆数字化建设应用读本[M]．北京：北京图书馆出版社，2007：8.

文献采购方式，将复杂、分散的采购工作集中到一个高效、透明的电子平台上。这种方式不仅简化了采购流程，降低了管理成本，还提高了采购的准确性和时效性。图书馆通过这一系统可以根据读者的需求和阅读习惯，更灵活、更精准地选购文献资源。

网上文献订购系统的建立也促进了图书馆与书店、出版社之间更紧密的合作关系。在这一体系中，各方的信息共享和资源整合为图书馆提供了更广泛的选择范围和更高效的服务。例如，图书馆可以实时了解最新的图书出版信息，迅速响应读者的需求。这一系统还有助于实现成本控制和资源优化配置，从而提升图书馆服务的整体质量。

（三）在线联合编目

在线联合编目展示了数字化时代图书馆合作和资源共享的新范式。这一功能的实现依赖于一个集中的中央书目数据库，该数据库包含了参与图书馆的馆藏信息和编目数据。在线联合编目的实施，不仅显著提升了编目工作的效率，还提高了编目数据的质量和一致性。

在这个系统中，各个图书馆在进行编目作业时，可以高效利用中央数据库中已有的数据。这种方法减少了重复劳动，使得图书馆可以更专注于未被其他馆编目的文献，从而加快整个编目过程。由于多个图书馆共享一个统一的编目平台，编目标准和数据格式得到了统一，这在很大程度上保证了数据的准确性和一致性。在线联合编目还促进了图书馆之间的信息共享和协作。通过这一平台，图书馆不仅可以获取其他馆的编目数据，还能向数据库贡献自己的馆藏信息，从而实现资源的互补和优化配置。这种协作模式大大拓宽了读者获取信息的渠道，提升了图书馆服务的广度和深度。

随着技术的进步，在线联合编目还可以融合更多的智能化元素，如自动化数据处理和人工智能辅助编目，这些技术的应用进一步提高了编目工作的效率和准确性。这不仅有利于图书馆管理者更好地维护和更新馆藏资源，也为读者提供了更加丰富、准确的信息检索服务。

（四）建立导航信息库，进行信息导航

建立导航信息库并进行信息导航不仅涉及单一图书馆资源的数字化，还涉及不同来源的数字资源的系统集成和优化利用。导航信息库的建设旨在将多元化的数字化资源有机融合，形成一个综合性、易于检索的信息平台，以满足用户多样化的信息需求。

图书馆需在深入分析本馆用户主要需求的基础上，确定数字化信息资源的范围和内容。这意味着图书馆不仅要关注自身的馆藏资源，还应考虑与其他机构共享的特色资源，实现资源的互补和优化配置。因此，导航信息库的建设是一个有组织、有计划并相互合作的过程，它要求图书馆在资源的选择和整合上做出精准的判断和高效的行动。

在实际操作中，文献信息数据库的建设应当细致且系统，将不同类型的资源分门别类地整理和归纳。这不仅有助于维护和更新资源，也使得资源的检索和利用更加方便高效。通过这样的方式，图书馆能够构建起一个覆盖广泛、内容丰富的虚拟馆藏，这些馆藏不限于传统的书籍和期刊，也包括电子书籍、数据库、音视频资料等多种形式的数字资源。信息导航服务的提供是导航信息库功能的延伸。通过这一服务，图书馆能够帮助用户在海量的信息中快速定位所需资源，指导用户高效利用图书馆的各类信息资源。尤其对于不熟悉图书馆资源或者需要深度信息检索的用户来说，这种服务具有重要意义。信息导航不仅提高了用户检索信息的效率，也提高了用户的满意度和图书馆的服务质量。

（五）提供光盘等信息检索方式

光盘作为图书馆收藏的主要电子资源形式之一，它的内容既可以是单一书籍的电子版，也可以是包含大量信息的专题数据库。因此，图书馆在数字化过程中必须重视光盘资源的管理和利用，尤其是实现对这些资源的高效检索和方便使用。

实现光盘资源检索的关键在于将这些物理媒体的内容数字化，并构建易于检索的数据库。通过建立光盘镜像等形式，图书馆能够使读者无

须直接使用物理光盘即可访问其内容。这种方式不仅方便读者的使用，也能减少对物理介质的磨损，延长资源的使用寿命。将光盘内容转化为数字格式还能够与图书馆的其他数字资源进行整合，形成一个统一、高效的信息检索系统。图书馆需要对光盘资源进行细致的分类和标注，确保资源易于检索，包括但不限于对每张光盘的内容、主题、作者等信息进行准确记录，以便用户可以通过不同的检索途径找到所需资源。图书馆还需要确保这些数字资源的技术支持和更新维护，以应对技术演进和格式变化带来的挑战。

除了基本的检索功能，图书馆还可以探索将光盘资源与其他数字化服务结合的可能性，如在线阅读、远程访问等。这样不仅使得光盘内容更易于广泛传播，也丰富了图书馆的服务形式，提升了用户体验。

（六）实现网上资源共享

实现网上资源共享的核心在于打破传统的地理和物理限制，通过数字化手段将图书馆的资源开放给更广泛的用户群体。在这个框架下，用户无论身处图书馆内外，都能通过终端机器访问不仅限于单一图书馆，而是多个图书馆的数据库乃至其他信息库的丰富资源。

网上资源共享的实施，标志着图书馆服务范围的极大扩展和服务模式的根本变革。用户可以通过网络接入图书馆的电子目录信息，检索到所需的图书、期刊和其他文献资料。更为重要的是，这种共享不仅限于文本信息，还包括全文信息、图像、声音等多媒体信息。这种多元化的资源共享使得图书馆服务更加全面，能够满足用户多样化的信息需求。

网上资源共享的实现，不仅提高了图书馆资源的利用效率，还加强了不同图书馆间的信息互通和资源整合。通过构建跨图书馆的共享平台，各个图书馆可以共享彼此的馆藏资源，优化资源配置，减少重复采购。这种合作机制不仅有助于节约成本，也增强了图书馆服务的广度和深度。

第四节　图书馆数字化的发展历程

一、图书馆数字化的发展背景

图书馆数字化的发展背景深刻地体现了内部驱动力和外部推动力的共同作用。[①]内部驱动力源自图书馆在传统服务模式下无法充分、及时满足日益增长的社会需求和用户期望，这种局限性激发了图书馆自我变革的动力。图书馆面临着如何更有效地管理和提供信息资源的挑战，同时需要改善用户体验，提供更为便捷、个性化的服务。在这种背景下，数字化转型成为图书馆自我革新的必然选择，以适应用户需求的不断变化和升级。

外部推动力则主要来自信息环境的快速变化，这种变化是由社会经济、信息技术、社会文化等因素的动态交互作用所驱动的。信息技术的飞速发展，特别是互联网和移动通信技术的普及，极大地改变了信息的获取、处理和传播方式。这种变化不仅提升了信息的可访问性，也提高了用户对信息服务即时性、多样性的期望。因此，图书馆为了适应这种信息环境的变化必须采用数字化的手段，以更高效地管理和共享信息资源。图书馆数字化的发展背景如图 1–3 所示。

① 李良艳，陈俊霖，孙杏花．现代图书馆管理理论研究 [M]. 北京：中国商务出版社，2019：270.

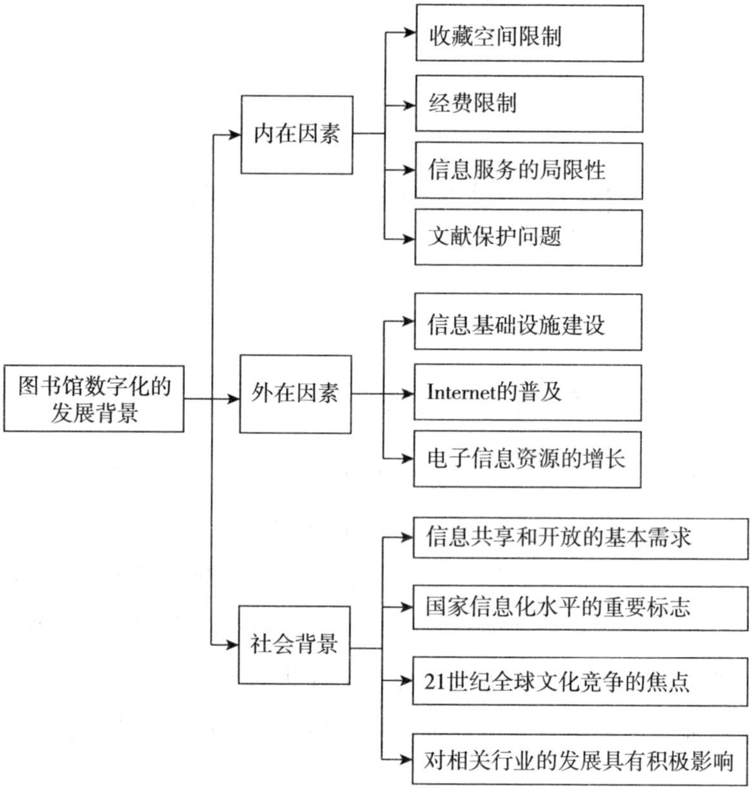

图 1–3　图书馆数字化的发展背景

（一）内在因素

图书馆数字化是对传统图书馆困境的直接回应，这些困境诠释了图书馆向数字化转型的必要性和紧迫性。

1. 收藏空间限制

传统图书馆主要收藏印刷型文献，这些文献体积大、存储密度低，导致图书馆的馆舍空间面临极大压力。数字图书馆通过将实体文献转换为电子格式，大大减少了对物理空间的需求，从而缓解了馆舍空间有限的压力。

2. 经费限制

随着文献数量和期刊价格的大幅增长，传统图书馆面临经费短缺的问题，这限制了书刊的品种和数量，进而影响了服务能力和水平。数字图书馆能够通过电子资源的形式，以较低成本提供更广泛的资源，从而在经费有限的情况下增强图书馆的服务能力。

3. 信息服务的局限性

在现代信息社会中，传统图书馆的信息服务方式相对落后且形式单一，难以满足用户和社会对信息多样化和即时化的需求。图书馆数字化通过提供在线资源、电子书籍等多种形式的信息服务，能够更好地满足现代社会的需求。

4. 文献保护问题

传统印刷型文献易受到自然老化、自然灾害和人为损害的影响，保护工作成本高且难度大。图书馆数字化通过数字化保存文献，可以有效减少这些风险，同时降低长期的保护和维护成本。

（二）外在因素

图书馆数字化的发展同样受到外部环境的影响，主要体现在以下几个方面。

1. 信息基础设施建设

20 世纪 90 年代以来，全球范围内的信息化浪潮极大地推动了信息基础设施的建设，这成为图书馆数字化产生和发展的关键外部因素。信息基础设施的建设涉及大量现代信息技术的应用，为图书馆数字化的开发提供了必要的技术储备。图书馆数字化作为全球基础设施建设规划的一部分，受到了各个国家或地区的高度重视，这不仅体现了技术发展的趋势，也反映了政策层面对图书馆数字化重要性的认识。

2. Internet 的普及

Internet 的迅速推广与普及是现代信息环境的另一个重要变化。网络技术的发展为图书馆数字化的形成提供了实际的网络环境和丰富的电子信息资源。Internet 的广泛应用使得图书馆数字化能够连接和利用全球范围内的信息资源，这极大地拓展了图书馆服务的范围和深度。

3. 电子信息资源的增长

电子信息资源的快速增长也是现代图书馆信息环境的一个重要变化。电子出版物，包括电子图书、电子期刊和电子报纸等激增，它们不仅提供了丰富的信息内容，而且在某种程度上反映了图书馆数字化的重要性。这些资源构成了 Internet 上信息资源的重要组成部分，为图书馆数字化提供了丰富的内容和服务依托。

（三）社会背景

图书馆数字化的社会背景是多维度和复杂的，它涉及技术发展、文化竞争、经济影响以及社会进步等各个方面。

1. 信息共享和开放的基本需求

在信息化社会中，快速、准确的信息共享和访问成为基本特征，图书馆数字化作为这一过程中的关键基础设施，为知识经济的发展提供了必要的信息支持。通过高新技术的运用，图书馆数字化加速了文化知识的传播，对提升全民族文化素质和促进社会进步具有重要作用。

2. 国家信息化水平的重要标志

自从美国国会图书馆宣布步入数字化时代以来，世界各国纷纷将图书馆作为信息高速公路的重要组成部分，并加强对图书馆数字化的研究。这表明图书馆数字化已成为国家信息化战略的核心部分，对国家信息基础设施的建设具有战略意义。

3. 21 世纪全球文化竞争的焦点

在网络时代，技术和资源的优势直接影响了国家的竞争力。数字信息资源的网络交流具有天然优势，能够吸引庞大的潜在受众。这种竞争不仅是科技竞争，还是文化竞争和知识经济时代的市场竞争。因此，加强图书馆数字化的建设对于国家参与国际竞争、建立坚实的文化保障系统以及创建完备的信息流通环境至关重要。

4. 对相关行业的发展具有积极影响

作为一个跨部门、跨行业的大型文化工程，图书馆数字化被置于国家信息基础设施的战略层面上考虑。其工程的实施必将带动相关产业，尤其是信息产业和文化产业的发展。通过有效的知识传播，图书馆数字化能够对各行各业产生重大的经济和社会效益。

二、图书馆数字化的发展演变

图书馆数字化是图书馆采用数字化技术提供有效服务，最终将传统图书馆转变为数字图书馆的过程。图书馆数字化的发展演变经历了三个阶段，如图 1-4 所示。

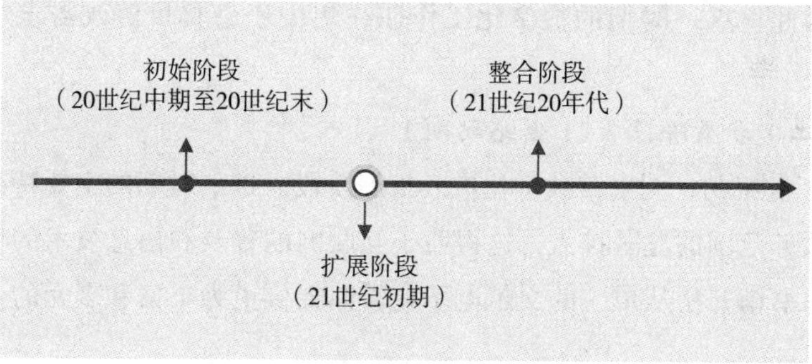

图 1-4　图书馆数字化的发展演变

（一）初始阶段（20 世纪中期至 20 世纪末）

初始阶段的图书馆数字化，标志着信息管理和知识传播方式的根本变革。这一时期的主要特点是信息电子化的探索和实施，其起点可追溯到 1945 年布什（Bush）的先见之明。布什在其论文《诚如我们想象的那样》中首次提出了将图书馆馆藏文献的储存、查找机制与当时新兴的计算机技术结合的构想。作为一个机械化的个人文档与图书馆系统，他设想的 Memex 装置预示后来数字图书馆理念的初步形成。

20 世纪末，随着信息技术的迅猛发展，图书馆开始尝试将部分馆藏资料，如索引和目录转换为电子格式。这一时期，数字化的主要目标是建立基本的电子信息服务系统，如电子目录查询系统。这些初步尝试虽然受限于当时的技术条件和资源，但它们为后续图书馆数字化的深入开展奠定了基础。

技术限制主要表现在信息处理和存储能力上。当时的计算机技术和存储介质尚未达到今日的先进水平，这限制了大规模文献数字化和复杂信息系统的实现。网络技术的不成熟也制约了信息的远程访问和共享。尽管如此，这一时期的尝试对于推动图书馆服务向电子化、网络化转型具有重要意义。资源的有限性也是这一阶段的一个特征。由于资金、技术和人力的限制，许多图书馆只能选择部分重要或常用的资料进行数字化。因此，这一时期的数字化工作往往集中于最具价值或需求最大的资源。

（二）扩展阶段（21 世纪初期）

21 世纪初，图书馆数字化进入扩展阶段。这一时期的主要特征是数字化服务范围的显著扩大，这得益于互联网的普及和信息技术的快速发展。图书馆开始从单一的文献电子化转向提供更为丰富和多元的数字资源和服务。

电子书籍和电子期刊的引入是这一阶段的重要里程碑。不再局限于实体书籍，图书馆开始涉足电子书籍的采购、管理和分发。这些电子资源的引入不仅节省了空间，还提高了资源的可访问性和流通率。电子期刊同样成为重要的数字资源，特别是在学术研究领域，电子期刊的及时更新和远程访问功能极大地促进了科研工作的高效进行。数字档案和数据库的建立也是这一时期的标志性成就。图书馆开始系统地将馆藏资料，如报纸档案、历史文档、图像资料等转化为数字格式，通过数据库管理系统进行组织和存储。这不仅有助于文献的长期保存，也极大地方便了用户检索和使用这些资料。

图书馆网站和在线服务的兴起则彻底改变了用户与图书馆的互动方

式。用户可以通过图书馆的网站进行在线检索、资源下载、远程咨询等操作，使得图书馆服务不再受地理位置和开放时间的限制。这种服务的扩展极大地提高了图书馆服务的便捷性和可及性。在技术层面，这一时期的图书馆数字化得益于网络带宽的增加、数据存储成本的降低以及信息处理技术的进步。这些技术进步不仅使得大规模的文献数字化成为可能，还促进了复杂的在线服务系统的开发和运营。

（三）整合阶段（21 世纪 20 年代）

整合阶段大致始于 21 世纪 20 年代，这是图书馆数字化发展中一个至关重要的时期。在这一阶段，图书馆的数字化工作从单一资源的电子化转向更为综合的服务整合和优化。这一时期的特征是对技术创新的积极采纳和服务模式的深度融合。

图书馆开始实现各类数字资源的互联互通，这意味着不同类型的数字资源，如电子书籍、电子期刊、数据库、音视频资料等，可以在一个统一的平台上进行管理和访问。这种整合不仅提升了用户检索和访问资源的效率，也优化了资源的管理和维护。用户个性化推荐系统的引入是这一时期的一个显著特点。借助大数据分析和用户行为研究，图书馆能够根据用户的历史搜索和阅读习惯，提供个性化的阅读建议和学习资源。这种服务的个性化极大地提高了用户体验和满意度。移动应用的开发同样是这一时期的重要进展。随着智能手机和平板电脑的普及，图书馆提供的服务也逐渐转向移动端。用户可以通过移动应用随时随地访问图书馆资源，进行在线阅读、预约、咨询等操作。这种转型不仅符合当代社会的移动趋势，也扩大了图书馆服务的范围。

图书馆在这一时期开始探索数字化管理和自动化技术的应用，尤其是人工智能技术在图书馆服务中的运用。人工智能技术，如自然语言处理、机器学习等被应用于用户服务、文献管理、信息检索等方面，提高了服务的智能化水平和工作效率。

第二章　图书馆数字化信息服务与建设

第一节　图书馆数字化信息服务标准化

图书馆数字化服务是指利用信息技术手段，如网络聊天、电子邮件等，为用户提供各类图书馆服务。① 这种服务方式使用户能够通过互联网访问图书馆的主页，提交服务请求，并获取所需的相关服务。虽然《图书馆学情报学大辞典》对“数字化”和“数字图书馆”等概念进行了明确阐述，图书馆数字化服务的定义仍未统一。图书馆数字化服务可以理解为基于信息技术、以数字资源为主要内容、面向用户提供的即时性服务。

现代图书馆的数字化服务通常涵盖参考咨询、资源提供、读者培训和个性化服务等多个方面。通过这些服务，图书馆不仅满足了用户的基本信息需求，还提高了服务的效率。简而言之，图书馆数字化服务是利用现代技术手段，为用户提供快速、高效和个性化的图书馆服务。

① 饶权 . 中国图书馆事业发展报告 [M]. 北京 : 中央编译出版社 ,2019:138.

数字化服务在图书馆领域被理解为一种基于资源的、技术驱动的、以用户为中心的服务模式。这种服务模式涵盖信息检索、查询等多种功能，旨在通过技术手段高效利用图书信息资源，尤其是在电子信息资源日益发展的背景下。图书馆数字化服务主要包括但不限于参考咨询、资源提供、读者培训和个性化服务。在数字化时代背景下，为了最大限度地发挥现有图书信息资源的潜力，同时充分利用电子信息资源发展带来的机遇，促进数字化服务建设的有效进行，图书馆必须建立相应的规章制度，以提供标准化的服务。

一、图书馆数字化服务标准化概述

（一）国际图书馆数字化服务标准化概况

在图书馆数字化服务领域，制定相关的标准协议是确保服务质量和效率的关键环节。这些标准协议覆盖数字化环境下图书馆提供的各类服务，如信息检索和参考咨询等。国际图书馆协会联合会（简称“国际图联”，IFLA）和联合国教科文组织（UNESCO）在2001年发布的《公共图书馆服务发展指南》中强调，公共图书馆服务的基本标准应确保社群中每个成员的可访问性。这意味着图书馆必须配备适当的信息技术设备（包括软件和硬件）、数据和信息资源，以便为无法亲自到访图书馆的读者提供全面服务。

在建立图书馆数字化服务相关标准的过程中，IFLA扮演了至关重要的角色。该机构为数字化服务的标准体系建设做出了显著贡献。绝大多数与图书馆数字化服务相关的国际标准均由IFLA制定，其中包括IFLA青少年和儿童图书馆委员会参与制定的部分标准。从1994年至2018年这25年间，国际数字化服务相关标准的数量呈现小幅增长并保持稳定态势。具体来看，1994年至1998年制定的标准数量最少，仅有1项。而在1999年至2003年和2004年至2008年这两个时间段，制定的标准数量均为2项。在2009年至2013年，制定的标准数量达到最多，共有3项。

而在2014年至2018年，制定的标准数量也为2项。各时间段制定的标准数量如表2–1所示。

表2–1 现行国际数字化服务相关标准制定时间段分布表

年份	1994—1998年	1999—2003年	2004—2008年	2009—2013年	2014—2018年
标准数量	1	2	2	3	2

（二）标准规范的重要成果分析

IFLA成立于1927年，作为一家非营利性国际组织，在全球图书馆领域占据着极其重要的地位。该组织主要致力于推动国际范围内图书馆之间的信息资源合作、交流及研究发展。在其长达近一个世纪的发展历程中，IFLA不断发布多项标准和行业指导性文档，为全球图书馆领域的实践活动提供了重要参考。特别值得注意的是IFLA等机构所制定的关于数字化服务的标准和规范（具体内容详见表2–2），这些标准和规范为图书馆数字化服务提供了详尽的指导，对于推动该领域的技术进步和服务优化发挥了关键作用。

表2–2 现行图书馆数字化服务标准文件

序号	名称	颁布年份	颁布机构
1	《公共图书馆宣言》	1994年修订	UNESCO、IFLA
2	《公共图书馆服务发展指南》	2001年	UNESCO、IFLA
3	《多元文化社区:图书馆服务指南（第三版）》	2009年	IFLA
4	《国际图联儿童图书馆服务发展指南》	2003年	IFLA
5	《移动图书馆指南》	2010年	IFLA
6	《婴幼儿图书馆服务指南》	2007年	IFLA
7	《国际图联图书馆阅读障碍读者服务指南》	2014年	IFLA

续 表

序　号	名　称	颁布年份	颁布机构
8	《国际图联图书馆为无家可归者提供服务指南》	2017 年	IFLA
9	《监狱图书馆服务指南（第三版）》	2005 年	IFLA
10	《国际图联数字参考咨询指南》	2002 年	IFLA
11	《电子资源馆藏建设的关键问题：图书馆指南》	2012 年	IFLA

二、图书馆数字化服务标准体系

图书馆领域正经历一场由传统到数字化的深刻转型，这一过程标志着一系列重大变革的开端。在此背景下，数字化建设逐渐成为提升图书馆竞争力的关键策略。具体而言，数字资源的构建和数字服务的发展是此类建设的核心。当前的数字化服务标准体系可以概括为三个主要部分：技术标准、人文标准和内容规范。这一体系旨在确保数字化服务在技术实现、人文关怀以及内容品质上达到优秀的标准，从而促进图书馆服务的全面和谐发展。

（一）技术标准

图书馆数字化服务的技术标准，核心在于确保硬件、软件及数字资源的高效购置与构建。这些标准不仅包括计算机及相关硬件、软件的采购，还涵盖数字资源的建设，确保图书馆能够满足数字化服务的基本需求。总体要求和相关标准规范对于确保图书馆信息技术设备与资源的有效运用至关重要。《公共图书馆宣言》强调公共图书馆在推动信息技术发展及提升计算机应用能力方面的使命。相应地，《多元文化社区：图书馆服务指南（第三版）》详细规定了提供多语言电子资源和开发多语种网页的标准，以满足不同语言背景用户的信息获取需求。

针对特定人群的服务指南，如《国际图联儿童图书馆服务发展指南》

和《国际图联图书馆阅读障碍读者服务指南》，分别强调了儿童图书馆在促进儿童成长方面的角色，以及为有阅读障碍的读者提供服务时的技术标准。这些指南指出，图书馆应提供适合各种用户群体的资料，包括印刷资料、多媒体内容、计算机和网络连接等。

《婴幼儿图书馆服务指南》和《监狱图书馆服务指南（第三版）》对数字化服务的提供形式和要求提出了具体的指导，而《移动图书馆指南》则对信息技术设备的种类做出明确规定。这些指南共同构成图书馆数字化服务的技术标准框架，为图书馆服务提供了全面、多元化的技术指导和实践基础。

（二）人文标准

在数字化时代背景下，图书馆数字化服务的人文标准主要关注图书馆员服务标准化和专业素质的提升。在图书馆数字化服务标准化建设中，人员素质的提升成为一项关键任务。这一转变要求图书馆员不仅掌握传统图书馆工作的技能，还需具备与数字化服务相关的专业知识和技能。

《国际图联数字参考咨询指南》旨在在全球范围内推广和完善数字参考咨询服务。该指南为图书馆专业人员和管理人员提供了详细的指导，包括管理层的“数字参考咨询服务管理”和一线工作人员的“数字参考咨询工作”。这一指南突出了在数字环境中提供高质量服务的重要性，并为此提出了明确的要求。

《国际图联儿童图书馆服务发展指南》强调儿童图书馆员的专业技能和责任心的重要性。图书馆员需要具备持续学习和专业发展的愿望，以及对儿童图书和相关媒体的深入知识。IFLA 的《电子资源馆藏建设的关键问题：图书馆指南》在其前言中指出，图书馆员应具备对电子资源发展中的成本、技术可行性、授权、使用和保存等方面的深入理解和全面关注。

在网络环境下，图书馆员的角色也发生了显著变化。《公共图书馆服务发展指南》指出，图书馆员应从传统的信息提供者转变为信息资源的组织者、传播者、导航员。这一转变要求图书馆员不仅要熟悉信息技术，还要具备较高的外语水平、较强的人际交往能力、信息处理能力和创新能力。综上所述，数字化时代的图书馆员要成为拥有广博知识和高超服务技能的专业人才，以便在网络环境下有效地担当起“信息导航员”的角色。

（三）内容规范

图书馆数字化服务的内容规范强调在专业性和细致性方面的提升，以适应数字化环境下服务的复杂性和多样性。这些规范不仅涉及内容的类型和形式，还包括其管理和发展的具体方式。

根据《公共图书馆服务发展指南》，图书馆应开展远程教育服务，扩展其服务范围以满足用户的多样化学习需求。《监狱图书馆服务指南（第三版）》提出，图书馆工作人员应具备互联网和电子邮件的使用权限，以便于信息咨询、检索图书馆目录网页、与同行和供应商进行交流、参与远程学习课程和馆际互借；在确保监狱网络安全的前提下，允许犯人在监控下利用互联网进行学习、治疗及释放前的规划。

《国际图联数字参考咨询指南》则具体规定了虚拟参考咨询、数字参考咨询、电邮参考咨询、因特网信息服务、实时参考咨询等多种服务形式。这些服务涵盖从传统的咨询服务到现代化的在线参考工具的转变，体现了内容规范在适应数字化趋势中的重要性。

《多元文化社区：图书馆服务指南》详细介绍了多元文化图书馆的业务管理以及多语种或多元文化电子资源的访问和发展。图书馆通过提供硬件、软件和社区培训，帮助个人和社区利用和自定义 Web2.0 技术，以满足他们的网络社交、在线学习、资源共享等需求。这一点凸显了内容规范在适应多元文化需求和促进资源共享方面的重要作用。

三、数字化信息服务的特点

（一）服务即时性

数字化信息服务的一大特点是服务即时性，这一点与传统图书馆服务形成鲜明对比。传统图书馆的服务，特别是文献检索和信息检索，往往受限于时间和地点。这种局限性在很大程度上源于传统图书馆的信息载体以纸质资料为主。纸质资料的物理特性使得信息的获取和传递存在时间和空间的限制，影响了服务的即时性和便捷性。

数字化信息服务得益于先进的网络技术，从而实现了服务的高度即时性。用户可以在任何时间、任何地点访问和检索所需的数字化信息，不再受物理载体的限制。这种即时性显著提高了信息检索的效率和便利性，使得用户能够迅速获得所需信息。数字化信息服务的这一特点不仅优化了用户体验，也极大地扩展了图书馆服务的范围和能力，实现了信息服务的现代化和全球化。

（二）服务社会性

数字化信息服务的社会性特点表现在其对信息传播与接收的全面性和无界限性。传统图书馆信息服务通常局限于特定人群，如学生、教师、科研工作者等，其信息资源的利用受限于物理空间和时间。然而，数字化信息服务的出现彻底改变了这一局面，它不仅打破了地域和时间的限制，还实现了信息服务对象的多元化。

数字化信息服务通过网络平台实现，使得信息传播不再受物理空间限制。无论用户身处何地，只要能够接入互联网，便可接触和利用丰富的数字信息资源。这种去地域化的特性极大地扩展了信息服务的范围，使得偏远地区的用户也能享受到与城市用户同等质量的信息服务。

数字化信息服务的另一个显著特点是其时间上的灵活性。传统图书馆的服务通常受限于开放时间，而数字化信息服务通过在线数据库、电子图书馆等形式，实现了全天候的信息获取。用户可以根据自身需求，在任何时间访问所需信息，这在一定程度上提升了信息服务的便捷性和实用性。

数字化信息服务面向的用户群体更加广泛和多样。不同于传统图书馆服务主要面向学术研究人员，数字化信息服务覆盖了各个年龄层、不同教育背景和职业的用户。这种普及性使得各类人群都能根据自身需求获取相应的信息资源，从而促进了信息的普及和知识的传播。

（三）服务多样性

数字化信息服务的多样性特征，体现为服务模式、服务内容及服务对象的多元化。在数字化时代背景下，图书馆不再仅仅是公益性的信息服务机构，而是向着产业化服务机构转型，这一转型促进了服务形式和内容的多样化发展。

图书馆信息服务的数字化，首先表现在服务模式的创新。传统图书馆服务多依赖于实体藏书和现场阅读，而数字化信息服务则采用了更加灵活多样的方式，如在线数据库、电子书籍、互动式查询系统等。这些新型服务模式不仅提高了信息获取的便捷性，还增加了用户参与和互动的可能性，从而丰富了服务的形式。服务内容的多元化也是数字化信息服务的一大特点。与传统图书馆相比，数字化信息服务能够提供更广泛的信息资源，包括各类电子书籍、学术期刊、多媒体资料等。这些内容的多样性不仅满足了不同用户的需求，还拓宽了信息服务的领域，使得用户能够获得更全面、更深入的知识和信息。服务对象的多样化也是数字化信息服务的显著特征。不同于传统图书馆主要服务于特定群体，数字化信息服务覆盖了更广泛的用户，包括学生、教师、研究人员、企业员工、普通大众等。这种服务对象的多元化不仅使得更多的人能够享受到高质量的信息服务，还促进了社会整体的信息素养和知识水平的提升。

（四）服务优质性

数字化信息服务的优质性体现在其提供高效、精准、便捷的信息检索和服务体验。这一特征与传统图书馆基于纸质资料的服务方式形成鲜明对比，后者在信息检索效率和准确性上存在一定局限性。在数字化信息服务中，高效的关键词检索机制显著提升了信息获取的速度。用户通过输入相关关键词，即可迅速从海量的数字化资源中精准地检索到所需信息。这种检索方式不仅节约了用户筛选信息所需的时间和精力，而且提高了检索结果的相关性和准确性。

数字化信息服务通常有更好的用户体验。通过个性化推荐算法和用户界面设计，数字化服务能够根据用户的历史搜索习惯和偏好，提供定制化的信息服务。这种个性化的服务方式不仅提升了用户的使用体验，也增加了服务的针对性和有效性。

数字化信息服务在信息更新和维护方面也具有显著优势。与纸质资料相比，数字信息易于更新和存储，能够保证用户接触到的信息始终是最新的，这对于快速发展和不断变化的现代社会尤为重要。

四、构建图书馆数字化信息服务的标准

随着技术的发展和社会的进步，数字化信息服务在图书馆领域呈现出迅速变化的趋势。这种变化不仅体现在资源的形式和信息服务的方式上，还涉及服务对象的多样化。在这种背景下，现行的图书馆规范体系对于应对数字化信息服务的新特点和需求显得不足，需要进行相应的调整和完善。

图书馆数字化信息服务的规范标准尚未形成统一且具有权威性的体系。虽然部分专家学者提出了一些建议，但这些建议多缺乏法律层面的支持和行业共识，因此在实际应用中其权威性和普遍性有限。图书馆数字化信息服务对图书馆发展的促进作用不容忽视，这要求相关部门和机构制定并实施一套有力的数字化信息服务标准，以推进图书馆服务质量和效率的提升。

建立完善的图书馆数字化信息服务标准，需要综合考虑多方面因素。这包括技术层面的标准，如数据格式、接口规范、系统安全等；服务层

面的标准，包括服务质量、信息获取的便捷性和准确性；以及法规层面的标准，确保信息服务的合法性并符合道德规范；还应考虑用户体验和服务效率，确保标准的实用性和适应性。这样全面且协调的标准体系可以有效地推动图书馆数字化信息服务向更高质量和更广泛覆盖的方向发展。

（一）行为保障

在探究图书馆数字化服务的基础架构时，社会行为因素扮演着关键角色。此类社会行为主要涉及信息服务机构与用户两大主体。社会行为的规范化不仅涉及信息服务机构与用户之间的互动，而且对二者均应实行相应的制约机制。这一点对于确保符合数字化信息服务的原则和特性至关重要。

数字化信息服务的行为模式直接影响着图书管理员、读者以及图书信息服务机构的利益。为保障这些利益群体的权益，图书馆须确立和遵守一套行为规范，这些规范应当适用于图书馆作为信息服务提供者的角色。图书馆的行为不仅决定了信息资源的发展方向，还与其日常运营的有效性紧密相连。

进一步分析，与图书馆行为紧密相关的还包括图书出版机构、信息服务提供机构等。这些机构的行为对图书馆信息服务产生显著影响，它们在信息资源与技术支持方面发挥着重要作用。因此，建立一套综合性的行为规范体系，对于促进图书馆数字化服务的健康发展至关重要。这套体系不仅应该保障信息服务的质量与效率，还应包含对用户隐私与安全的保护，以及确保信息的可访问性与多样性。这样的行为规范体系，可以有效地协调信息服务机构和用户之间的关系，推动图书馆数字化服务朝着更加高效、透明、公正的方向发展。

（二）法律保障

在数字化信息服务领域，法律保障的重要性不容忽视。由于数字化信息的资源和传播途径具有特殊性，这使得其服务更加难以控制，容易出现信息内容不健康甚至违法的情况。这些情况不仅损害读者的利益，也可能对社会风气产生负面影响。因此，为预防这类现象的发生，强调法律保障的必要性显得尤为重要。

尽管我国目前尚未出台专门针对图书馆数字化服务的法律，但网络信息安全方面的现有法律法规可作为参考。例如，《互联网电子公告服务管理规定》对网络信息责任制做出明确规定，要求电子公告服务系统对发布的电子信息负责，并备份用户信息至少两个月，从而保护资源安全。这类法律法规的制定和执行，对电子信息服务的健康发展具有重要作用，为图书馆数字化服务的标准化提供了法律基础。

图书馆数字化服务，如参考咨询服务、个性化设置服务、文献服务、资源导航服务等，都可能涉及法律问题，甚至面临法律风险。例如，图书馆的数据库通常需要特定账号和密码，一旦这些敏感信息被泄露，付费的信息资源可能被无偿使用，这直接影响信息资源供应商的经济利益，甚至可能涉及侵犯著作权等问题。数据库管理不善可能导致污染信息的传播，尤其是对于常用的文献服务、资源导航等信息服务。

图书馆数字化服务标准化的制定，应受到相关法律法规的约束和引导。这些法律法规可以借鉴互联网信息资源建设的相关法律，对图书馆既施加约束，也应提供一定的权利保护。不论是公益性图书馆还是产业性图书馆，都应享有数字化信息传播的合理使用权、馆外网络传播的法定许可权等合法权益。在法律的保障下，图书馆数字化服务的标准更易于遵守和执行，从而保障信息服务的健康、有序发展。图书馆数字化服务的法律保障还应包括用户隐私保护、版权尊重、数据安全等多方面的内容。这些法律规定不仅保障了信息服务的正当性和合法性，还为用户提供了安全、可信赖的信息环境。从长远来看，完善的法律保障体系将成为推动图书馆数字化服务持续发展的重要基石。

（三）技术保障

图书馆数字化服务的实施与发展，离不开强大的技术支持。这种技术支持不仅为图书馆服务用户提供了牢固的基础，还在确保信息系统稳定运行方面发挥着重要作用。数字化信息系统具有一定的自我调节能力，这在某种程度上与社会系统的特性相似。社会系统作为一个信息传递系统，既输出信息也接收信息，其自我调节功能维持着系统的稳定性。同理，数字化信息系统也需要强大的技术支持保证信息传递的有序性和准确性。数字化信息技术在信息传播过程中发挥着关键作用。它不仅为信息的传播提供了有效途径，还在一定程度上对用户行为进行规范。技术支持还可以在一定程度上弥补法律法规的不足，提供更为全面的信息服务保障。

图书馆数字化服务作为新型图书馆的核心服务项目，涵盖了信息整合、存储及检索等多个方面。目前，图书馆数字化技术主要包括文字图像扫描技术、图像和语音识别技术等。这些技术为图书馆的资源数字化和信息服务提供了强有力的技术支撑。

随着技术的不断进步，一系列新兴技术也正在逐渐融入图书馆数字化服务中。例如，用户识别技术、光学字符识别技术和数字水印技术等，不仅提高了信息服务的效率和准确性，还增强了信息安全和保护版权的能力。这些技术在图书馆数字化服务中的应用，不仅促进了服务的标准化，还提高了服务质量和用户体验。图书馆数字化服务的技术保障还应包括数据安全存储与备份、网络安全保护、用户接口的优化等方面。数据安全存储与备份确保了信息资源的长期保存和防灾恢复能力，网络安全保护防止了信息泄露和未授权访问，而用户接口的优化则提升了用户使用数字资源的便利性和舒适度。这些技术措施的综合应用，将进一步提升图书馆数字化服务的整体水平，促进其未来的持续发展和创新。

第二节 图书馆数字化服务体系构建

传统意义上的图书馆服务与管理发展到现阶段的数字化图书馆管理形态，可以说图书馆正在经历深刻的变革。[①] 在当前图书馆转型与变革的背景下，提高图书馆的竞争力成为一项重要任务，其中数字化建设与服务体系的构建显得尤为关键。数字化服务体系，作为数字资源建设与服务开发的核心载体，对于图书馆数字化发展进程具有深远的影响。

一、数字化服务

（一）数字化服务的内涵

图书馆数字化服务涵盖一系列基于信息技术的服务手段和模式，旨在提高信息获取的效率和便捷性。图书馆以信息技术为基础，以数字化资源为核心载体，针对用户需求提供即时性服务。

具体而言，图书馆数字化服务首先依赖于先进的信息技术，包括网络聊天工具、电子邮件、在线数据库查询系统等。通过这些电子化手段，用户可以向图书馆提交服务请求，或访问图书馆主页以获取所需的服务和资源。这种基于网络和数字技术的服务模式，显著提升了服务的可及性和响应速度，使图书馆能够更加灵活和高效地满足用户的信息需求。

数字化资源作为图书馆数字化服务的基本载体，扮演着至关重要的角色。这些资源包括但不限于电子书籍、在线期刊、数据库、多媒体资

① 姚敏，胥迅．现代图书馆的数字化服务体系构建［J］．兰台世界，2013(8):90-91．

料等，它们提供了丰富多样的信息内容。通过这些数字化资源，用户能够迅速获得所需的信息，不受物理空间和时间的限制。针对用户的服务是图书馆数字化服务的核心。现代图书馆通过数字化服务，提供包括参考咨询、资源提供、读者培训、个性化服务等多种服务内容。这些服务不仅覆盖从基础的信息检索到高级的个性化信息服务等多个层面，还根据不同用户的需求提供定制化的服务方案。

（二）数字化服务目标

现代图书馆的数字化服务目标可以概括为研究型、数字型与大众型三个核心方向。为了实现这些目标，图书馆在继承传统管理优势的基础上，积极融入新的信息技术和资源优势，展示信息技术的最新成果，同时推动数字资源共享、信息技术高端化、服务模式人文化和管理方式先进化。

研究型服务目标聚焦于支持学术研究和知识创新。这要求图书馆提供高质量的学术资源，包括专业期刊、学术论文数据库、专业书籍等，同时提供高效的检索工具和个性化的学术服务。图书馆还需与学术研究机构合作，共享资源，并提供研究支持服务，如数据分析、文献管理等。

数字型服务目标着眼于利用先进的信息技术，以实现资源的数字化和在线化。这不仅包括传统纸质资源的数字化，还涉及数字资源的获取、整合和优化。数字图书馆需采用先进的信息技术，如云计算、大数据分析等，来提升资源的可访问性和用户体验。

大众型服务目标旨在满足广泛的用户群体需求。这要求图书馆的服务不局限于学术研究领域，还要涉及日常生活信息、终身教育资源、休闲阅读材料等。图书馆应提供多样化、个性化的服务，如在线阅读、互动问答、虚拟展览等，以满足不同用户群体的多元化需求。

为了实现这些目标，建立集资源和服务为一体的数字图书馆门户网站至关重要。这个门户网站不仅提供易于操作的界面，方便用户检索和获取所需资源和信息，还需要具备高效的信息处理能力和优质的用户交互体验。图书馆还需不断更新其信息技术，以保持服务的现代化和高效性，确保能够及时响应用户的需求和市场的变化。

（三）数字化服务环境

现代图书馆数字化服务环境的有效构建，是确保数字化服务体系系统化构建的关键。该环境是多种影响因素的整合，旨在维护信息资源与服务的完整性，从而为用户提供高效、便捷的数字化资源获取途径。

数字化服务环境的构建涉及信息技术基础设施、资源整合能力、用户交互界面优化、服务流程高效化等方面。信息技术基础设施，如服务器、网络带宽、安全防护措施，是数字化服务的核心支撑。其所采用的技术不仅需要保证稳定运行，还需不断更新以适应日益增长的数据处理需求和安全挑战。资源整合能力是构建有效数字化服务环境的另一关键要素。图书馆需将各类信息资源，如电子书籍、数据库、在线期刊、多媒体内容等进行有效整合，以便用户能够通过单一平台获取所需信息。这不仅提高了资源利用率，还增强了用户体验。用户交互界面优化对于提升数字化服务环境同样至关重要。友好的用户界面设计、直观的导航、高效的检索功能等，都能显著提升用户获取信息的便捷性和愉悦感。服务流程高效化，如简化的资源访问流程、快速响应的客户服务等，也是提升数字化服务环境的重要因素。

为了进一步提升服务效率和满足用户需求，构建馆际互借系统是一个重要步骤。该系统使得用户即使在本馆检索不到所需文献时，也能通过其他图书馆的资源进行补充，大大拓宽了资源获取的范围。数字咨询服务的建立，如在线问答、电子邮件咨询、远程参考咨询服务等，为用户解决具体问题提供了有效的支持。

二、构建现代图书馆数字化服务体系

（一）数字资源的阅览与检索

数字资源的阅览与检索是图书馆数字化服务的核心环节，涉及用户对各类电子资源的访问和利用。这些资源包括电子书刊、光盘资源、互联网相关信息及数据库等，它们的需求满足状况直接关系到图书馆服务的效率和质量。

在数字资源阅览方面，图书馆需提供易于访问和操作的平台。现代图书馆通常采用网络平台或专门的阅读软件，使用户能够方便地访问电子书刊和光盘内容。这要求图书馆在用户界面设计、资源格式兼容性以及阅读体验优化上下功夫，确保用户可以无障碍地阅览所需资源。检索功能的优化，是提高数字资源利用效率的关键。有效的检索系统应支持关键词搜索、分类浏览、高级搜索等多种检索方式，使用户能够根据不同的需求快速、准确地找到所需信息。检索系统还应具备个性化推荐功能，根据用户的历史行为和偏好，主动推荐相关资源。

互联网信息资源的整合与提供，是图书馆数字化服务中的一个重要方面。图书馆需要不断更新和扩充其网络资源库，包括专业数据库、在线期刊等，以满足用户对最新信息的需求。图书馆还应关注网络资源的质量和可信度，确保提供给用户的信息是准确和可靠的。数据库的构建和维护也是数字资源检索的重要组成部分。高效的数据库不仅提供了资源的存储和分类，还能够支持复杂的数据检索和分析功能。图书馆需要不断优化其数据库结构，提高数据处理效率和安全性，以保证用户在检索过程中获得良好的体验。

（二）视频点播服务

视频点播服务在现代化数字图书馆环境中展现了其显著的转型与进步。传统图书馆作为知识与信息的存储与交流中心，长期以来以纸质文献、实体书籍为主。然而，随着数字化时代的到来，其服务范围及形式发生了根本变革。视频点播服务作为这一变革的重要组成部分，通过将视频等多媒体资料数字化，极大地拓宽了图书馆的服务维度。此类服务的核心在于提供个性化、即时的信息获取途径。用户可依据个人需求，通过图书馆内部的网络系统轻松访问并点播所需的视频资源。这种模式不仅优化了资源的获取过程，还显著提升了用户体验，使得学习与研究工作更为便捷高效。

信息技术的快速发展为视频点播服务提供了更为广泛的应用场景。数字卫星电视转播内容的引入，是这一进步的典型代表。它通过卫星技术将视频内容的传输范围扩展到更广阔的区域，使得图书馆服务不再局限于物理空间，而是向着虚拟化、全球化迈进。这种技术的应用不仅使得资源更为丰富多元，还极大地促进了知识的普及与传播。

（三）虚拟化的网络信息服务

1. 数字化参考咨询服务

数字化参考咨询服务体现了图书馆服务在数字化时代的发展趋势。这种服务形式以满足用户需求为核心，将传统的 E-mail 咨询方式与现代化的在线互动模式相结合，从而实现了服务方式的革新。借助集成软件 dILAS 等先进工具，数字化图书馆能够为用户提供更加高效、便捷的参考咨询服务。在线咨询服务的优势在于其实时性与互动性。用户可以通过网络平台直接与咨询人员进行交流，实时提出问题并获得答复。这种模式大大减少了信息传递的时间延迟，提高了服务效率。数字信息资源的整合与检索功能，使得用户能够快速、准确地获取所需信息。个性化服务的提供，进一步增强了用户体验，使得咨询服务更加符合个人的特定需求。

数字化参考咨询服务的另一个关键环节是常见问题的整合与知识库的建设。图书馆将常见问题及其答案归纳整理，上传至咨询知识库，可以为更多用户提供参考，有效减少重复咨询，提高服务效率。这种做法不仅提高了资源的利用率，也为用户提供了自助查询的途径。

构建符合数字化图书馆需求的咨询服务体系，是数字化参考咨询服务发展的关键。这要求图书馆根据自身服务规则与质量标准，不断优化服务流程和内容，确保服务的专业性和高效性。图书馆实施联合咨询等服务形式，可以实现资源共享，提升服务质量，促进咨询服务的整体发展。

2. 资源的有效提供

资源的有效提供涵盖信息资源的有效导航、电子文献与图书的借阅服务，以及图书馆门户网站的建设与维护等关键环节。在提供资源的过程中，图书馆需考虑用户的实际需求与自身馆藏的特点，进而实现资源服务的最大化效能。

信息资源的有效导航是图书馆提供信息资源服务的核心。通过对馆藏资源按照学科领域进行分类，如金融、机电、语言、法律等，图书馆能够为用户提供更为精准的信息检索途径。在此基础上，该服务还应包含学科内部及跨学科的外文文献资源导航，以满足不同研究领域的深度需求。电子图书的借阅服务则体现了数字图书馆的灵活性与便捷性。这一服务既包括传统的馆内人工借阅，也涵盖现代化的网络借阅模式。网络借阅尤为重要，它允许用户通过互联网实现远程访问和借阅，极大地拓宽了服务的可及性。数字图书馆门户网站的服务则是资源有效提供的另一关键方面。门户网站将图书馆内的各类资源整合成一个统一的信息平台，提供清晰明了的信息检索界面。这不仅使用户能够快速找到所需资源，如通过输入文献名称或著者进行高级或跨库检索，还显著提高了数字化资源的利用率。门户网站还提供馆藏查询、用户个人借阅信息服务等功能，进一步增强了用户体验。

3. 个性化服务

个性化服务的核心在于提供与用户偏好和需求紧密相关的定制化信息与功能。“我的图书馆”功能是个性化服务的典型体现，它不仅包含用户个人借阅信息的查询，如预约、续借、借阅数量及归还日期等，也涵盖新书通报、个人信息管理以及注意事项等多个维度，从而为用户提供一个全面、便捷的服务平台。

为了深入实现个性化服务，数字图书馆需要具备智能化的数据处理能力。这意味着系统应能自动记录并分析用户的借阅信息，以准确掌握每位用户的兴趣和需求。基于这些数据，图书馆能够有针对性地向用户推送相关的书目信息和资源建议，从而提供更加个性化的阅读体验。个性化服务的另一个重要方面是提供多样化的功能，以适应不同用户的需求。例如，网上搜索功能使用户能够方便快捷地检索所需资料，读书笔记功能则支持用户记录和管理他们的阅读心得，电子文献的传递功能则确保用户可以远程获取所需文献。这些功能的结合不仅增加了服务的可用性，也极大地提高了用户的满意度。

（四）信息开发与用户的信息素养培训

信息开发与用户信息素养培训服务在现代图书馆服务体系中占有至关重要的地位，二者共同构成图书馆在信息社会中的核心职能。信息开发服务主要面向企业用户，采用信件、传真、电子邮件、电话等多种传播途径，其服务内容包括咨询、检索、文献传递及定题服务等。此类服务的特点在于能够针对特定用户群体的需求提供定制化的信息服务，如结合社会热点问题提供专题资源库，为用户制定个性化简报，以及通过电子邮件等形式定时传递所需或定制的信息，从而有效地满足企业用户的专业信息需求。

用户的信息素养培训则是图书馆服务的另一个重要方面，特别是在数字化服务日益增长的背景下。这类培训主要是围绕数字化服务的特点、组织形式及服务内容展开，旨在提升用户对电子资源订购、制作与使用等方面的了解与相关技能。通过这类培训，用户能够更有效地利用电子资源，提高自身的信息获取与处理能力。图书馆还可以举办相关的电子资源有效选择与利用培训课程，进一步培养用户的信息搜索与利用能力，这不仅能够提高用户的信息素养，也能够促进图书馆资源的有效利用。

三、现代图书馆数字化服务管理体系的实现

（一）培养数字化服务意识，增强数字化服务能力

随着信息技术的快速发展和用户多元化、个性化服务需求的增长，

图书馆数字化服务的重要性日益凸显。现代图书馆服务的转型和发展已经不可避免地指向数字化服务体系的构建。在全球范围内，许多世界级图书馆已经在不断扩大馆藏资源，同时积极开发新的文献传递服务、个性化服务、在线资源服务等，部分图书馆甚至启动了新的、安全的电子信息传递系统。这些举措不仅提高了文献资源的共享性，而且有效地将更多用户纳入图书馆的服务网络中。

图书馆数字化服务的重要性不断凸显，成为图书馆未来发展的关键。因此，我国图书馆应积极引进先进的技术，启动创新项目，加速数字化服务体系的建设。图书馆还需在馆内工作人员中培养数字化服务意识，加强对其及用户的相关培训，以提升数字化服务理解和操作能力。图书馆还应重点启动与数字图书馆相关的项目，将文献信息资源的检索与传递、参考咨询、重点学科建设、用户门户导航等纳入数字化服务体系中，特别要强化电子文献的传递功能与资源的网络检索功能，以实现现代图书馆服务的全面数字化。

（二）突出图书馆的公益性价值，推出免费服务内容

在现代化教育发展形势的影响下，图书馆信息管理模式面临着重大转型，其中最为关键的一步是强调图书馆的公益性价值并推出免费服务内容。传统的图书馆信息管理模式，由于其相对封闭的特性，已经不能满足现代化图书馆发展的需求。因此，取消数字化服务的部分收费项目，强化图书馆的公益性，成为迫切需要解决的问题。

为了实现这一目标，图书馆需积极引进先进的数字化技术，并建立数字化图书馆用户信息门户网站。这些措施不仅可以降低图书馆的管理与服务成本，还为提供更广泛的免费服务奠定了基础。将网站有效点击率、电子文献的下载与传递次数、咨询数量、用户访问量等作为图书馆工作人员绩效考核的新标准，可以从根本上促进图书馆的现代化、数字化以及公益化发展。

这种转变不仅反映了图书馆服务模式的更新，也展示了图书馆在适

应社会发展潮流中的积极姿态。通过提供免费的数字化服务，图书馆不仅能更好地发挥其信息资源共享的公益角色，也能满足更广泛用户群体的需求，从而提升图书馆在社会中的影响力和服务效能。总之，突出图书馆的公益性价值，并推出相应的免费服务内容，是现代图书馆适应时代发展的必然选择，也是提升其社会服务能力的重要途径。

（三）加大人员培训，推动数字化服务人才的新发展

现代图书馆数字化服务体系的构建与发展，紧密依赖具备专业技能和信息化服务能力的人才。在这一背景下，图书馆对相关人员进行技术培训的重要性日益凸显。这种培训旨在提高工作人员对信息化服务系统操作技巧的掌握程度，从而确保数字化服务的高效运行。图书馆需要引进掌握互联网知识和相关学科知识的综合型人才，以强化图书馆在数字化服务方面的能力。

馆内形成的岗位轮换制度对于调动工作人员的积极性和增强其自我归属感同样至关重要。岗位轮换不仅可以拓宽员工的知识面和技能范围，还有助于增进团队的整体协作和效率。对工作人员进行适当的奖励，如提供继续教育机会、提高工资待遇等，是尊重并激励人才的有效手段。这不仅有利于提升员工的工作动力和满意度，也是将尊重人才理念应用于图书馆数字化服务体系的体现。

第三节　图书馆数字化资源建设

随着数字化技术及计算机网络通信技术的迅猛发展，社会进入一个深刻变革的信息时代，这一变革同样深刻地影响着图书馆领域。在这一背景下，图书馆的馆藏结构正经历着重大转型，数字化建设成为其发展

的重要趋势。特别是在我国，高校数字化图书馆的发展是紧随国际趋势而兴起的。近年来，众多高校图书馆投入了大量的人力、物力和财力于数字化图书馆的建设之中，商界也积极参与数字化资源的生产和研究，共同推动了图书馆数字化建设的快速发展。

一、图书馆数字化资源建设的影响

（一）馆藏内容的多元化

馆藏内容的多元化是图书馆应对信息时代的重要策略。传统的纸质印刷文献在信息传递和保存方面具有不可替代的价值，但随着技术的进步，数字化资源的出现及其多样化不断挑战着传统馆藏内容的界限。

在种类的拓展方面，数字化资源的丰富性体现在其能够覆盖更广泛的信息类型。应用软件提供了互动性和功能性，使用户能够更加有效地检索和处理信息。书目数据和全文数据则将传统的印刷文献转化为可搜索、可访问的数字格式，大大增强了信息的可及性。数值数据的加入使得科学研究和数据分析更加便捷，而多媒体资源则为信息的表达和传播提供了更多元化的方式。

至于格式的多样性，数字化资源通过图像、文字、音频和视频等多种信息格式，实现了对信息的全方位呈现。相比于单一的文字信息，这种多格式的结合不仅丰富了视听体验，还拓宽了信息获取的途径。图像和视频提供了直观的视觉信息，而音频则增加了情感和语境的维度，使信息传达更为生动和全面。

（二）信息传播与利用方式的变革

信息传播与利用方式的变革直接影响了用户对信息资源的访问和应用。这种变革主要体现在访问方式的革新和检索系统的优化两个方面。

1. 访问方式的革新

随着数字技术的发展，图书馆馆藏内容的访问方式经历了深刻的变化。传统上，用户需要亲自前往图书馆，通过实体书籍或其他物理媒介获取信息。然而，在数字化时代，这种局限被大幅度打破。数字化资源的出现使得用户可以通过互联网在任何地点、任何时间访问馆藏内容。这种本地和远程相结合的访问模式极大地提高了信息获取的便利性和效率。

远程访问的优势在于其突破了地理和时间的限制。无论用户身处何地，只要有互联网连接，就能够接触到丰富的数字资源。这不仅为用户提供了更大的灵活性，也使得信息资源的共享更为广泛。这种访问方式对于那些行动不便或地理位置偏远的用户尤为重要，因为它消除了实体访问的障碍。

数字化资源的在线访问还意味着信息的实时更新和动态交互成为可能。用户不再被动地接收信息，而是可以进行互动，如在线评论、标注或共享。这种互动性进一步增强了信息的活跃度和用户体验。

2. 检索系统的优化

馆藏内容的多元化促进了检索系统的发展。在数字化环境下，信息资源的组织和检索方式变得更为复杂，但也提供了优化的空间。现代图书馆检索系统不再是一个简单的查询工具，而是一个集成了多种智能化功能的复杂系统。

优化后的检索系统具有更高的智能化程度。通过运用算法和人工智能技术，这些系统能够更准确地理解用户的查询意图，并提供更为相关和精准的搜索结果。例如，自然语言处理技术使得系统能够处理复杂的查询语句，并从中提取关键信息。智能推荐算法根据用户的历史搜索行为和偏好，能够推荐个性化的资源。

除了智能化，用户友好性也是现代检索系统的重要特点。用户界面的设计更加直观和易用，使得即使是非专业用户也能轻松进行信息检索。系统提供的多种筛选和排序功能，使用户能够根据自己的需要快速定位所需资源。

（三）馆藏管理的转型

馆藏管理的转型是图书馆应对数字化挑战的关键方面，这种转型不仅涉及存储媒介的变化，还包括管理模式的整体创新。

1. 从物理存储到数字存储

在数字化时代之前，图书馆馆藏的管理主要依赖于物理存储，以实体书籍、期刊、档案等形式为主。这种方式在空间占用、存储效率和长期维护方面存在局限。随着数字化技术的发展，图书馆馆藏逐渐转向数字存储，这种转变带来了诸多优势。

数字存储的显著优势在于其空间效率和可扩展性。相比于实体书籍需要占用大量的物理空间，数字资源可以存储在服务器中，极大地节约了物理空间。数字存储也更易于扩展，因为增加存储空间通常只需要增加服务器容量，而不需要额外的物理空间。数字存储还改善了馆藏内容的长期保存。传统的纸质材料容易受到环境因素，如温度、湿度的影响，而数字存储则能有效避免这些物理损害。图书馆通过适当的数字化保存技术，如定期备份和迁移，可以确保馆藏内容长期稳定地保存。

数字存储也带来了新的挑战，如数字化资源的版权问题、数据安全和长期可访问性等。图书馆需要建立有效的数字化资源管理策略，确保这些资源能够在遵守法律法规的同时，长期稳定地为用户服务。

2. 管理模式的创新

数字化资源的引入不仅改变了存储方式，还促使图书馆在信息获取、存储和组织方式上进行全面的创新。传统的馆藏管理侧重于实体资源的收集和分类，而在数字化环境下，这一模式需要重新考量。在信息来源方式上，图书馆开始从单一的实体采购转向包括电子书、在线期刊、数据库订阅等多元化的采购策略。这种策略的转变要求图书馆与更广泛的信息提供者建立合作，同时需要对电子资源的质量和可靠性进行严格的评估。在存储方式方面，数字化资源要求图书馆建立更为复杂的数据存储和备份系统。这不仅包括物理服务器的维护，还包括数据格式的管理、长期存储策略的制定等。

组织方式的变革则体现在对数字资源的分类、索引和检索系统的建设上。与实体资源相比，数字资源的组织更加依赖于技术手段，如元数据的建立和维护、搜索算法的优化等。这要求图书馆的馆藏管理人员具备更高的技术素养，也要求图书馆在技术基础设施上进行持续的投资和更新。

（四）服务理念的更新

1. 服务的个性化与动态化

随着数字化资源的普及，图书馆的服务模式正在经历着从传统的静态、一致性服务向个性化和动态化服务的转变。这种转变的核心在于利用数字化资源提供定制化的信息服务和用户互动。在个性化服务方面，数字化资源允许图书馆根据用户的个人偏好、历史查询记录和使用习惯提供定制化的内容推荐和信息服务。例如，通过分析用户的搜索历史和阅读习惯，图书馆可以主动推荐相关的图书、文章或其他资源。数字化资源的超媒体功能，如链接、嵌入视频或音频内容，使得信息的呈现更加丰富，进一步增强了服务的个性化。

服务的动态化体现在图书馆能够实时响应用户需求的变化，并不断调整服务内容。数字化技术的应用使得图书馆能够快速收集用户反馈的信息，并根据这些反馈的信息及时调整服务策略。例如，图书馆可以根据用户在数字平台上的活动数据优化资源的组织和呈现方式，确保服务内容始终符合用户的当前需求。

2. 用户体验的提升

数字化资源的易于访问性和丰富性极大地提升了用户的使用体验。这种提升不仅体现在信息获取的便利性上，还体现在信息互动和学习体验的丰富性上。易于访问性体现在用户可以通过多种方式，包括移动设备和远程访问，随时随地获取图书馆资源。这种无缝访问的体验极大地方便了用户，特别是那些无法亲自到图书馆的用户。数字化资源的搜索和检索功能使得用户能够快速找到所需信息，大幅提高了效率。

信息的丰富性则体现在数字化资源能够提供多种格式的信息，包括文本、图像、音频和视频等。这种多样的信息格式使得学习和研究更加生动和全面，提高了用户的学习兴趣和参与度。例如，一个历史事件可以通过文本描述、图片展示、相关视频和音频资料全方位呈现，使用户能够更深入地理解和感受这一事件。

（五）传统馆藏面临的挑战与机遇

随着数字化资源的迅速发展，传统馆藏面临着前所未有的挑战与机遇。图书馆要对传统馆藏进行重新定位，并探索与数字化资源的融合发展。

1. 传统馆藏的重新定位

数字化资源的兴起使得图书馆必须重新思考传统馆藏的角色和价值。传统馆藏，如纸质书籍、手稿和其他实体资料，长期以来一直是知识传播和文化保存的重要载体。然而，在数字化资源日益普及的当下，传统馆藏的使用率和影响力受到了挑战。面对这一挑战，图书馆需要对传统馆藏进行重新定位，寻找其在现代信息服务中的独特价值和地位。一方面，传统馆藏在保存历史和文化遗产方面具有不可替代的作用。许多珍贵的书籍、手稿和艺术品只能以实体形式存在，它们为研究历史和文化提供了直接的、原始的资料。因此，保护和传承这些传统馆藏是图书馆不可推卸的责任。另一方面，传统馆藏在满足某些用户特定需求方面仍然具有重要意义。例如，一些用户可能更喜欢阅读实体书籍，或需要接触原始文献进行研究。因此，图书馆在重视数字化资源的同时，不应忽视对传统馆藏的维护和发展。

2. 融合发展的必要性

为了构建一个更加全面和高效的服务体系，传统馆藏与数字化资源之间的融合发展显得尤为重要。这种融合意味着传统馆藏和数字化资源不应被视为相互独立或对立的元素，而应相互补充，共同构成图书馆馆藏的完整体系。在实践中，融合发展可以通过多种方式实现。例如，对于传统的纸质文献，图书馆可以通过数字化扫描的方式使其内容以数字形式呈现，从而扩大其影响力并提高其可及性。图书馆也可以通过展览、讲座等方式，使得数字化资源与传统馆藏相结合，为用户提供更加丰富和多元的体验。融合发展还要求图书馆在策略和管理层面进行创新。图书馆需要制定有效的策略，平衡对传统馆藏和数字化资源的投入，确保两者都能得到合理的发展和利用。在管理层面，图书馆需要建立一个能够同时支持传统馆藏和数字化资源的管理系统，使得资源的组织、检索和利用更为高效和协调。

二、图书馆数字化资源建设的内容

信息资源数字化是数字图书馆的基础，因为数字图书馆的其他特点都是建立在信息资源数字化的基础之上的。[①] 图书馆数字化的本质是实现数字图书馆，就是利用现代化的信息技术和网络通信技术将各类传统介质文献进行压缩处理，并且转化为数字信息。数字化信息的多媒体特性允许人们通过音频、视频和图像等多种方式获取所需信息。在这个技术框架内，数字不仅是信息的载体，而且是其存在的基础。信息资源的数字化对于数字图书馆至关重要，没有信息资源的数字化，数字图书馆将失去根基和动力。因此，对于规模较小的图书馆而言，实施数字化转型不仅限于对馆藏文献的书目、题录和全文等方面的数字化，还需包括虚拟馆藏资源的建设和链接。这一转型涉及多个关键方面。

（一）馆藏各类文献的机读数据建设工作

馆藏各类文献的机读数据建设工作是数字图书馆发展的基础和核心，它对于实现文献信息资源数字化具有决定性作用。这一工作不仅是图书

① 彭建国，段翔宇．中国经济技术发展优秀文集（第 3 卷）[M]．北京：中国文史出版社，2003:107.

馆自动化和网络化的前提，也是构建和发展数字化资源的基础。在这一过程中，机读数据的编制和质量控制尤为关键。

1. 机读数据的重要性

机读数据在数字图书馆建设中占据核心地位，其作用远超传统文献信息的简单数字化转换。作为计算机系统能够识别和处理的数据格式，机读数据的优势在于其对文献信息的有效存储、检索及利用提供了强有力的支持。该过程不仅包括将物理文献转换为数字形式的扫描工作，而且涉及对转换后的文献信息进行深度处理，如编码、索引和分类等。这些处理步骤为文献信息在数字化环境中的高效管理打下基础，确保了信息的可访问性和可操作性。机读数据是连接传统文献与现代信息技术的桥梁，它可使文献信息在数字化环境中得到更广泛的应用和更高效的传播。因此，机读数据不仅提升了文献信息的实用性和可及性，还为数字图书馆的发展提供了坚实的基础。

2. 遵循相关标准

遵循相关的国际和国内标准在机读数据编制过程中发挥着至关重要的作用，这一过程对于确保数据的有效性和通用性尤为关键。这些标准通常包括但不限于编码格式、数据结构和元数据标准等方面，它们共同构成了机读数据质量保证的框架。严格遵守这些标准为机读数据的互操作性提供了基础，即确保不同的计算机系统和图书馆之间能够有效地共享和交换数据。标准化的机读数据对于维护数据的长期稳定性和可用性同样至关重要。这不仅有助于提高数据的持久性，还确保了数据在长时间跨度内的可访问性和一致性。因此，在数字图书馆和信息管理领域，遵循既定标准是确保数据质量、促进资源共享以及保障信息服务持续性的关键策略。

3. 规范控制的必要性

规范控制在机读数据建设中扮演着重要的角色，它关系到数据的基本质量和后续应用的有效性。规范控制主要涉及数据的准确性、一致性和完整性，这三个方面是评估数据质量的关键指标。数据的准确性确保信息的真实性和可靠性；数据的一致性则关乎数据在不同环境下的标准化和统一性；而数据的完整性则涉及信息内容的全面性和细节的丰富度。有效的规范控制可以显著减少数据处理过程中的错误和歧义，这对于维护机读数据的整体质量至关重要。高质量的机读数据不仅提升了用户在检索和获取信息时的效率，还有助于加强不同图书馆之间的信息共享。在数字化信息环境中，规范控制是确保数据可靠性和提高图书馆服务水平的关键步骤，它直接影响图书馆在提供高效、准确和用户友好的信息服务方面的表现。

4. 数据质量的重要意义

数据质量在机读数据建设中举足轻重，其重要性不仅体现在提升图书馆服务的效率和效果上，也体现在图书馆自动化和网络化评估方面。高质量的机读数据保证了用户在利用数字图书馆时能够获得优质的体验，这是因为数据质量直接决定了信息检索的准确性、资源获取的速度以及用户接口的友好性。数据质量还是图书馆在激烈的信息服务市场中提升其竞争力和影响力的关键因素。在数字时代，信息的可靠性、可访问性和处理效率成为评价图书馆服务水平的重要指标，而这些指标的实现，依赖于高质量的机读数据。

（二）馆藏资源的全文数字化建设工作

在数字化时代，图书馆的馆藏资源全文数字化建设是其发展的关键环节。这一工作远远超出了仅仅建设书目信息的范畴，而涉及馆藏特色资源全面数字化，以适应网络环境下的新要求。网络环境下，衡量图书馆服务水平的一个重要标准是，其是否能展现丰富且独特的文献信息特色，以满足日益增长的用户需求。这种特色化的展现不仅是图书馆提供优质服务的体现，也是其在数字网络环境中赋予自身价值和意义的关键。如果一个图书馆无法在互联网络中承担起相应的职能和作用，如提供独特且丰富的数字化资源，它将很难在网络时代中保持影响力。因此，为了在网络环境下促进图书馆事业的发展，图书馆必须加强馆藏资源的特色化建设。这意味着图书馆不仅要关注传统的馆藏数字化，还要着重于那些能体现其独特性和满足特定用户需求的资源的数字化。馆藏资源的全文数字化建设工作如图 2-1 所示。

图 2-1　馆藏资源的全文数字化建设工作

1. 特色馆藏数字化建设

特色馆藏数字化建设不仅是图书馆发展的需要，还是其在数字化和网络化环境中发挥优势的关键。小型图书馆在进行馆藏资源数字化时，应以馆藏的现状及所服务机构的学科重点为基础，同时注重当地社会的信息需求，以体现出鲜明的地域特色和地区差异。

以某特定学术机构为例，假设该机构位于历史悠久的文化城市，拥有丰富的地方历史和文化资源。在这种情况下，图书馆可以将重点放在地方历史文化的数字化资源建设上，如将当地的历史文献、艺术作品和民俗资料作为数字化建设的主要内容。这样的特色馆藏数字化建设不仅能够促进当地文化的保护和传承，还能为研究该地区的历史、文化和社会发展提供宝贵的资源。

如果该机构在某一特定学科领域（例如地方生态研究或地方工艺传承）有着独特的研究优势，那么图书馆的特色馆藏数字化建设可以围绕这一学科展开。这不仅能够提高图书馆服务的专业性和针对性，还能够支持该学科领域的学术研究和教学活动，为学术共同体提供独特的资源和服务。

2. 教职工科研成果数字化

在当今数字化时代，高校和研究机构的科研成果数字化是实现知识共享和促进学术交流的重要途径。近年来，随着科研活动的加强和创新成果的增多，教职工的科研成果对于推动社会进步和科学技术的发展具有不可忽视的作用。因此，对这些科研成果进行数字化，建立科研成果数据库显得尤为重要。

假设某工程技术大学在可持续能源和环境工程领域取得了显著的科研成果。该校教职工在过去几年中通过深入的研究，发表了大量关于新能源技术和环境保护的论文、专利和项目报告。图书馆将这些成果进行数字化建设，不仅能展示科研人员的努力和智慧，更重要的是，还可以为学术界及社会各界提供宝贵的参考和应用价值。科研成果的数字化建设包括将论文、研究报告、专利说明、项目文档等转换为数字格式，并通过数据库进行组织和管理，使得这些资料可以在网络上被广泛检索和访问。这样的数据库不仅服务于校内师生，还可向其他高校、研究机构乃至公众开放，促进科学知识的传播和应用。

科研成果的数字化还有利于学术成果的长期保存和管理。在传统的纸质存储中，这些资料可能因时间久远而损坏或遗失。数字化存储可以确保这些宝贵资料的长期安全，并便于未来的检索和使用。

3. 学位论文等数字化资源建设

学位论文等数字化资源建设是图书馆服务中的一个重要组成部分，其并不仅限于高校图书馆。学位论文作为学术研究的重要成果，不仅反映了作者的研究能力和学术水平，往往还包含对特定学术领域的深入分析和独到见解。硕士和博士论文通常涉及专题研究，提供了对特定领域的系统论述和原创性贡献，对科研和相关行业具有重要的参考价值。

考虑到学位论文内容的丰富性、新颖性以及高情报价值，读者需求呈上升趋势。因此，图书馆将这些学位论文进行数字化处理，不仅能够满足日益增长的学术需求，还能够促进学术成果的广泛传播和利用。例如，假设某工程技术大学拥有在机械工程、环境科学和计算机科学等领域的强大研究力量，那么该校图书馆可以将这些领域的硕士和博士学位论文作为数字化资源建设的重点。对于那些在学术和创新性方面表现出色的本科学位论文，图书馆也可以纳入数字化建设的范畴，进一步加强数字馆藏的多样性和深度。

这种数字化建设使得学位论文不再局限于纸质形式的存储和传播，而是可以通过网络平台实现更广泛的访问和检索。例如，学生和研究人员可以通过图书馆的在线数据库访问多个学院和专业的优秀学位论文，从而获得更为方便和快捷的学术资源。这不仅促进了学术交流和知识共享，还为未来的研究和学术创新提供了宝贵的基础。

（三）购买电子出版物

在数字化时代，图书馆的采购策略正在经历根本性的变革，其中显著的变化之一就是对电子出版物的重视。电子出版物包括电子书籍、在线期刊、电子数据库和其他各类数字化资源，这些新型信息载体正逐渐成为图书馆馆藏的重要组成部分。

电子出版物相比于传统纸质出版物具有多项显著优势。首先，电子出版物的检索更为便捷，用户可以通过电子索引快速找到所需信息，这在纸质出版物中是难以实现的。其次，许多电子出版物能够提供声音、图片、视频等多媒体信息，为用户提供了更加丰富的阅读体验。电子出版物的体积小而存储量大，这意味着图书馆可以在有限的空间内存储大量信息。比如，一部庞大的科学百科全书，如果以纸质形式出版可能需要数十卷，而在电子格式下，仅需少量的存储空间。价格方面，电子出版物通常比纸质图书具有成本优势。制作和分发电子出版物的成本远低于印刷实体书籍，这使得电子出版物在市场上往往有更低的售价。例如，一部包含大量科研论文集的数据库，如果以纸质形式购买可能需要高昂的费用，但以电子出版物形式购买则费用会大幅降低。

面对电子出版物的迅速发展和优势，图书馆必须调整其采购策略，增加电子出版物的馆藏量。这不仅是为了提高图书馆资源的多样性和可访问性，也是为了满足日益增长的数字化信息需求。未来，电子出版物将成为图书馆信息服务的主要载体，因此进行电子资源的建设是图书馆顺应时代发展的必然选择。通过这种策略调整，图书馆能够更有效地服务于广大读者，促进知识的传播和利用。

（四）网上数字化资源建设

网络环境下的图书馆不再仅限于实体馆藏资源，其馆藏范畴已扩展至丰富的网络虚拟馆藏。因此，在这样的环境中，强化馆藏文献的数字化资源建设显得尤为关键，而其核心策略之一便是积极开发和整合网络资源。

1. 自建专题数据库

在当前的信息时代，网络上集聚了大量的数字化和多媒体信息资源。然而，网络信息的组织和检索依然面临着众多挑战，如信息污染、检索路径堵塞、信息组织不完善等问题，这些都为用户检索和获取远端网络信息设置了障碍。在这种背景下，图书馆在建设和管理数字化信息资源方面扮演着重要角色。

图书馆可以通过建立专题数据库提供更有效的信息服务。这首先涉及根据用户的需求对网络信息资源进行筛选、下载和整理，其次要对这些信息进行专业化的组织和分类，以便用户能够更方便地访问和利用。例如，假设某图书馆服务于一个以生物科学和生物技术为重点的研究型大学，那么该馆可以建立“基因编辑技术”和“生物多样性保护”等专题数据库。这些数据库可用于收集相关领域的最新研究论文、科研报告、会议记录和重要的学术资源。

为了确保数据库内容的实时性和相关性，图书馆需要定期对数据库进行更新和补充，以反映网络信息的最新变化和学术界的最新发展。这不仅涉及对现有资源的更新，还包括发现和整合新的资源。

通过建立专题数据库，图书馆不仅为用户提供了方便快捷的检索路径，还提升了信息质量和可靠性。这种策略对于提高图书馆在信息服务方面的能力具有重要意义，也为用户在学术研究和知识获取上提供了强有力的支持。

2. 引进网上数字化资源

图书馆在数字化资源建设方面的一个重要策略是引进和购买网络上的数字化资源。除了自行建设专题数据库外，引入外部网络数据库是为广大读者提供全面服务的有效途径。这些网络数据库通常包含大量学术期刊、研究报告等专业文献，对于满足公众的信息需求具有重要意义。

以综合性公共图书馆为例，图书馆可以根据社区成员的需求和兴趣，精心选择并购买或引进各类网络数据库。例如，考虑到社区成员对健康、环境保护和个人发展等领域的关注，图书馆可以引进包含相关领域期刊和报告的数字化资源库。这些资源库可能包括医学健康、环境科学、心理学、教育学等领域的最新研究和动态。此类数字化资源的优势在于数据更新的及时性、检索的便利性和快捷性。它们为读者提供了实时的学术和专业信息，有助于公众了解最新的研究成果和行业发展趋势。例如，图书馆可以定期更新数据库的内容，以确保提供的信息是最新的。这种及时的信息更新对于追踪特定学科领域的最新进展尤为重要。

在引进网上数字化资源时，图书馆还需考虑经费和资源的可持续性。在确保质量的前提下，选择性价比高、内容丰富且易于维护的数据库是至关重要的。通过谨慎的策略规划和资源配置，图书馆不仅能够提供丰富的知识资源，还能够提升自身的服务水平和公共形象。

3. 对读者进行热门站点或相关站点推荐

在数字化和网络化的环境中，图书馆除了提供传统的馆藏资源和电子图书，还应考虑向读者推荐热门站点或相关站点。这种推荐服务是基于一个现实认识：即使图书馆提供了广泛的数字化资源，如经济、法律、文学等学科的全文资源，也难以全面满足读者日益多样化的信息需求。图书馆需要在利用和发挥自己的信息资源优势之外，采取更为主动的措施，为读者提供外部网络资源的导航。热门站点通常是互联网上使用最广泛、信息获取最直接和简便的平台，因此图书馆向读者推荐这些站点有助于他们更高效地获取信息。

例如，假设某公共图书馆服务于一个多元化的社区，该馆可以在其网站上建立一个专门的网络资源导航页面，推荐与社区成员兴趣和需求相关的各类网站。这些网站可能包括当地政府信息发布平台、健康和医疗咨询网站、文化和艺术活动的信息平台以及与科学教育相关的网站等。

图书馆进行网站推荐时还应考虑网站的可靠性和权威性，确保所推荐的资源是准确和有用的。图书馆还可以根据社区成员的反馈和需求，定期更新推荐的网站列表，以保持信息的时效性和相关性。通过向读者推荐热门站点或相关站点，图书馆不仅扩展了服务范围，还提升了信息服务的效率和质量。这种做法有助于构建一个更加开放和互动的信息服务环境，使图书馆能够更好地满足公众的多样化信息需求，也增强了图书馆作为信息资源中心的地位。

三、加强数字化资源建设的措施

数字化资源建设是学校教育在信息技术广泛应用的时代背景下的必然趋势，是教育信息化对图书馆工作提出的客观要求，既关系到教育环境信息化效益的高低，也关系到图书馆能否在信息时代充分发挥自身职能的大问题，因此要切实抓好数字化资源的建设。①

（一）确立建设原则，建立监督机制

图书馆的数字化资源建设成为其馆藏资源的重要组成部分，这些资源的服务对象、收藏重点、目的和特点必须与整体的馆藏建设相一致，确保馆藏资源的系统性和实用性。图书馆在收集数字化资源时应着重于资源的文种、载体、形式和内容的补充与替代，从而增强馆藏的综合性

① 何璃芳．数字化时代的高校图书馆建设［M］．昆明：云南大学出版社，2007：12.

和功能性。考虑到文献资源共建共享的重要性，图书馆还应考虑横向资源特色，推动馆际资源的网络联合，实现文献资源的分散化管理和集中化使用。

数字化资源建设在考虑多样性和经济性方面也需付出特别努力。由于数字化资源种类繁多且价格差异大，图书馆应致力于收集那些信息量大且软硬件设备投入相对较低的资源，以在降低成本的同时满足用户的多样化需求。这种策略不仅有助于合理分配有限的经费，还能提高资源利用效率，为用户提供丰富且实用的数字化资源。通过这种综合考量，图书馆能够以较少的投入实现更佳的服务效果，有效地满足不同用户群体的信息需求。

在数字化资源建设的过程中，确立建设原则的同时，建立有效的监督机制和标准化流程是至关重要的。这一过程要求对资源的引进、工程建设以及资金使用进行严格的评估与监督，以保证整个建设过程的质量和效率。图书馆应成立由相关行业专家组成的专家小组，对数字化资源的引进和建设项目进行专业指导和评估。这个专家小组的主要职责包括提供对于资源引进的参考意见、对工程进展进行评估和监督以及研究和制定各项服务标准。这些标准包括但不限于导航服务标准、存储标准和共享标准。专家小组的宏观控制可以有效确保数字化资源建设的整体质量，避免因各馆自行操作带来的潜在失误。图书馆在数字化资源的引进和建设中还需考虑各自的功能和定位，以确定资源订购的范围。这要求图书馆之间进行有效的协调与合作，通过分工合作，实现资源的互补和共享。不同图书馆可以根据自身的特色和需求，选择合适的数字化资源进行投资，从而实现资源的优化配置。

为了更有效地管理和利用数字化资源，定期对图书馆的数字化资源进行馆藏评价显得尤为重要。这种评价可以基于资源的使用频率、用户满意度、技术更新需要等多个维度，以确保馆藏资源服务始终保持高效率和高质量。通过这种动态的评价和调整机制，图书馆能够不断优化其数字资源的结构和服务，以满足日益变化的用户需求。

（二）加强图书馆联盟，实现资源共建共享

在数字图书馆的建设过程中，各图书馆之间的联盟和资源共建共享是解决资金短缺问题的有效策略。建立数字图书馆需要先进的网络平台、软硬件设施以及大量的数字化资源，而这些通常伴随着高昂的成本，特别是在数字化资源价格不断上涨的背景下，许多图书馆面临着经费短缺的挑战。因此，加强图书馆联盟，实现资源共建共享，不仅是信息化发展的必然趋势，也是一种有效的解决方案。

资源共享的基础是共建。这要求图书馆在管理体制和资源配置方式上进行改革，从传统的单一建设模式转向集中建设模式，从封闭式管理转变为开放式管理。各图书馆之间通过避免重复建设，可以节约大量的资金和时间。各图书馆需要紧密协作，统一规划和标准，制定共同的信息资源建设目标，在互惠互利的基础上形成一个资源共享的运行机制，从而最大化地利用有限的资源。

转变观念，树立全局意识对于数字化建设至关重要。各图书馆应将数字化建设放在资源共建共享的大环境中考虑，积极参与信息资源的整体化组织与建设。这不仅有助于形成信息资源分布式存储和管理的格局，还可以实现集成化的“一站式”检索和利用，从而提高用户的检索效率和资源的利用率。

（三）进行资源整合，建立特色数据库

在数字化资源建设中，图书馆面临的挑战之一是如何有效地进行资源整合，并建立具有特色的数据库。当前，图书馆的数字化资源建设主要集中在特色资源数据库、网上资源数据库、主动式资源数据库以及多媒体文化娱乐资源数据库等方面。这些资源的建设通常采取自建或购买的方式。为了实现数字化资源的有序化和集成化，便于用户使用，对大量分散的数字资源进行合理的整合和重组是关键。

资源的组织与整合是实现多渠道、多载体数字资源有机结合的关键

步骤，这有助于形成具有更高适用性和功能性的再生信息。图书馆通过整合建立高效便捷的导航系统，可以实现资源跨类型、跨载体的检索与利用。图书馆应发挥其专业优势，有计划、有目的地下载网络上有价值的信息，并按专业类别、用户群体、用途等进行整理。建立网络资源导航可以将无序的网络资源组织起来，形成图书馆的特色数据库，并指导用户进行查找。

各图书馆还应基于现有馆藏资源，收集优秀的学位论文、科研论文、教学课件等进行数字化处理，建立与原有物质载体平行的特色数据库。这不仅能够增强图书馆的服务功能，还能够为用户提供更加丰富和多元的资源选择。

（四）拓展信息服务，加强队伍建设

在数字图书馆建设的背景下，各图书馆需要更新服务理念，拓展服务内容，以适应数字化环境下的信息服务需求。图书馆的服务模式应从传统的面对面、单一解答问题和手工查找文献的方式转变为在网络环境下提供以知识信息为核心的多元化、个性化服务。具体做法包括在图书馆网站上设置帮助性信息，指导用户有效开发利用信息资源；编制导航系统，帮助用户在最短时间内获取最多有价值的信息；参与科研项目，跟踪最新研究动态，定期提供专题索引和资料；提供网络参考咨询服务，如网上科技查新、电子邮件、电子论坛等；建立国内外网络协作关系，提供网络信息数据查询。

在人才队伍建设方面，数字图书馆的建设是一项高新技术工作，要求图书馆工作人员具备多方面的能力。他们除了具备图书情报专业知识外，还需掌握计算机操作、网络新技术应用，并具有一定的外语水平、信息商品意识、信息服务理念等。工作人员需要从传统的资料保管员角色转变为信息资源的开发者、管理者和传播者，成为信息检索利用的知识导航员。图书馆应重视培养和引进高素质人才，通过组织业务培训提高在职人员的学历和业务能力，并针对现有人员队伍情况，采取引进紧

缺人才的措施。图书馆通过内部培训和外部引进，建立一个机构合理、精干高效、朝气蓬勃、奋发有为的专业队伍，才能在数字化环境下为广大用户提供全面、准确、高效的服务。

第四节　图书馆数字化管理系统建设

数字图书馆作为一种分布式信息系统，基于多媒体制作，通过数字技术处理各类图文并茂的文献资源。其核心特征是利用数字技术将不同格式、不同载体以及地理位置分散的信息资源存储并向全体用户进行跨区域网络传播与查询。数字图书馆的建设和运作涉及信息资源的检索、利用、加工传输和存储全过程，体现了信息管理和传播的全面性。

不同于实体图书馆的物理限制，数字图书馆是一种非实体、无围墙阻隔的图书馆形态。在网络环境下，它不仅实现了信息资源的共享与共建，还支持扩展的知识网络系统。作为分布式的、无时空限制的、规模超大的知识中心，数字图书馆支持跨库智能检索和无缝对接，为用户提供方便、高效的信息化服务。

数字图书馆在实现新型信息传播服务与信息资源组织方面，与实体图书馆存在明显差异。它以图书馆的资源组织模式为参考，综合运用计算机、网络通信等高新技术，基于存储人类知识的目标导向，创新性地应用精准检索与分类方式对信息进行排序和规整。这使得用户在信息消费时能够超越空间限制，同时减少时间因素的束缚。

作为传统图书馆的延伸，数字图书馆不仅继承了传统图书馆的功能，服务于社会大众，还将其他信息资源的功能融入其中，在公共信息访问方面提供更为综合性和系统化的服务。数字图书馆作为未来社会公共信息传播和管理的关键纽带，构建了一个全面、高效、易于访问的知识共享平台。

一、图书馆数字化服务管理模式的特点

（一）数字化

数字化作为图书馆数字化服务管理模式中的关键特征之一，显著地改变了传统图书馆的运作方式。在这一模式下，图书馆将其丰富的资源转换为数字格式，使之能够通过网络平台进行广泛传播。这种转变不仅提高了资源的可访问性，还大大扩展了图书馆服务的边界。用户能够远程访问电子书籍、在线期刊和其他数字化资料，从而摆脱了物理位置的限制。

在这一模式下，图书馆工作人员的角色也发生了变化。他们不再仅仅是物理藏书的守护者，而是成为信息的筛选者和指导者。工作人员利用专业知识，筛选网络上的大量信息资源，为用户提供更加精准、个性化的信息服务。这种服务模式不仅增加了用户对图书馆资源的依赖程度，也提升了图书馆在信息服务领域的专业地位。数字化还使图书馆能够实现资源的优化管理。通过数字化存储，图书馆能够更有效地保存、维护和更新藏书，同时减少了对物理空间的需求。这种管理模式为图书馆带来了更高的运行效率和成本效益。

（二）个性化

用户的需求和偏好成为服务的中心。用户在登录数字图书馆时，可以根据自己的具体需求选择不同的服务，这些服务涵盖信息检索、资源获取、学习辅助等多个方面。图书馆系统根据用户的行为、查询历史以及偏好设置，提供定制化的信息服务。这种个性化服务的实现，依托于强大的数字网络技术和数据分析能力。图书馆通过分析用户的浏览历史、检索习惯和反馈信息，能够更准确地识别用户的需求，从而提供更符合个人需求的资源和服务。这种服务方式不仅提高了用户的满意度，也使

得信息获取更加高效、精准。

个性化服务还包括对用户进行信息素养教育和辅导。通过个性化的推荐系统和信息素养教育，用户能够更有效地利用数字图书馆的资源，提高自己的信息检索能力和知识管理技能。在个性化服务模式下，用户与图书馆之间形成了更加紧密的互动关系。用户的反馈和需求直接影响图书馆服务的调整和优化，而图书馆则通过持续的服务创新来满足用户不断变化的需求。

（三）便捷化

便捷化作为数字图书馆服务管理模式的核心特征之一，体现了信息服务从传统的单向传递向双向互动的转变。这种转变主要基于计算机网络技术的广泛应用，使得用户能够更主动地参与信息服务的全过程。

在便捷化的模式下，用户不再仅仅是信息的被动接收者，而成为信息服务的积极参与者。他们可以通过数字平台向图书馆提供个人的需求和偏好，而图书馆则根据这些数据为用户提供量身定制的服务。这种服务方式不仅使得信息服务更加贴合用户需求，还极大地提高了信息获取的效率。便捷化还体现在用户与图书馆之间的互动上。用户在享受信息服务后，可以通过反馈机制与图书馆进行交流，提出建议和看法。图书馆则根据用户的反馈不断优化服务，提高服务质量。这种双向互动不仅增强了用户的参与感，也促进了图书馆服务的持续改进。借助数字技术，图书馆能够迅速响应用户的需求，提供即时的信息服务。数字化的管理系统也提高了图书馆的运行效率，降低了服务成本。

二、图书馆数字化服务管理模式的必要性

（一）网络信息技术的快速发展

网络信息技术的迅猛发展为图书馆的数字化服务管理模式提供了必要的技术支持和发展空间。网络信息技术不仅改变了信息获取和传播的方式，也重新定义了图书馆在信息社会中的角色和功能。

全球计算机主机互联形成了庞大而复杂的网络信息系统。这一系统蕴含着几乎无限的信息资源，为图书馆提供了前所未有的获取资源和提供服务的机会。为了有效利用这些资源，图书馆必须进行数字化转型，建立起与之相适应的服务管理模式。数字化服务管理模式使图书馆能够有效地利用网络信息资源，提供更广泛、更深入的信息服务。通过采用先进的网络信息技术，图书馆能够实现资源的迅速传递和有效管理，满足用户日益增长的信息需求。这种模式还强调交互性和人性化，使得图书馆的服务更加贴近用户的实际需求，提升了用户体验和满意度。

随着网络信息技术的不断进步，图书馆面临着持续的技术更新和服务模式创新的压力。只有不断适应技术发展的潮流，图书馆才能保持其在信息社会中的重要地位，继续发挥其在传承文化、传播知识和促进教育等方面的重要作用。

（二）图书馆的发展目标与方向

图书馆正在从传统的信息储备中心转变为综合性的信息服务中心，这一转变凸显了图书馆数字化服务管理模式的必要性。随着社会对信息服务需求的日益增长和多样化，图书馆不仅需要储备和管理物理信息资源，还需要扩展其服务范围，包括信息咨询、信息传播等。

在现代社会，信息的价值在于其可获取性和可利用性。数字化服务管理模式使图书馆能够拓宽信息资源的获取途径，提高信息的利用效率。通过数字化，图书馆不仅能储备大量的电子书籍、在线期刊和其他数字资料，而且能提供更加快速、便捷的信息检索和传递服务。这种服务方式大大提升了图书馆的信息存储能力和信息传递能力。

数字化服务管理模式还促进了图书馆的信息收集能力。在网络化、全球化的信息环境中，图书馆能够通过数字渠道获取来自世界各地的最新信息和知识，从而丰富其信息资源库。这不仅满足了用户对于多元化、国际化信息资源的需求，也提升了图书馆在全球信息网络中的地位和作用。

未来，图书馆将继续朝着信息服务中心的方向发展，其核心任务将包括提供高质量的信息咨询服务和信息传播服务。为了实现这一目标，图书馆必须不断发展和完善其数字化服务管理模式，利用现代信息技术提高服务效率，满足用户日益增长的信息需求。

（三）满足读者个性化的需求

随着21世纪信息技术的快速发展，读者对信息服务的需求日趋个性化，这一趋势加强了图书馆数字化服务管理模式的必要性。在多元化的社会信息环境中，读者不再满足于传统的、统一的信息服务，而是寻求定制化、个性化的信息体验。图书馆在这种环境下，必须利用网络信息技术和数字技术，以用户的实际需求为导向，提供更加精准和多样化的信息服务。

数字化服务管理模式使图书馆能够更好地理解和分析用户的个性化需求。通过数据挖掘和用户行为分析，图书馆可以精确地把握用户的兴趣点、阅读偏好和信息需求。基于这些数据，图书馆可以提供个性化的推荐、定制化的信息检索服务以及个性化的用户教育和辅导，从而大大提升用户的满意度和图书馆的服务效果。

数字化服务管理模式还提高了图书馆的灵活性和扩展性。在这种模式下，图书馆能够快速响应社会信息环境的变化，不断调整和丰富其服务内容，以适应用户不断变化的个性化需求。数字化技术还使图书馆能够摆脱时间和空间的限制，为用户提供随时随地的信息服务。

三、图书馆数字化管理系统的技术架构和平台建设

（一）硬件设施与网络基础设施

硬件设施包括服务器、存储设备和网络设备等关键组成部分。服务器的选择应着眼于处理能力和可靠性，以支撑大数据环境下的高效处理和分析需求。高性能服务器能够保证复杂查询和数据处理任务的顺利执行，同时支持多用户同时访问而不降低系统性能。存储设备的配置应考

虑可预测的数据增长，选择具有高容量、高数据传输速率和低故障率的设备。这不仅关系数据的即时访问速度，还影响数据的长期保存和备份策略。

网络设备的选择和配置同样至关重要。这包括路由器、交换机、防火墙等设备，它们共同构成高效、稳定的网络通信环境。高速网络连接确保了数据的快速传输和访问，为用户提供无缝的数字资源访问体验。网络的设计还需考虑冗余和故障转移机制，确保在设备故障或网络攻击情况下系统仍能保持运行。数据中心的建设是硬件设施的另一重要方面。一个可靠的数据中心不仅提供物理存储空间和网络资源，还包括环境控制（如温度、湿度控制）、电源管理和安全措施。这些因素共同确保了硬件设施的最优运行环境和数据的安全。

数据备份解决方案是保障数据安全的重要环节。定期的数据备份可以防止数据丢失和损坏。备份策略应包括本地备份和远程备份，确保在极端情况下数据的恢复能力。云存储可以作为数据备份策略的补充，从而提供灵活的存储空间和更广的地理分布性，增强数据安全性。

（二）软件平台与系统集成

软件平台的核心包括数据库管理系统（DBMS）、内容管理系统（CMS）和用户界面（UI）。数据库管理系统是整个数字化管理系统的基石，负责存储、查询和管理大量的数据。一个高效的DBMS应具备高速数据处理能力、稳定的运行环境以及灵活的数据管理功能。内容管理系统则关系数字资源的组织、分类和检索。一个优秀的CMS应提供强大的内容索引、分类和搜索功能，使得大量的数字资源易于管理和访问。用户界面作为用户与系统交互的直接界面，其设计应简洁直观，便于用户理解和操作，同时提供足够的功能以满足不同用户的需求。

系统集成的任务在于确保不同的软件和应用能够平滑协同工作，为用户提供无缝的使用体验。这一过程涉及不同系统组件之间的接口设计、数据交换标准以及协议的统一。例如，数据库管理系统和内容管理系统需要有效地整合，以确保数据的一致性和完整性。用户界面则需要与后端系统紧密集成，以实现快速的数据响应和实时更新。系统集成还需考虑软件平台之间的兼容性，特别是在多平台、多设备的使用环境中，系统在不同操作系统和设备上要确保均能稳定运行。

考虑到技术的快速发展，软件平台和系统集成还应具备一定的灵活性和可扩展性，以适应新技术的引入和系统功能的更新。这包括采用模块化的设计理念，使得系统能够在不影响现有功能的基础上，添加新的模块或升级现有模块。例如，引入人工智能和机器学习技术以提升资源推荐系统的准确性和个性化程度，或者整合新的通信协议以提升系统的安全性和数据传输效率。

（三）系统扩展性与灵活性

系统扩展性主要体现在能力上的增强和范围上的扩大这两个方面。随着图书馆服务需求的增长，系统需要添加新功能，如增强的用户分析、个性化推荐或者更高级的数据处理能力。这不仅包括软件层面的升级，如添加新的模块或功能，还包括硬件层面的升级，如增加存储容量或计算能力。系统应能够无缝集成新兴技术，如云计算服务、人工智能算法和大数据分析工具，这些技术的集成可以显著提升系统的性能和服务质量，同时为图书馆提供更多样化的服务可能。

系统灵活性则体现在对变化的快速响应能力上。随着技术的迭代更新，新的软件工具和应用程序不断出现。无论是替换旧的软件组件，还是整合新的数据来源，灵活的系统架构允许图书馆快速采纳这些新技术。为了实现这一点，模块化设计是一个有效的策略。模块化设计使得每个组件或功能都相对独立，便于单独更新或替换，而不会影响整个系统的稳定性。开放式的架构和标准化的接口也是灵活性的关键，它们确保系统能够与各种外部系统和服务顺利对接和集成。

（四）安全性的维护与数据隐私保护

随着数字化程度的提高，图书馆系统越来越多地存储和处理敏感的用户信息和知识产权保护数据，因此采取有效的安全措施保护这些数据免受未授权访问或恶意攻击变得尤为重要。

安全性的维护需要在多个层面上进行。第一，物理层面的安全措施，如服务器室的安全访问控制和监控，保护硬件设施不受物理破坏或盗窃。第二，应用层面的安全措施，如数据加密、访问控制和用户认证机制，确保只有授权用户才能访问敏感信息。第三，网络安全，涉及部署有效的防火墙、入侵检测系统和安全协议，以保护系统不受网络攻击和防止数据泄露。定期进行安全漏洞扫描和应用软件更新也是防御潜在网络威胁的重要措施。

数据隐私保护是另一个关键方面。这包括实施严格的数据隐私政策和合规措施，确保用户的个人信息不被非法收集、使用或泄露。图书馆需确保其数据处理活动符合相关法律和规范，如《中华人民共和国数据安全法》（以下简称《数据安全法》）或其他隐私保护法律。图书馆应加强对工作人员和用户的隐私保护意识培养，让他们了解如何安全地处理个人信息，以及如何识别和避免潜在的隐私威胁。

四、图书馆数字化管理系统的资源数字化与整合

图书馆数字化管理系统的资源数字化与整合是其核心组成部分，它直接关系图书馆能否高效地满足用户的信息需求。

（一）数字化传统纸质资料

数字化传统纸质资料在图书馆数字化管理系统的资源数字化与整合中扮演着关键角色。这一过程的核心在于将实体书籍、期刊和档案等转换为数字格式，如 PDF 或电子书，以便于在数字环境中存储、管理和访问。此项任务的成功实施对于扩大图书馆资源的可达性和使用率具有决定性意义。

扫描过程是数字化纸质资料的基础步骤。使用高效且精确的扫描设备和软件是确保数字化质量的关键。这些设备和软件应能够处理各种纸

张大小和质地，同时保证扫描过程中图像的清晰度和文字的可读性。对于特殊材料，如古籍或珍贵文件，图书馆还需采用特殊的扫描技术以避免对原件造成损害。在数字化过程中，保持原始材料的完整性是至关重要的，这意味着在转换格式的同时需确保原始文本和图像的真实性和完整性不受影响。格式转换后的资料应进行恰当的分类和标记，以增强其在数据库中的可检索性。这包括为每一项资料添加元数据，如标题、作者、出版日期和关键词等，这些元数据的准确性直接影响检索系统的效率和准确性。完成这些步骤后，数字化的资源应被适当地存储和整理，以确保用户能够通过多种设备和软件方便地访问。例如，PDF 格式的文档应能够在不同操作系统的电子阅读器上顺畅阅读，电子书格式应兼容市面上主流的电子书阅读设备和应用。

（二）收集和整合电子资源

这一过程不仅涉及电子书籍、电子期刊的采集，也包括在线数据库和其他各类数字化文档的整合。这些电子资源的有效管理和利用，直接影响图书馆在信息时代的服务效能和资源丰富度。

图书馆需与各种内容提供商建立合作关系，以获取授权的电子资源。在这一过程中，图书馆需要具备良好的资源评估能力，以确保所采集的电子资源质量高、信息准确、覆盖面广。在选择内容提供商时，图书馆应考虑其资源的多样性、更新频率、可靠性及兼容性等因素。通过与出版社、学术机构、专业数据库提供商等合作，图书馆能够获得广泛的电子资源，包括最新的学术论文、专业书籍、参考资料等。对于特定领域或专业需求，图书馆还应寻找特定的资源提供者，以丰富其资源库。

整合这些电子资源是另一项重要任务。图书馆需建立一个统一的管理平台，将来源不同的电子资源汇聚在一起。这要求图书馆的管理系统具备强大的数据处理能力。资源整合的目标是使用户能够通过单一的搜索界面访问所有资源，无论这些资源原本属于哪个提供商或数据库。整合过程还应考虑资源格式的统一和兼容性问题，确保用户在不同设备和平台上都能顺畅访问这些资源。为了提高资源的易访问性和可用性，图书馆还需不断更新和维护其电子资源，确保内容的时效性和准确性。

（三）多格式资源支持与管理

多格式资源支持与管理直接影响图书馆能否满足不同用户群体的广泛需求。多格式资源的支持不仅扩大了图书馆服务的范围，也丰富了用户的使用体验。

图书馆的数字化资源不再局限于传统的文本文件，而是包括音频、视频、图片以及其他多媒体格式。例如，音频资源包括有声读物、讲座录音；视频资源涵盖教学视频、历史档案影像等；图片资源则包括艺术作品、图表等。这些多媒体资源因其丰富性和直观性，越来越受到用户的欢迎。因此，数字化管理系统需要具备处理和存储这些不同格式资源的能力。这不仅需要其有足够的存储空间以容纳大量数据，还需要其具有对不同文件格式的兼容性和优化存储解决方案，以保证高效的数据存取速度和最佳的资源展示效果。

管理这些多样化的资源还需要一个强大且灵活的分类和检索系统。系统应能够对不同格式的资源进行有效的分类、索引和标签化，以便用户能够通过简单直观的界面快速检索和访问所需内容。例如，为视频和音频文件提供详细的元数据描述，包括标题、作者、时长、主题等，以及高效的搜索引擎支持，这些可以大大提高用户检索的精确性和便捷性。考虑到不同格式资源在数据传输和展示上的不同需求，系统还应优化其带宽和缓存策略，确保即使在网络条件有限的情况下，用户也能获得流畅的访问体验。

（四）提高搜索和检索工具的效率

高效的搜索和检索工具对于用户来说是获取信息的关键入口。一个先进的搜索系统可以显著提高用户检索信息的效率和准确性，从而提高用户的满意度。

搜索系统是基于关键词的搜索引擎，它允许用户通过输入关键词快速定位所需信息。这种搜索引擎应具备高级的文本分析能力，能够理解用户查询的上下文，并提供相关性高的搜索结果。为了进一步提高搜索效率，系统还应提供分类浏览功能，允许用户根据主题、作者、出版日期等多种维度筛选和浏览资源。高级搜索选项，如布尔搜索、短语搜索等，对于那些有特定搜索需求的用户来说极为重要，可以帮助他们更精确地定位信息。

提高搜索和检索工具效率的另一个重要方面是用户界面的设计。界面应设计得直观易用，以适应不同技术熟练度的用户。对于非专业用户，界面应简洁清晰，搜索过程直观；而对于研究人员或专业人士，系统应提供更多高级功能和定制化选项。搜索结果的展示也是用户体验的重要部分。结果应清晰地标注信息来源，提供足够的上下文，使用户能够快速判断该资源是否符合其需求。为了适应不同设备的访问需求，搜索和检索工具还应确保在手机、平板和电脑等多种设备上都能提供良好的使用体验。

五、图书馆数字化管理系统的用户体验与服务创新

图书馆数字化管理系统的用户体验与服务创新是评估其成功与否的重要标准。在设计和实施过程中，图书馆应从以下四个方面考虑，以确保系统不仅满足用户的基本需求，还能提供高质量的服务体验。

（一）直观易用的用户界面设计

良好的界面设计不仅影响用户对系统的第一印象，也决定了他们在使用过程中的效率和满意度。界面设计的核心原则是简洁性和直观性，它应引导用户以直接的方式访问所需信息和服务。

简洁明了的设计意味着用户界面应避免不必要的复杂操作和过多的信息堆砌。设计者应聚焦于用户常用的功能，如搜索框、资源分类和帮助指南，并将这些元素置于显著位置。图标和按钮应具有明确的标识和说明，以便用户一目了然地理解其功能。对于界面的整体布局，系统应

遵循逻辑性和一致性原则，使得用户在使用过程中能够直观地感知如何导航。例如，将相关功能组合在一起，并使用统一的视觉元素表示相似的操作，可以帮助用户快速适应和掌握系统。考虑不同用户群体的需求是系统设计的另一个关键方面。例如，为视觉障碍者提供无障碍访问选项，如语音读出、高对比度模式和大字体选项，能够确保这一用户群体也能有效地使用系统。界面应适应不同年龄和技术熟练度的用户，避免过于专业化或复杂的术语和操作流程。对于不熟悉数字技术的用户，系统可以提供引导式帮助或互动教程，帮助他们更快地学会使用系统。

（二）个性化服务和推荐系统

个性化服务和推荐系统的引入极大地增强了用户体验，为用户提供了更加贴合其兴趣和需求的信息服务。这种服务的实现主要依赖对用户行为的分析和智能算法的应用，从而实现资源推荐的个性化和精准化。

个性化推荐系统首先通过分析用户的历史搜索记录和借阅习惯了解每位用户的偏好和兴趣。例如，系统可以追踪用户在图书馆系统中查询过的关键词、浏览过的书籍种类、阅读过的文章等，从而构建一个用户兴趣模型。基于这一模型，推荐算法可以为用户提供定制化的书籍、文章或其他资源的推荐。这种推荐不仅基于用户过去的行为，也可以结合当前的流行趋势和相关领域的近期出版物，从而保证推荐内容的时效性和多样性。

个性化推荐系统还可以通过用户设置的偏好优化推荐结果。用户可以指定他们感兴趣的特定主题、作者、书籍类型或期刊，系统据此调整推荐算法，提供更为精准的内容。这种定制化的服务方式不仅提高了用户满意度，也提升了图书馆资源的利用率和发现新资源的可能性。为了进一步提高推荐系统的准确性，系统还可以收集用户对推荐内容的反馈，如评分、评论或阅读时长，以不断优化推荐算法。

（三）创新服务的引入

创新服务不仅满足了用户的基本信息需求，还提供了额外的学习和互动机会，使图书馆的作用超越了传统的书籍借阅和资料查询。虚拟参考服务是一种重要的创新服务，它允许用户通过在线平台直接咨询图书馆工作人员。这种服务对于需要专业指导或快速解答的用户尤为有用。用户可以通过文本聊天、视频通话或电子邮件提出问题，图书馆工作人员则可提供实时帮助，包括搜索技巧指导、资源推荐或查询策略等。虚拟参考服务的灵活性和便捷性使得用户即使在图书馆闭馆时也能获得所需的支持。

在线学习支持则为用户提供了自我提升和学习的机会。图书馆可以通过数字化平台提供各种课程、教程、讲座和学习资料，支持用户的终身学习和专业发展。这些内容可以覆盖广泛的领域，从学术研究到技能培训，以满足不同用户的需求。在线学习支持通过提供便捷的学习资源，帮助用户更有效地利用图书馆提供的资源，也增加了用户与图书馆之间的互动。

互动社区的建立为用户提供了一个讨论、分享和相互学习的平台。用户可以在这个平台上发布书评、分享阅读体验、参与讨论组或启动学习小组。这种社区不仅促进了用户之间的信息交流和知识共享，也增强了用户对图书馆的归属感和参与感。互动社区还可以成为图书馆收集用户反馈和建议的渠道，帮助图书馆更好地了解用户需求，不断优化服务。

（四）用户反馈的收集与功能更新

用户反馈的收集与功能更新确保了图书馆能够持续响应用户的需求和期望，也是系统持续改进和优化的动力源泉。

用户反馈可以通过多种方式收集，包括但不限于问卷调查、用户访谈、在线反馈表单、社交媒体互动等。调查问卷应设计得简洁直观，便于用户快速填写，同时涵盖广泛的主题，如系统的易用性、资源的质量、服务的满意度等。用户访谈则提供了更深入地了解个别用户需求和体验的机会，尤其对于那些复杂或具体的反馈。在线反馈机制，如反馈按钮或意见箱，允许用户在使用系统的过程中即时提出建议或报告问题。社交媒体平台上的互动也是一种有效的反馈收集渠道，用户可以在这些平台上分享他们的体验和观点。

收集到的用户反馈应作为系统更新和功能改进的依据。图书馆需要定期分析这些反馈，识别常见问题和用户需求的趋势。基于此分析，图书馆应制订更新计划，对系统进行维护和优化。这包括修复已知的技术问题、改进用户界面设计、增加新的功能或资源。例如，如果多位用户反映搜索功能不够精确，图书馆可以考虑改进搜索算法或增加更多的搜索过滤选项。引入新技术，如人工智能、数据分析等，也是基于用户反馈持续创新的一部分。通过这种持续的反馈收集和功能更新循环，图书馆能够确保其数字化管理系统始终与用户需求保持一致，也鼓励了用户的参与。这不仅提升了用户对图书馆服务的满意度，也促进了图书馆在数字化时代的持续发展和创新。

六、图书馆数字化管理系统的培训与教育

（一）图书馆员工的技能培训

员工作为系统的直接操作者和维护者，他们的专业技能和知识直接影响图书馆服务的质量和效率。技能培训的首要内容是系统操作技巧。这包括教授员工如何有效地使用数字化管理系统的各项功能，如搜索引擎的使用、数据输入和更新、系统设置调整等。随着系统功能的不断更新和升级，定期的操作技巧培训能够确保员工迅速掌握新功能，从而有效地应对工作中可能遇到的各种情况。除了基本操作，高级功能的培训，如数据分析工具、用户行为追踪等，也非常重要，这有助于员工更深入地理解用户需求和行为模式，从而提供更加精准的服务。

员工要了解如何对大量的数字资源进行有效管理，包括如何分类、标记和存储不同类型的资源。良好的资源管理不仅提高了资源的可检索性，还保证了资源的安全性和长期可用性。用户服务技能的培训也非常关键，尤其是在处理用户咨询和解决用户问题方面。员工应具备良好的

沟通技巧和解决问题的能力，能够有效响应用户的查询，并提供专业的指导和帮助。

（二）用户的信息素养教育

信息素养教育的目的在于提升用户在数字环境下的检索能力、批判性思维和资源利用效率，使他们能够更加自信和独立地获取所需信息。

信息素养教育应涵盖如何进行有效的关键词搜索。这不仅包括选择合适的搜索词，还包括如何结合使用不同的搜索词以精确定位信息。教育内容可以介绍布尔运算符（如“AND”“OR”“NOT”）的使用方法，帮助用户缩小或扩展搜索结果范围。高级搜索功能的使用也是信息素养教育的重要组成部分。用户应学会如何利用高级搜索选项过滤结果，如按照出版日期、作者、资源类型等进行筛选，从而提高搜索的效率和准确性。信息素养教育还应包括如何评估和使用找到的资源。用户需要了解如何判断信息的可靠性和准确性，特别是在面对大量信息时如何进行有效的筛选和判断。教育内容还应包括如何合法合规地使用这些资源，尤其是知识产权方面的知识。

为了有效传授这些技能和知识，图书馆可以通过多种方式进行教育活动。在线教程提供了一种方便快捷的学习方式，用户可以根据自己的时间安排进行学习。工作坊和研讨会则提供了互动的学习环境，用户可以在专业人士的指导下实际操作并获得即时反馈。一对一的辅导会话则针对那些需要个性化指导的用户，可以更深入地解答他们的具体疑问。

（三）系统使用指导

系统使用指导的目的在于帮助用户快速、有效地掌握系统的基本操作，从而提高他们的信息获取效率和体验。系统使用指导应包括多个方面的内容。首先，对系统界面的导航进行指导是基础，包括如何登录系统、如何进行基本的搜索和浏览以及如何使用各种功能菜单。这一部分的指导应简洁明了，使用户能迅速理解系统的基本框架和操作流程。其次，电子资源的访问和下载指导对用户至关重要，特别是对于那些希望获取特定资源用于研究或个人学习的用户。这包括如何查找特定的电子书籍、期刊文章或其他类型的资源，以及如何下载或在线阅读这些资源。个性化设置的配置指导也不可忽视，这可以帮助用户根据自己的需求和偏好定制系统界面和功能，如设置搜索偏好、管理书架或创建个人资料等。

为了有效地提供这些指导，图书馆可以采用多种方式，如编写详尽的用户手册、创建在线帮助文档或制作视频教程。用户手册应覆盖系统的所有主要功能和常见问题的解决方法，便于用户随时查阅。在线帮助文档应易于搜索和浏览，使用户能够快速找到所需的信息。视频教程则可以提供更为直观的操作演示，特别适合初学者。除此之外，图书馆还可以定期举办培训课程或研讨会，提供面对面的指导和互动，以解决用户的具体疑问和操作难题。通过这些全面而细致的系统使用指导，图书馆能够帮助用户更有效地利用数字化管理系统，无论用户的技术背景如何。

（四）定时更新和反馈

随着技术的迅速发展和系统功能的不断升级，确保员工和用户的知识保持最新状态是至关重要的。通过收集和分析培训参与者的反馈，图书馆能够不断优化培训内容和方法，更好地满足员工和用户的需求。

定期的培训更新对于维持系统使用的高效率和准确性至关重要。随着系统新功能的引入或现有功能的改进，培训内容需要相应更新，以确保员工和用户能够充分利用这些新功能。这不仅涉及操作技能的更新，也包括对新策略的介绍。例如，当图书馆系统引入新的搜索引擎或数据分析工具时，相应的培训可以帮助用户更有效地检索信息和分析数据。为了实现这一目标，图书馆可以定期评估培训计划，结合系统的更新日志和使用数据，确保培训内容始终与系统的最新状态保持一致。

收集培训参与者的反馈是提升培训效果的关键。反馈可以通过问卷调查、面谈或在线反馈系统收集。这些反馈提供了宝贵的意见，帮助图书馆了解培训的有效性、参与者的满意度以及可能存在的问题和需求。例如，用户指出某些培训内容难以理解或与实际使用场景不符，这样的反馈可以指导图书馆调整培训方法，采用更实用、更易理解的教学方式。定期评估和更新培训计划不仅提升了培训的质量，也增加了员工和用户对新技术的接受度和参与度。

通过这样的定期更新和反馈机制，图书馆能够确保数字化管理系统培训始终紧跟技术发展的步伐，同时不断优化培训内容，满足员工和用户的实际需求。这种持续的专业发展和优化过程对于提升图书馆服务的整体质量和效率至关重要，也有助于提升用户的整体满意度和参与度。

第三章　图书馆数字化信息管理系统设计

第一节　图书馆数字化信息管理系统需求分析

一、用户需求分析

在图书馆数字化信息管理系统设计中，用户需求分析是系统需求分析的一个关键组成部分。该分析深入探索最终用户——读者和图书馆工作人员的需求，以确保系统设计满足这些需求。

（一）用户行为与偏好识别

图书馆数字化信息管理系统的用户需求分析，紧密依托对用户行为与偏好的深入识别。在这一过程中，读者与图书馆工作人员的互动模式成为关键的观察对象。对于读者而言，他们在图书馆网站上的搜索模式、借阅习惯及反馈意见构成了需求分析的主要数据来源。这些信息不仅揭示了读者对于图书资源的具体需求，还反映出他们在信息检索与获取过程中的偏好。例如，一位经常检索历史类图书的读者可能对于历史资源的深度挖掘功能有更高的期望。图书馆通过分析借阅历史，可以发现某些图书或资料的流行趋势，从而为图书采购和分类提供有力指导。反馈机制的有效运用则进一步加强了对读者需求的敏感捕捉，使得系统设计更贴近用户实际需求。

对图书馆工作人员的行为观察同样至关重要。工作人员在日常工作流程中的操作模式，如图书分类、借还书处理、用户咨询等，直接影响图书馆服务效率和质量。对这些日常操作的细致分析，可以揭示哪些环节效率低下或存在服务短板。例如，如果发现在某个时间段内图书归还的处理时间较长，可能暗示需要优化归还流程或增加工作人员。工作人员对于系统的反馈和建议也是宝贵的信息源，因为他们对系统的熟悉程度和使用频率往往高于普通读者。

（二）用户互动与体验优化

系统设计的出发点应围绕用户如何与系统互动以及如何提升他们的体验展开。通过用户访谈和问卷调查，图书馆可以深入了解用户对于系统界面、功能布局和操作逻辑的真实反馈和需求。这种直接的用户输入是优化用户界面设计的关键，因为它涵盖了用户对于易用性和可访问性的基本要求。例如，一个清晰、直观的用户界面对于读者来说是至关重要的，它可以帮助他们快速找到所需的图书或信息，而对于图书馆工作人员而言，一个高效的数据管理和报告生成工具则是提高工作效率的关键。这些细节的调整不仅让系统更加贴近用户的实际操作习惯，还大大提升了用户的参与度和满意度。

定期的用户满意度调查和反馈机制为系统的持续优化提供了动态的数据支持。这些机制确保了用户的声音被持续听见，并在系统的迭代更新中得到反映。用户体验的优化不是一次性的任务，而是一个持续的过程，需要定期评估和调整以适应用户需求的变化。例如，随着技术的发展和用户习惯的变化，图书馆需要引入新的交互方式或更新界面设计，以保持系统的现代感和吸引力。通过将用户互动和体验优化置于设计的核心，图书馆数字化信息管理系统不仅能更好地满足当前用户的需求，还能灵活应对未来的挑战，从而在提高用户满意度的同时提高了系统的整体效能。

（三）需求的动态调整与未来预测

图书馆环境和用户需求本身是不断变化的。随着技术的进步和社会的发展，用户的行为模式和需求也随之演变。例如，数字化资源的普及已经改变了用户的阅读习惯，越来越多的用户开始倾向于在线访问和采用电子书的阅读方式。这种趋势要求图书馆信息管理系统必须适应这种变化，增加对电子资源的管理并提高其可访问性，以及优化移动设备的访问体验。这不仅意味着系统需要支持更广泛的资源类型，还意味着需要提供更灵活、更便捷的访问方式。系统设计需要考虑这些长期趋势，并在设计中预留足够的灵活性，以便在未来可以轻松适应新的需求。

持续监测和分析用户行为和反馈是确保系统能够及时调整以满足用户当前和未来需求的关键。用户需求的变化往往是渐进的，因此图书馆需要通过持续的观察和分析来捕捉这些变化。例如，图书馆通过分析用户对某类资源的使用频率和反馈，可以预测用户对该类资源的兴趣可能会增长，从而提前进行资源的扩充和优化。对新兴技术的关注和应用也能使系统更具前瞻性，如引入人工智能和机器学习技术提高搜索效率和个性化推荐的准确性。这种对需求动态性的认识和对未来趋势的预测使得图书馆数字化信息管理系统不仅能够满足当前用户的需求，还为未来的发展做好准备。

二、系统功能需求分析

在图书馆数字化信息管理系统设计中，系统功能需求分析是确定系统必备功能和性能的关键步骤。这一过程能够确保系统满足图书馆的操作需求和服务目标。其具体方式如下。

（一）核心业务流程的数字化

图书馆的基本功能，如图书检索、借阅与归还、用户账户管理、资源分类及管理等，都需要通过数字化转型来提高效率和用户体验。数字化不仅仅意味着将传统的手工操作转换为电子形式，更关键的是通过技术创新来优化这些流程。例如，一个高效的搜索引擎可以帮助用户快速而准确地定位所需的书籍，从而节省时间并提高用户满意度。同样，自动化的借阅和归还流程可以减少图书馆工作人员的手动操作负担，使他们能够更多地专注于提供更高质量的服务。资源的有效分类和管理是确保用户能够轻松导航和访问所需信息的基础，这不仅涉及界面的直观设计，还包括后端数据管理的智能化。

为实现这些目标，系统的设计人员必须深入了解图书馆的业务流程，并结合最新的技术趋势进行创新，包括利用人工智能进行智能推荐，使用大数据分析优化资源配置，或者利用云服务提高数据存取的效率和可靠性。每一个功能的设计和实现都应基于如何最大化地提升工作效率和用户体验的考虑。例如，系统设计人员可以通过用户行为分析优化搜索引擎的算法，使其更加符合用户的搜索习惯。设计人员应考虑系统的可扩展性和灵活性，以便适应新的技术变化。

（二）用户个性化与定制化服务

个性化服务的核心在于根据用户的历史行为、偏好和反馈，提供量身定制的服务体验。系统能够基于用户过往的借阅记录和搜索习惯，推荐个性化的书籍。这种推荐不仅仅基于流行度，更加关注用户个人的兴趣和需求。系统可以通过自动提醒功能，告知用户借阅的书籍即将到期，从而减少逾期的可能性。系统还可以根据用户的兴趣爱好，生成定制化的阅读列表，这些列表不仅可以帮助用户发现新的书籍，也可以增加他们对图书馆资源的探索。这样的个性化功能不仅提升了用户体验，也提高了他们对图书馆服务的满意度。

对于图书馆工作人员而言，个性化服务同样重要。系统可以根据用户的需求提供个性化的报告和分析工具，帮助他们更有效地管理图书馆的资源和提供服务。例如，系统可以提供用户行为分析报告，帮助图书馆工作人员了解哪些资源更受欢迎，哪些服务需要改进。系统可以根据图书馆的特定需求，提供定制化的资源管理和分类工具，使得资源管理更加高效和精准。

（三）系统的效率和可靠性

确保系统能够快速响应并且在不同的用户负载下稳定运行，对于提供连贯的服务体验至关重要。这种稳定性要求系统具备高效的处理能力，能够应对高峰时段的用户访问压力。为实现这一目标，系统的后端架构必须经过精心设计，包括但不限于高效的数据库索引、负载均衡机制和有效的缓存策略。这些技术的应用不仅提高了系统的响应速度，也增加了处理大量数据请求的能力。例如，合理的数据库索引可以显著提高搜索查询的效率，而负载均衡则能够确保在用户数量剧增时系统的平稳运行。

系统的数据备份和恢复能力对于保障图书馆的连续运营和数据安全同样至关重要。在面对数据丢失或系统故障的风险时，强大的备份和恢复机制能够确保图书馆的关键数据不会遭受永久性损失，并能够在更短时间内恢复正常服务。这要求系统在设计时就考虑到数据备份的策略，如定期自动备份、多地点备份等，以及在遇到系统故障时的快速恢复方案。

三、技术需求分析

技术需求分析在图书馆数字化信息管理系统的设计中占据极其重要的地位。这一过程涉及对系统所需的技术资源的详细评估，确保系统既满足功能需求，又具有良好的性能。

（一）硬件与基础设施需求

硬件与基础设施需求的确定是基础步骤。这一步骤涉及对服务器的性能规格、存储容量、网络带宽以及其他相关硬件设施的需求评估。服务器的选型和配置直接关系系统的处理能力和稳定性，因此，系统设计人员需重点考量其处理能力、内存容量、硬盘空间和数据传输速度。这些参数的优化能够确保系统高效处理大量的用户请求和庞大的数据量，特别是在高峰时段。存储容量的充足也是保证图书馆能够存储日益增长的数字资源的前提。在网络基础设施方面，由于图书馆数字化信息管理系统频繁依赖网络进行数据传输和在线资源的访问，因此网络的可靠性和速度显得尤为重要。高速且稳定的网络连接不仅能提供良好的访问体验，还能确保在线资源的高效下载和上传。

图书馆数字化信息管理系统的硬件需求还包括终端访问设备和其他辅助设备，如打印机等。这些设备的配置和布局应根据图书馆的具体需求和用户习惯来设计。终端设备，如查询电脑和自助借还书机，应具备足够的性能以满足日常查询等操作的需求，还要考虑其易用性和对不同用户群体的适用性。打印机和其他辅助设备的配置则应考虑使用频率和维护成本。

（二）软件平台与开发工具的选择

软件平台与开发工具的选择涉及操作系统、数据库管理系统、编程语言和框架等多个层面，每个层面的决策都会对系统的未来表现产生长远影响。操作系统的稳定性和安全性是基础，操作系统支持所有的应用程序和服务，同时提供必要的安全保障。数据库管理系统则关键在于其处理大量数据的能力和支持复杂查询的效率。一个有效的数据库系统不仅能够提高数据检索的速度，也有助于系统的整体性能优化。编程语言和框架的选择应侧重于开发效率、社区支持和可持续发展的潜力。选择广泛使用且持续更新的编程语言和框架有助于确保系统开发的高效性和未来的技术支持。

考虑软件平台和开发工具时，兼容性问题也是一个重要的方面。确保新开发的系统能够与现有的技术基础设施无缝集成，对于保持图书馆运营的连续性和减少转换成本至关重要。例如，新系统需要能够兼容现有的硬件设备，也要能够轻松集成到现行的网络环境中。在考虑未来扩展性和可维护性时，选择那些有良好文档支持和活跃开发社区的软件平台和工具显得尤为重要。这样，即使在技术发展迅速的今天，系统也能够适应新的技术趋势，保持其长期的有效性和竞争力。

四、安全与隐私需求分析

在图书馆数字化信息管理系统的设计中，安全与隐私需求的分析是确保用户数据安全和系统完整性的关键因素。这一过程涉及对可能的安全风险进行评估，并制定相应的策略来保证系统和数据免受威胁。

（一）数据加密与安全协议

数据加密与安全协议是确保用户信息及图书馆资料保密性的基石。加密技术应深度整合到系统架构中，以保障所有敏感信息，如用户个人资料、借阅记录和交易数据不被未授权访问。采用强力的加密算法，如高级加密标准（AES），对存储和传输的数据进行保护，是防止信息泄露的重要手段。安全套接层（SSL）和传输层安全（TLS）这类安全协议的应用对于保障用户数据在系统与用户端点之间传输的安全是必不可少的，它们提供了一个安全的通信隧道，防止数据在传输过程中被截获。

安全协议不仅需要确保数据的隐私性，还必须确保数据的完整性和可用性。对于数字化信息管理系统而言，这意味着除了加密措施外，还需要实施诸如数字签名和证书管理等技术，以验证数据的来源并确认数据在传输过程中未被篡改。通过这些手段，系统可以防止各种网络攻击，如中间人攻击（MITM），并确保数据传输的安全性。在保护用户隐私并增强用户信任的同时，系统还必须遵守相关的法律法规。隐私政策和法律法规要求，如《数据安全法》或其他隐私保护法律，对数据的处理提出了严格的要求。图书馆在设计系统时需要将这些法律法规要求内化为可操作的技术标准，确保在收集、存储、处理和传输用户信息时均符合法律法规要求。

（二）访问控制与身份验证

访问控制与身份验证是确保图书馆数字化信息管理系统安全的核心层。系统需要部署细致的身份验证流程，确保只有经过适当授权的用户才能够接触敏感数据及执行管理功能。这要求系统采用多维度的验证方法，包括但不限于强密码策略，这意味着密码需复杂到足够抵抗常见的暴力破解尝试。系统应整合多因素认证技术，如发送短信验证码、使用生物识别技术或使用手机应用生成的一次性密码，进一步确保认证过程的安全性。定期的密码更新和认证凭证的更换也是防止身份盗用和提升系统整体安全性的重要措施。

采用基于角色的访问控制（RBAC）模型可以确保用户访问权限的精确性和适用性。在这一模型下，用户的访问权限严格依据其角色在图书馆的职责和需求来分配，从而避免了不必要的权限过度分配。例如，图书管理员需要访问用户的借阅记录执行职责，而一般的图书馆员工则无须接触此类信息。这样的措施不仅减少了敏感数据泄露的风险，也符合最小权限原则，即用户仅拥有完成其职责所必需的最小数据访问权限。

确保系统中的访问控制和身份验证机制的持续有效性是至关重要的。这需要定期的系统审计和评估，以发现和修补可能的安全漏洞。图书馆应当建立紧急响应流程，以便在发现未授权访问或其他安全事件时，能够立即采取行动，减轻潜在的损害。

（三）数据隐私政策与合规性

图书馆必须制定一套透明的隐私政策，详尽阐述用户数据的收集、存储、利用及共享方式，确保用户对自己的数据使用情况有充分的了解和控制。这些政策不仅要清晰地向用户传达信息处理的逻辑和目的，还要为用户提供足够的选项，以便他们能够管理自己的个人信息。为此，图书馆数字化信息管理系统应内置隐私保护功能，如数据访问的透明度、用户同意管理以及数据删除的能力，以符合用户对隐私的期望和法律的要求。

图书馆还需密切关注全球数据保护法律的动态，特别是跨国界的法律法规，如欧盟的《通用数据保护条例》（GDPR），这会影响图书馆服务于国际用户时的数据处理方式。图书馆在系统的设计与实施过程中，必须将这些法规内化为系统功能和操作流程，确保在全球范围内的合法性和合规性。这意味着系统需要灵活地适应法规变化，必要时能够调整数据处理程序，以维护用户的数据权利，保护其免受未经授权的数据处理行为影响。

五、兼容性与可扩展性分析

在图书馆数字化信息管理系统的设计过程中，兼容性与可扩展性分析是确保系统长期有效和适应未来发展需求的重要方面。

（一）系统与现有技术架构的兼容性

新系统的引入必须保障与图书馆现有的硬件设备、软件应用及网络布局的高度兼容性，以确保不会中断当前操作或降低数据处理的效率。系统设计师需要深入理解现有技术的构成，确保新系统可以与已部署的数据库平台和身份验证系统等关键组件无缝对接，这样可以确保数据流的顺畅和业务流程的无缝过渡。系统的用户界面设计应当充分考虑与现有服务的一致性，提供熟悉的操作逻辑和视觉元素，从而降低用户在适应新系统时的学习成本，确保用户体验的连贯性。

兼容性分析还要预见未来的技术发展，确保系统的可扩展性。新系统不仅要服务于当前的需求，更应考虑到长期发展，拥有足够的灵活性以适应技术进步和图书馆需求的演变。这意味着新系统应采用模块化设计，使得未来可以轻松地添加新功能或升级现有功能，而不必进行大规模的重构。可扩展性能够确保图书馆投资的长期价值，使得系统能够随着技术的发展和图书馆服务需求的增长而持续演进，保持其服务的前瞻性和竞争力。

（二）系统的可扩展性与未来适应性

系统设计必须具备预见性，能够满足日益增长的用户需求。采纳模块化架构是满足这些需求的解决方案之一，此架构支持新模块或服务的顺利植入，且允许现有模块的灵活更新与升级，无须重新构建整个系统。这种方法的优势在于，它能保证系统的核心功能不受影响，同时提供了必要的灵活性，以便系统能够顺应功能扩展和技术革新的需要，进而保证了系统的持续稳定和发展潜力。

系统设计还应当预见并适应未来技术的发展趋势，包括人工智能、大数据分析和云计算等尖端技术。集成这些技术不仅可以显著提升系统的处理能力，而且可以优化现有的功能，如利用人工智能改进搜索算法，通过大数据分析预测用户行为，或使用云计算提高数据处理和存储的灵活性与效率。这种前瞻性设计不仅确保了系统可以轻松集成新兴技术，还能够保持与时俱进，从而在未来几年内，即使面临用户需求和技术环境的剧烈变化，系统也能够持续有效地服务于图书馆和其用户群体。

（三）持续维护与技术更新策略

策略的制定应当遵循系统工程的原则，确保系统的性能随着时间的推移而持续优化，并与新兴技术保持同步。系统的维护计划需包含对软硬件周期性评估的框架，以及一套完整的更新程序，包括但不限于补丁管理、硬件升级路径和软件版本控制。系统应具备自我监测的能力，能够在发现安全漏洞或性能降低时发出预警，以便及时响应。此策略应进一步涵盖对新兴技术趋势的定期监测及评估机制，包括评估这些技术对现有系统架构的兼容性以及可能带来的增值潜力。监测机制应当能够预估技术创新对图书馆服务模式可能产生的影响，并在此基础上规划技术的逐步引入和集成。这种前瞻性的技术策略能够促进图书馆系统不断地自我革新，确保其服务能够反映最新的技术进步，并满足用户日益增长的需求。

系统的持续维护和更新策略需融入整个组织的运营战略之中。这要求图书馆的决策者与技术团队保持密切合作，形成一种机制，以确保技术更新策略得到有效实施，并与图书馆的长远发展规划相协调。图书馆数字化信息管理系统的这一层面不仅关系技术维护的实际操作，还涉及战略层面的规划，以保证图书馆能够在不断变化的信息环境中保持其服务的相关性。

第二节　图书馆数字化数据库分析与设计

一、数据模型设计

在图书馆数字化数据库的分析与设计中，数据模型设计扮演着核心角色，这里的数据是指如何高效地组织、存储和管理图书馆的各类数据，包括但不限于图书数据、用户数据和交易记录。图书馆数字化数据库分析与设计中的数据模型设计主要有以下三方面，如图 3–1 所示。

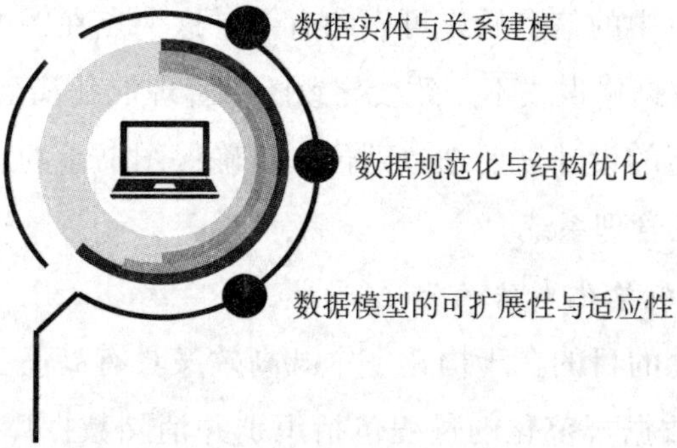

图 3–1　数据模型设计

（一）数据实体与关系建模

数据模型设计的过程涉及精确地定义图书馆所需管理的各种数据实体及其属性，并且揭示这些实体之间的相互关系。例如，书籍作为一个基本实体，不仅包含标题、作者和ISBN等基础属性，还需关联出版信息、分类标签和当前的借阅状态等更为复杂的属性。作者本身也是一个实体，其属性包含姓名、国籍以及与之相关的书籍集合。用户和借阅记录也是关键实体，其中用户包括个人资料信息，而借阅记录则详细记录了用户借阅的图书、借阅日期以及归还状态等信息。

建立这些数据实体及其属性的过程，要求设计者具备深刻的理解能力，以确保所有必要的信息得到充分的记录和正确的分类。实体间的关系建模，不仅要定义它们是如何关联的，如一对一、一对多或多对多的关系，还要设计出能够有效支撑这些关系的数据库结构。以书籍与作者的关系为例，一个作者可能撰写了多部著作，而一部著作也可能有多个作者参与，这种多对多的关系需要在数据模型中得到精确的体现。这样的设计在查询、更新和维护数据时具有更高的效率和准确性。

数据模型设计还要考虑数据的完整性和一致性。设置合适的数据约束和规则，如实体的唯一性约束、引用完整性和数据值的合法性检查，可以确保数据库中的信息始终可靠和有效。这一点在图书馆的环境中尤为重要，因为数据错误或不一致会导致图书管理混乱甚至用户服务问题。因此，数据模型的设计需要细致到位，以确保图书馆的运营能够依靠精确和高效的信息管理系统。

（二）数据规范化与结构优化

数据规范化的目的在于构建一个既高效又具有高度一致性和完整性的数据结构。数据规范化的过程包括识别并消除数据库中的数据冗余，以及解决数据依赖所导致的更新异常问题。这通常通过分解数据表格，将其重构为较小、逻辑一致的数据单元来实现，每个单元表示数据库中的一个实体类型，如图书、用户、借阅记录等。这些实体通过明确定义的关系相互关联，从而确保数据的整体性和减少更新时的复杂性。

图书馆系统中的数据规范化确保了各个实体属性的独立存储。比如，将用户个人信息单独存储而不是与每条借阅记录重复存储，这样的分离提高了数据管理的清晰度和操作效率。规范化处理还涉及识别实体之间的关系，并将这些关系表现为外键约束，这有助于维护引用完整性，防止数据的孤立记录出现。规范化的数据库设计还能优化查询性能，因为查询操作可以更快地在小型、规范化的表中执行，而不是在大型、非规范化的表中。

在数据规范化的高级阶段，数据库设计者还会应用规范化理论中的各种正规形式，如第一范式（1NF）、第二范式（2NF）和第三范式（3NF）。这些范式提供了一系列原则和规则，帮助设计者进一步细化数据模型，以确保数据的逻辑结构既紧凑又灵活。高级规范化形式，如巴斯－科德范式（BCNF）或第四范式（4NF），应用在处理更复杂的数据关系时，以保证数据库模型在满足业务需求的同时保持更高程度的数据完整性和灵活性。

图书馆数字化信息管理系统能够在提供强大的数据支持方面做到更为精确和高效。规范化的数据模型有助于减少错误和不一致，使得数据维护变得更为简单，也保证了数据分析的准确性。这样的系统设计不仅反映了对数据结构深入的理解，也体现了对图书馆服务需求细致的关注，确保图书馆能够以较高的数据管理标准为用户提供服务。

（三）数据模型的可扩展性与适应性

数据模型的可扩展性和适应性是确保系统能够应对未来挑战的关键。随着图书馆藏书数量的增长、用户基数的扩大以及服务内容的多样化，数据模型必须能够应对这些变化，无论是现有数据量的增加，还是新数据类型的引入。设计时的前瞻性思维要求设计者构建一个能够平滑过渡到未来状态的模型，这样的模型能够在不进行大规模重构的前提下，很容易地引入新的数据实体、属性和关系。例如，考虑到数字化趋势的持续发展，未来图书馆会引进大量的电子书籍和多媒体资源。对此，数据模型应提供足够的灵活性，以便这些新的资源类型能够被无缝地集成到现有的分类体系中。随着用户行为数据分析需求的增加，数据模型也应当能够支持对用户行为的记录和分析，这需要引入新的数据集合和分析工具。数据模型应当设计为可扩展的，不仅要能够适应数据量的增长，还要能够适应数据种类和数据用途的变化。

在这一过程中，数据模型不仅要能够处理当前的数据需求，也要能够预见和适应未来的技术进步。例如，随着人工智能和机器学习技术的发展，图书馆系统会采用这些技术提升搜索算法的效率或推荐系统的准确性。数据模型需要有能力适配这些技术，为它们提供所需的数据接口和结构。这种适应性不仅限于技术变革，还应对法规变化保持灵活性，如隐私保护法规对数据存储和处理的新要求。

二、数据库架构设计

数据库架构设计是图书馆数字化数据库分析与设计的关键组成部分，它关注数据库的物理结构和存储方式的规划。数据库架构设计不仅影响数据的存取效率，还关乎数据的安全性和可持续性。

（一）分布式存储与负载均衡

采用分布式存储是应对大量数据和高并发访问的有效策略。该策略通过在不同的服务器或地理位置上分散存储数据，不仅显著提升了数据的可用性和处理效率，还增加了系统的容错能力。在这种架构下，即使某个节点发生故障，其他节点仍可继续提供服务，从而较大限度地减少了系统停机时间，确保了图书馆信息服务的连续性。

分布式存储系统的一个核心组件是负载均衡器，它通过合理分配网络流量和计算任务到各个服务器，优化了资源的整体使用。在用户访问量增大时，负载均衡器动态地调整数据请求，分散到不同的处理节点，这样不仅提升了处理速度，也避免了任何单一节点过载的风险。对于图书馆来说，这意味着无论何时，无论访问量大小，用户在检索图书、提交借阅请求或进行任何其他数据密集型操作时，系统都能保持高性能和响应速度。

在实施分布式存储和负载均衡时，图书馆系统需要考虑数据的一致性和同步问题。图书馆系统中的数据通常涉及大量的读写操作，如更新图书的借阅状态、记录用户的借阅历史等。因此，设计高效的同步机制，确保所有分布式节点的数据都是最新的，对于保证服务质量至关重要。分布式数据库架构设计还应考虑数据备份和灾难恢复计划的集成，确保在发生数据丢失或其他灾难事件时，能够快速恢复服务。

（二）数据备份策略与灾难恢复规划

数据备份策略与灾难恢复规划是确保数据持久性和系统可靠性的重要措施。数据备份策略与灾难恢复规划必须综合考虑数据的价值、更新频率以及可用性要求，并且应当定期评估和更新，以适应图书馆运营和信息技术环境的变化。

一个深思熟虑的数据备份策略通常是全量备份和增量备份的结合使用。全量备份保留了某一时间点上数据库的完整副本，而增量备份则记录了自上次全量备份以来所发生的变化。这种策略的优点在于可以在较大程度地减少数据恢复时间的同时，节省存储资源。备份数据的存储位置应当选择在物理位置和网络拓扑上与原始数据存储点相隔离的地点，以保证备份数据不会有与原始数据相同的风险。云存储服务以其高可用性和灵活性成为备份数据存储的选择之一，但传统的离线存储设施亦不失为一个补充措施，尤其是对于保密性要求较高的数据。灾难恢复计划则是在发生数据丢失或系统故障时，确保业务连续性和数据可恢复性的系统化程序。它包括一系列预先定义的恢复步骤和协议，以及明确的时间目标，如恢复时间目标（RTO）和数据恢复点目标（RPO）。恢复时间目标指明了系统从故障中恢复到正常运营状态所需的时间上限，而数据恢复点目标则定义了在灾难发生时，能够接受的数据丢失的时间窗口。

灾难恢复计划还包含定期的演练，确保在真正的灾难发生时，所有相关人员都熟悉应急流程，并能够迅速有效地响应。

为了应对各种不可预见的情况，图书馆的信息管理系统必须在数据库架构设计中内嵌强大的数据备份和灾难恢复能力模块。这不仅关系到图书馆宝贵数据资产的安全，也是确保图书馆能够持续提供高质量服务的基础。

（三）高可用性与可扩展性设计

高可用性和可扩展性共同构成了确保数据库系统持续运行并能够适应未来增长需求的基础。高可用性设计的目标是最大限度地减少因硬件故障、软件故障或计划外停机而导致的服务中断。这通常通过实施冗余设置来实现，如在多个数据中心部署同步的数据库副本，以及设计故障转移和故障恢复机制，确保在系统某部分失效时能够迅速将工作负载转移到备用系统上，从而维护服务的连续性。可扩展性设计使得数据库能够灵活地适应数据量的增加和查询负载的上升，而不会导致性能下降。这涉及采用如水平分割或垂直分割等数据分区策略，这些策略能够将数据分布到多个服务器上，提高查询响应速度和数据管理效率。数据库架构需要集成云数据库服务，这类服务可以使资源按需分配，即在需要处理更大数据量或更高查询负载时，系统可以动态增加计算资源和存储资源。

在设计数据库架构时，设计师还需考虑系统的未来发展，包括技术的演进、用户需求的变化以及数据管理策略的更新。数据库设计应具备前瞻性，允许在不对现有系统造成破坏的情况下集成新技术和服务。例如，随着大数据和人工智能技术的应用日益普及，图书馆数据库系统需要适应这些新技术的数据分析工具和算法，以提供更精准的搜索结果和个性化的用户体验。

通过精心设计的数据库架构，图书馆能够保证其服务在各种运行条件下都是可靠的，并且能够随着技术发展和图书馆需求的增长而不断进化。这样的系统不仅能够提升用户满意度，也能够确保图书馆能够持续有效地完成其教育和信息传播的使命。

（四）数据库的物理设计

数据库的物理设计是实现数据高效存取的关键环节，它直接影响着数据存储的性能和效率。物理设计的核心任务是确保数据存储结构能够有效支持数据库的逻辑设计，并且考虑底层存储介质的特性，如硬盘的读写速度或固态驱动器（SSD）的访问时间。数据文件的组织方式、索引的布局策略以及数据分片的实施都需要精心规划，以便于数据的快速检索和高效管理。

在物理设计过程中，数据库设计者需根据数据访问模式对数据文件进行分组，这通常基于数据的使用频率和查询性能要求。热数据，即频繁访问的数据，应存储在高速存储介质上，以减少访问延迟；而冷数据，即不常访问的数据，可以存放在成本较低的存储介质上。索引结构的物理布局也是优化查询性能的重要方面，合理的索引策略可以加快数据检索速度，并提高数据写入的效率。

数据分片或分区是处理大规模数据集的有效方法，它将数据分布到不同的物理区域，可以是不同的硬盘、不同的服务器甚至不同的数据中心。这种方式可以并行处理查询请求，显著提高了大数据环境下的操作性能。数据分片也与高可用性和灾难恢复策略紧密相关，因为它允许在一个分片发生故障时，其他分片仍然能够提供服务。

在设计物理数据库时，数据库设计者还需要考虑数据备份和恢复策略，这通常涉及对数据进行定期的全量或增量备份，并将备份数据存储在远程位置。这样做的目的是在发生数据损坏或系统故障时，能够迅速恢复数据，确保图书馆服务的连续性。

三、数据库性能优化

数据库性能优化是图书馆数字化数据库分析与设计的重要方面，旨在通过各种技术手段提升数据库的响应速度和处理能力。

（一）查询优化

查询优化是提升系统性能和用户体验的重要环节。优化的目标在于精简查询执行过程，减少不必要的数据处理，从而提高系统响应速度和降低资源消耗。这要求对数据库执行计划进行深入分析，识别效率低下的查询语句，并通过改写查询或调整数据库结构优化这些查询的执行。

查询优化策略包括确保查询语句的逻辑正确性与执行效率。这涉及选择恰当的查询方法和算法，如使用适当的索引，避免全表扫描，以及合理使用查询缓存。索引的建立和使用对于加快查询速度至关重要，特别是在数据量大的图书馆环境中。合理设计的索引可以减少磁盘 I/O 操作，加快数据检索速度。对于经常执行的查询，数据库可以采取物化视图或查询结果缓存的策略避免重复计算。

数据的分割和查询的分布式执行也是提升大规模查询性能的重要手段。在物理设计层面，数据分区可以将数据分散存储在多个磁盘上，允许并行处理查询，从而加快数据访问速度。分布式查询处理则利用了网络中多个节点的计算资源，通过在多个服务器上并行执行查询的不同部分，进一步提升查询处理的效率。

在图书馆系统中，特定的查询优化如书籍搜索功能，可以通过预计算书籍的相关性得分或者使用全文搜索技术实现。这样的技术可以快速定位用户搜索的关键词，减少查询时间，提高用户检索书籍的体验。查询优化还需要考虑数据的时效性和准确性，确保用户能够获取最新和最准确的信息。

（二）索引策略

索引策略直接关系数据检索的效率。精妙的索引策略可以优化查询响应时间，同时平衡数据的写入性能。索引可以为数据库中的特定列创建额外的数据结构，选择正确的索引类型是索引策略的核心，数据库设计者必须根据实际的数据访问模式和查询工作负载选择合适的索引类型。

在决定哪些列或字段应该被索引时，设计者需分析查询频率和查询类型。通常，经常作为查询条件的列或者那些在连接操作中用于匹配的列，是索引的理想候选。然而，并非所有的列都应该被索引。索引虽然可以加速查询操作，但也会增加数据更新（包括插入、删除和更新）时的开销，因为索引本身也需要维护更新。因此，设计者必须在索引带来的查询性能提升与其维护成本之间进行权衡。

索引策略还应考虑索引的维护和存储成本。随着数据量的增加，索引会变得过大，不仅消耗更多的存储空间，还可能减缓索引的维护速度。因此，设计者需要定期审查现有索引的有效性，去除那些不再提供性能优势的索引，或者对索引进行重建以优化其性能。

（三）数据缓存

数据缓存涉及将高频访问数据集存储在快速的存储媒介中，通常是内存，这种做法显著减少了对磁盘存储的依赖，从而提高了数据检索速度。缓存的设计理念基于数据访问的局部性原理，即某些数据项比其他数据项有更高的再访问概率。在数据库分析和设计过程中，缓存策略需要精心规划以确保它针对那些常被访问和查询的数据集。例如，在图书馆环境中，热门书籍的信息、用户的搜索历史和常用的元数据等是缓存的良好候选。设计合理的缓存机制包括缓存大小的确定、缓存替换策略的选择以及数据一致性保证的机制。缓存的管理是保持数据库性能的一个动态过程。它不仅需要在系统初建时进行配置，而且随着数据访问模式的变化和系统负载的变动，还需要不断地进行调整。管理策略包括但不限于缓存的定期更新，以及在数据变更时使缓存失效，这是确保缓存中数据与数据库中数据一致性的关键。数据一致性是缓存策略中的一个重要考量，特别是在多用户环境中，数据的更新会导致缓存中的数据过时。

为了维护数据的实时性和准确性，缓存系统通常需要与数据库更新操作同步。这涉及复杂的同步机制，如在更新数据库记录后立即更新缓存，或者采用延迟执行一致性策略，在特定时间间隔后才同步缓存。缓存系统本身也需要备份和恢复机制，以防缓存数据在系统发生故障时丢失。

（四）系统和数据库的协同优化

系统与数据库的协同优化不仅限于数据库内部操作的调整，还包括数据库在整个信息系统中的角色和性能。系统级优化的关注点包括数据库与应用服务器的协同工作机制、数据在网络中的传输效率，以及硬件资源的配置和利用。

数据库与应用服务器之间的交互优化是一个复杂的过程，需要确保数据流在两者之间的高效传输。这通常涉及应用服务器的缓存策略、数据库连接池的管理以及请求处理的并发机制。例如，在应用服务器层面实现查询结果的缓存，可以减少对数据库的重复查询，从而降低数据库的负载。数据库连接池的有效管理，如适时释放不活跃连接，可以避免不必要的资源占用，提高数据库响应速度。网络通信的效率对于数据库系统的性能同样至关重要。在图书馆信息系统中，用户的查询请求往往通过网络传送到服务器和数据库，因此网络的延迟直接影响用户的等待时间。优化网络协议、减少数据传输量或者在网络层面实施压缩机制，都是提高网络通信效率的有效手段。在硬件配置方面，合理的资源分配和利用可以显著提升数据库系统的处理能力。这包括为数据库服务器配置足够的内存、高速的存储解决方案以及强大的 CPU。

图书馆数字化信息管理系统常常应用各种协同优化策略以适应庞大的用户访问量和数据处理需求。以中国国家图书馆的数字化信息系统为例，通过在应用层面实施高效的缓存策略和在网络层面优化数据包的传输，该图书馆能够为广泛的用户群提供快速、可靠的访问体验。硬件资源的合理配置，如使用高性能的服务器和网络设备，也为系统的稳定运行和高效响应提供了支撑。

四、数据安全与完整性

数据安全与完整性是图书馆数字化数据库设计需要考虑的重要方面，以确保数据在整个生命周期内的安全性和准确性。

（一）数据加密

作为一种核心技术，数据加密通过对数据进行编码，确保只有拥有正确密钥的授权用户才能访问信息内容。随着《中华人民共和国网络安全法》的实施，图书馆信息系统中的数据加密已成为一个法律和道德上的必要措施。

使用先进的加密算法，如高级加密标准（AES）和公钥加密算法（如RSA）对存储和传输的数据进行加密，可以有效地保护图书馆数据不被未授权访问或泄露。例如，在中国国家图书馆的数字化信息管理系统中，所有用户数据和交易记录都应通过这些算法进行加密，以防止任何形式的数据窃取或篡改。加密策略需要全面覆盖数据的整个生命周期，包括数据的存储、查询、传输和备份阶段。在数据存储方面，敏感信息在写入数据库之前应先进行加密，确保即使在物理存储介质被盗取的情况下，数据内容也不会被轻易解读。为防止备份数据成为攻击的目标，备份文件也必须加密，确保数据的安全性即使在备份阶段也得到保障。在数据传输方面，使用安全套接层（SSL）或传输层安全（TLS）协议加密客户端和服务器之间的通信，可以防止数据在传输过程中被截获和篡改。

在实施加密策略时，图书馆还需要考虑密钥管理的安全性和复杂性。密钥的生成、存储、分发和销毁都必须严格控制，以防密钥本身成为安全漏洞。中国国家图书馆数字化信息管理系统在密钥管理方面采取的措施包括使用硬件安全模块（HSM）保护和管理密钥，或者实施基于角色的访问控制（RBAC）限制对密钥的访问。

（二）用户身份验证和授权

用户身份验证和授权的机制通过确保只有经过适当认证和授权的用

户才能访问系统中的敏感数据和操作，从而防止未经授权的访问和潜在的数据泄露。

身份验证开始于传统的用户名和密码组合，但为了增强安全性，现代系统越来越多地采用多因素认证（MFA）。多因素认证要求用户提供两个或两个以上的验证因素，这些因素可以是用户知道的（如密码）、用户拥有的（如手机上的短信验证码）、用户是谁（如指纹或其他生物识别信息）。例如，图书馆的数字平台要求用户在登录时提供密码以及通过手机接收的一次性密码，以此确保用户身份的真实性。一旦用户身份得到验证，接下来就是授权过程，这一过程确定用户可以访问的数据类型和执行的操作。基于角色的访问控制（RBAC）是一种流行的授权管理机制，它根据用户的角色分配权限。在图书馆环境中，RBAC 可以定义多种角色，如普通读者、图书管理员和系统管理员，每种角色都有不同的权限集，确保用户只能访问他们需要的信息。

在用户授权方面，系统需要精确地定义角色权限，并对这些权限进行细致管理。例如，一个图书管理员被授权管理用户借阅记录，但仅限于其负责的区域内；而普通读者则只能查看或修改自己的个人信息和借阅状态。授权机制还需包括对尝试非法访问的行为的监控和记录，以便于发现和应对安全威胁。图书馆系统在用户身份验证和授权方面所采取的措施，反映了对信息安全问题的重视。这些系统通过在技术上不断创新，结合实践中的安全策略，能够保护用户的个人隐私，确保数据的完整性和系统的可信赖性。

（三）数据一致性和完整性校验

确保数据库数据的一致性和完整性是确保信息可靠性的核心任务。数据一致性确保系统中的数据在任何时候都是准确的，而数据完整性则确保信息未被非法更改或损坏。数据库要实现这一目标，需采用一系列的技术和策略，如事务管理和锁机制，以及定期的完整性校验。

数据库事务管理是维持数据一致性的一项重要技术，它通过确保操作的原子性、一致性、隔离性和持久性（ACID 属性）来维护数据的准确性。在中国国家图书馆数字化信息管理系统中，事务管理确保每一项数据变更，无论是用户的借阅记录还是书籍的库存更新，都是以一种安全和一致的方式进行的。这意味着，如果某个操作系列中的一个操作失败了，整个事务将回滚到起始状态，防止数据不一致情况的发生。

锁机制同样对保障数据一致性至关重要，尤其是在并发环境下。通过锁定在特定操作期间正在使用的数据项，系统可以防止多个事务同时更改同一数据，从而防止潜在的冲突和不一致情况。例如，当一个用户正在进行图书借阅操作时，系统会锁定该书记录，以防止同一时间其他用户对该书进行操作。

除了事务管理和锁机制外，定期的数据完整性检查也是保障数据安全的关键。这包括对数据库进行定期扫描，检测数据损坏或异常情况，并采取必要的修复措施。这种检查通常涉及对数据库中的数据进行校验和计算，与预先存储的值进行比较，以确定数据是否保持不变。

图书馆系统通常要求严格的数据一致性和完整性，这不仅是为了遵守国家有关数据保护的法律法规，也是为了维护用户信任和系统声誉。通过实施综合的数据一致性和完整性校验措施，图书馆系统可以确保提供准确、可靠的服务，有效支持图书馆的日常运营和为用户提供服务。

（四）定期审计和监控

在图书馆数字化信息管理系统中实施定期的数据库审计和监控是确保数据安全与完整性的关键措施。审计日志为系统的数据访问和操作提供了一个详尽的记录，允许管理员追踪数据的任何变更和访问，确保对数据的每一次读取或写入都是经过授权和适当的。实时监控机制补充了审计功能，通过对系统活动的连续观察，它能够立即检测到异常行为或安全威胁的迹象，如非正常的访问模式或潜在的数据泄露。这些监控系统通常包含自动化的警报功能，当检测到可疑活动时能够即刻通知管理员，从而缩短响应时间并采取相应的安全措施。

我国的图书馆在此方面通常遵循严格的内部控制和国家规定，如《中华人民共和国网络安全法》要求对关键信息基础设施进行保护。这些要求确保了图书馆信息系统中的数据不仅在存储和传输过程中受到保护，而且在整个数据生命周期内都受到监控和审计的覆盖。例如，某图书馆的信息系统可能会实施一个综合审计策略，该策略不仅记录所有用户查询和系统管理员的操作，还会对任何对敏感数据的访问进行标记和审查。通过这种方式，该图书馆能够确保对数据完整性的任何威胁都被及时识别和应对，从而维护了数据的安全性和图书馆的信誉。

五、数据库维护与更新

数据库维护与更新是确保图书馆数字化数据库长期有效运行的关键环节。它不仅关乎数据库的当前性能，还涉及其未来的稳定性和可靠性。

（一）定期维护计划的制定与实施

定期维护计划及其严格落实可确保数据库持续运行在最佳状态。定期检查和维护操作，如健康检查、数据清理、存储优化和系统更新，可预防性能下降和出现安全漏洞。

定期检查数据库的健康状态是维护流程的首要步骤，涉及评估和监控数据库的性能指标，包括查询响应时间、存储空间的使用率以及日志文件的大小。这些指标可以帮助数据库管理员识别潜在的问题区域，如索引碎片化或存储空间不足。对于图书馆系统而言，这包括监测借阅记录的存储效率和用户查询的执行速度。数据清理则涉及移除过时或不再需要的数据，这不仅可以释放宝贵的存储资源，还能提高数据库的整体性能。对于图书馆系统而言，这意味着删除或归档长期未使用的用户账户和历史借阅记录。

存储结构和索引的优化是定期维护的另一项重要工作，图书馆需要根据数据访问模式和业务需求来调整，包括重新组织数据文件、重建索引或更新统计信息，以确保查询优化器能够生成有效的查询计划。在图书馆数据库中，这涉及更新书籍和作者信息的索引，以提高搜索的准确性和速度。系统更新是维护计划中不可忽视的一部分，涉及应用软件补丁、数据库版本升级以及硬件更新。在图书馆环境中，管理系统的更新包括确保借阅系统和目录系统利用最新的技术和安全标准，以提供可靠和安全的服务。

定期维护还包括备份和恢复测试，这是确保数据安全的重要措施。系统的备份应该按照预定的计划执行，包括全量备份和增量备份，并且定期进行恢复测试，以验证备份的有效性和恢复流程的准确性。

（二）数据更新流程的管理

数据更新流程的管理直接关系数据集的准确性、时效性以及整体系统的可靠性。管理此流程的首要任务是确立一套标准化的操作程序，这些程序应详细规定数据的添加、修改和删除操作如何进行，以保证数据的一致性和完整性，并避免数据冲突和损坏。

数据更新流程的管理需要特别注意数据的一致性。在图书馆的应用场景中，例如，新书的入库需要更新书目数据库和库存管理系统，以反映新的存量和可用性；用户信息的更新则要确保借阅记录与用户资料的同步；借阅状态的改变需要在用户的借阅历史和图书的当前状态之间保持一致。为了实现这一点，数据更新流程通常涉及严格的事务控制，以保持操作的原子性，即确保数据更新要么完全完成，要么完全不做，不留下不一致的中间状态。

数据更新流程的管理还需包含对可能发生的错误和异常的处理机制。这意味着在更新过程中，系统应能够检测到错误，如数据格式不符或违反完整性约束等，并能够采取适当的回滚操作或提供错误通知。在中国的图书馆系统中，这样的机制尤为重要，因为高流量的用户交互和庞大的数据集要求系统不仅要高效，还要具备稳健的错误处理能力。

（三）版本控制与变更管理

实施数据库的版本控制与变更管理是维持系统长期稳定性与可靠性

的基础工作。版本控制不仅涉及软件开发领域中代码的管理，还适用于数据库结构、配置文件和管理策略的更改。它能确保所有变更都经过记录和版本化，从而在必要时可以追溯历史变更、回滚不良更改或重建失效系统。

变更管理则是一个更为全面的框架，它要求对数据库的任何预期变更进行规划、审查、测试和实施的流程控制。在图书馆系统的环境中，变更管理对于数据库结构的调整、新功能的添加或性能优化措施尤为重要。例如，当图书馆系统需要更新其数据库以支持新的搜索功能时，变更管理可确保此更新不会影响现有的数据完整性和服务可用性。这通常需要在一个与生产环境隔离的测试环境中对变更进行多轮验证，直到确信新变更不会引入问题后，才能在实际环境中进行部署。

为了进一步确保变更管理的效果，图书馆信息管理系统还会采用自动化测试和持续集成的方法来增强流程的效率和可靠性。这些方法可以自动验证数据库变更的效果，并在发现问题时立即通知开发者或管理员。这样的综合措施可以大幅度降低因数据库变更引起的系统中断或数据不一致的风险，使图书馆能够提供连续稳定的服务，并保持系统与技术发展的同步。

（四）性能监测与优化

性能监测与优化是保证服务质量和用户满意度的重要措施。性能监测不断评估数据库操作的效率，通过对响应时间、查询效率、事务处理速度、资源利用率等关键性能指标的实时跟踪，使数据库系统能够高效地处理用户请求和操作。这些指标的监测可以利用各种监测工具和技术自动进行，生成关于数据库性能的详细报告和日志，为管理员提供决策支持。

当性能监测提示性能下降或出现瓶颈时，优化措施随即启动以解决问题。这包括对查询语句的重写、索引的重新配置或调整，甚至更深层次的架构调整，如数据库分区或引入数据缓存策略。例如，某图书馆信息管理系统对于频繁执行的复杂查询需要创建特定的索引，或者调整现有索引以提高效率；对于监测到的资源利用率异常，如CPU或内存使用率过高，提示需要对硬件资源进行升级，或者调整数据库的配置设置以更有效地利用资源。

性能优化是一个持续的过程，随着图书馆馆藏量的增长和用户需求的变化，数据库的性能优化措施需要定期评估和调整。这样图书馆的数字化信息管理系统才能够适应不断变化的负载要求，提供稳定和可靠的服务。

第三节 图书馆数字化信息管理系统详细设计

一、系统架构设计

在图书馆数字化信息管理系统的详细设计中，系统架构设计是构建高效、可靠和可扩展系统的基石。系统架构设计的核心在于如何将不同的软件组件、服务和数据库有效地整合，以支撑图书馆的业务需求。

（一）分层架构的应用

系统架构设计采用分层架构模式是一个实现系统功能解耦和提升灵活性的策略。分层架构通过定义清晰的层次结构，为不同的功能组件划分职责，从而促进了系统的整体稳定性和可维护性。表示层负责用户交互界面的展现，业务逻辑层处理图书馆核心业务流程，而数据访问层负责数据持久化和存取操作。这种分离确保了各层可以独立地进行修改和升级，而不会对其他层产生不利影响。

在该架构模式中，每一层都构成了系统的一个抽象级别，其中表示层为终端用户提供一个直观的操作界面，如图书查询和借阅功能；业务逻辑层封装所有必要的业务规则和处理算法，保证了图书馆服务的业务流程得以正确执行；数据访问层则为上一层提供一个与数据库交互的通用接口，实现了数据的查询和更新操作。这种层次分明的结构不仅增强了系统的可维护性，也为未来可能的需求变更或技术升级提供了便利。在实践中，图书馆数字化信息管理系统的分层架构设计意味着系统的任何单一部分都可以独立更新，而不会影响其他部分。例如，若需改进用户界面的用户体验，开发人员可以仅对表示层进行更改，而无须调整业务逻辑或数据访问代码。类似地，若业务规则有所变动，仅需在业务逻辑层进行调整。这种设计允许系统适应快速变化的技术环境，同时保持对用户服务的持续支持和提供。

（二）模块化与组件化设计

模块化与组件化设计是构建高效、可维护和可扩展系统的关键。模块化设计指的是将系统划分为多个独立的模块，每个模块负责一组相关的功能。组件化则进一步将模块细分为更小的、可重用的组件，每个组件执行一个更为具体的任务。这种设计方法支持了关注点的分离，允许开发者集中精力在某一特定区域的功能需求上，而无须关心系统的其他部分。例如，在图书馆系统中，书籍管理模块可能包含图书采购、编目、存储和废弃等组件，每个组件都能独立地进行更新和优化。

模块化与组件化的设计允许在不影响整体系统的情况下，灵活地添加、修改或移除某一部分功能。这对于图书馆系统而言极为重要，因为它们必须能够适应不断变化的信息管理需求和服务模式。例如，若需要引入电子书籍管理功能，设计师可以简单地添加一个新的电子书籍管理组件，而不需要重写整个书籍管理模块。

在实现模块化与组件化设计时，重要的是要确保各模块和组件之间通过定义好的接口进行交互，这些接口规定了各部分之间的数据交换方式。这种方法的一个关键优势是，它为系统的测试和故障排除提供了便利。在中国的图书馆数字化信息管理系统设计中，遵循这样的模块化和组件化原则，不仅提高了开发效率和系统质量，还降低了长期维护的复杂性和成本。通过这样的系统架构设计，图书馆能够确保其数字化服务持续地发展和适应未来的挑战。

（三）系统的可靠性与容错性

系统架构设计中对可靠性和容错性的重视使图书馆数字化信息管理系统能够减少组件故障和系统中断。可靠性设计使系统在面对硬件故障、软件异常或网络问题时，仍能保持其核心功能的运行。容错性则关注在部分系统组件失效时，系统如何维持服务并快速恢复到正常状态。这些设计原则在图书馆系统的架构中尤其关键，因为它们需要处理大量的并发用户请求和庞大的数据集，且服务的连续性对于用户体验至关重要。

为了提高系统的可靠性，设计师会采用多个数据中心来存储数据副本，通过这种地理冗余降低单点故障的风险。例如，中国国家图书馆的数字化信息管理系统将数据分布存储在多个服务器上，即使某个服务器宕机，其他服务器仍然能够提供不间断的服务。实施负载均衡机制，在服务器之间分配请求，不仅提高了处理效率，还能在一台服务器遇到问题时，将流量自动转移至其他服务器上，从而保证了服务的可用性。

容错性的实现还需要系统在检测到故障时，迅速进行故障转移操作。这通常涉及预先定义的故障恢复策略，如自动备份恢复、实时数据复制和快速切换到备用系统。在图书馆系统中，这意味着即使在数据访问高峰时期，系统管理员也能够保证数据的完整性和服务的稳定性，使其对终端用户服务的影响最小。通过这种方式，图书馆的数字化信息管理系统能够在各种潜在的故障情况下保持高效和稳定的运行，为用户提供可靠的信息服务。

（四）系统的安全性设计

系统的安全性设计是保障用户信息及图书馆资料不被非法访问和泄露的关键。安全性设计需要贯穿于系统架构的每个层面，从物理硬件的安全到应用层面的数据保护，每一个环节都不容忽视。在数据层，采用强加密算法，如 AES 加密存储的数据是基础，确保即使数据被盗取也无法被未授权者解读。采用 TLS 等安全通信协议保证数据在传输过程中的安全，防止数据在网络传输过程中被截获或篡改。

用户认证和授权机制是安全性设计的另一个重要方面。系统需集成多因素认证，增加身份验证的复杂度，从而降低非授权访问的风险。基于角色的访问控制（RBAC）能确保用户根据其角色被授权访问特定的数据和执行特定的操作，这在图书馆系统中尤为重要，因为不同级别的员工和用户需要不同级别的数据访问权限。

安全性设计还应包括定期的安全审计和监控，以及对安全事件的快速响应机制。安全审计可以跟踪和记录所有用户活动和系统事件，帮助检测潜在的安全威胁。监控系统能够实时分析异常行为模式，快速响应可能的安全事件。在中国图书馆数字化信息管理系统中，这些安全性设计的实施尤为关键，因为它们不仅需要符合国家的网络安全法律法规，也要满足公众对个人数据保护的期待。通过这些综合性的安全措施，系统能够在保障数据安全的同时保障系统的正常运行和服务的连续性。

二、用户界面设计

用户界面设计在图书馆数字化信息管理系统的详细设计中扮演着至关重要的角色。它直接影响用户对系统的接受度和使用体验，具体有以下四个方面，如图 3-2 所示。

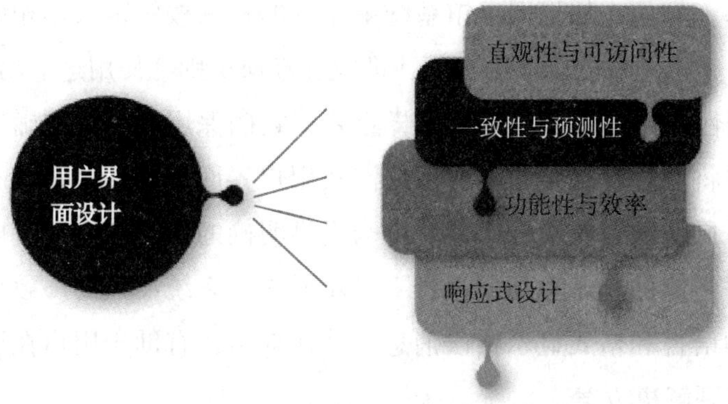

图 3-2　用户界面设计

（一）直观性与可访问性

图书馆数字化信息管理系统的用户界面设计，须注重直观性和可访问性，以满足用户群体的广泛需求。直观性要求界面布局合理、操作流程简化，使用户能够在最小的学习成本下实现信息检索和其他图书馆服务功能的有效使用。这意味着用户界面的设计应遵循一致性原则，采用清晰的图标和标签，以及直观的导航结构，从而降低用户对系统操作的认知难度。

系统的可访问性是确保包括残障人士在内的所有用户均能无障碍使用的关键。系统应采用适合不同用户需求的设计标准。例如，为视力受限用户提供足够对比度的色彩方案，为听力受限用户提供文字替代方案，以及为行动不便者提供易于导航的界面布局。系统应支持辅助技术，如屏幕阅读器和语音识别，使得每个用户都能以自己的方式有效地互动。

（二）一致性与预测性

在图书馆数字化信息管理系统的用户界面设计中，一致性与预测性是提升用户体验的基本原则。一致性意味着在整个系统中提供统一的视觉元素和交互行为，使用户能够凭借已有的使用经验预测接下来的操作结果。这种设计方法降低了用户的认知负担，提高了他们学习和使用系统的效率。例如，如果图书馆系统中所有的查询按钮都采用相同的图标和颜色，无论用户处于哪个页面，都能够轻松识别并使用这一功能。

预测性在用户界面设计中同样重要，它确保用户能够准确地预见自己的操作将产生什么结果。这不仅涉及用户界面元素的一致性布局，还包括用户操作的逻辑流程。系统应当提供明确的指导和反馈，以便用户能够理解当前的状态和如何执行下一步操作。系统反馈的一致性，如使用统一的语言和格式显示错误消息或确认提示，有助于用户在遇到问题时快速找到解决方案。

在图书馆数字化信息管理系统的详细设计实践中，遵循一致性和预测性的原则是提供高质量服务的重要考量。设计师需确保系统中的每一个交互点都与用户的直觉行为相一致，无论是在视觉呈现还是在功能反馈上。通过这种方式，无论用户的数字素养高低都能够有效地使用系统，从而推动图书馆服务的普及和知识的共享。

（三）功能性与效率

用户界面设计的功能性与效率是图书馆数字化信息管理系统详细设计中至关重要的方面，其旨在优化用户的操作流程，以便最大限度地提高任务执行的速度和精确性。功能性强调界面设计应紧密围绕用户的核心需求进行，确保用户能够通过直观的操作完成基本任务，如书籍检索、资料借阅和个人账户管理。设计应注重效率，通过简化操作步骤和提供快捷路径，减少用户达成目标所需的时间和努力。例如，在图书馆系统中，关键功能如搜索框应始终可见并提供快速反馈，而高级搜索选项应以一种不干扰基本搜索功能的方式呈现，以满足不同层次的用户需求。

用户界面设计应考虑引入快捷方式和工具提示，这些辅助元素能够显著提升用户操作的速度和便利性。快捷方式可以减少执行常用功能所需的点击次数，而工具提示则提供即时信息，帮助用户理解复杂功能。易于访问的帮助文档和在线支持也对提升用户自助能力和解决问题的速度至关重要。

（四）响应式设计

响应式用户界面设计是一种系统跨多种设备提供无缝访问体验的设计方法。这种设计方法涉及创建灵活的布局，它们能够自动适应不同的屏幕尺寸和分辨率，从而在智能手机、平板电脑、笔记本电脑和桌面电脑等设备上都能提供一致的用户体验。响应式设计要求界面元素，如导航菜单、输入框和按钮等，在设备间具有视觉连贯性，并能够根据屏幕大小的变化动态调整其大小和位置。在图书馆系统中，无论用户是通过小屏幕的移动设备还是大屏幕的桌面系统访问，响应式界面都应保证核心功能，如书籍搜索、借阅服务和账户管理的可用性和易用性。

为实现这一目标，用户界面的设计应采用流动网格、灵活图片和媒体查询等前端技术。流动网格可以保证元素在不同尺寸的屏幕上以合适的比例显示，而媒体查询则允许应用不同的样式规则来响应不同的屏幕特性。图书馆系统的设计师需要考虑如何在有限的屏幕空间中合理安排布局，以及如何在不牺牲功能性的前提下提供更优的内容展示。在中国，随着移动互联网用户的快速增长，图书馆系统的响应式设计尤为重要，因为它直接关系系统的覆盖范围和服务的普及度。

三、业务逻辑层设计

业务逻辑层设计在图书馆数字化信息管理系统中具有重要作用，它负责实现系统的核心功能和数据处理。

（一）数据处理与业务规则实现

在图书馆数字化信息管理系统中，业务逻辑层承担着实现和管理核心业务规则的责任，这涉及对数据进行处理以及业务流程的执行。系统中的业务逻辑层需要对用户的输入数据进行校验和解析，确保数据的有效性和合理性。例如，在用户进行书籍搜索的场景中，业务逻辑层负责解析搜索请求，对输入参数，如关键词和过滤条件进行处理，然后构造相应的数据库查询。此过程包括调用数据访问层的服务，应用搜索算法，并最终生成结果列表。

业务逻辑层还需处理更复杂的数据交互和业务规则实现，如借阅和归还流程。这些流程不仅需要检查书籍的可用性，还需考虑借阅时间限制、用户借阅限额和逾期罚款等业务规则。业务逻辑层通过与数据层的接口交互，更新用户的借阅状态，管理书籍的在馆或借出状态，同时确保所有业务规则得到遵循。在设计这一层时，设计师需要保证系统具有高效的数据处理能力，以及业务规则具有灵活性和可配置性，以便于适应图书馆政策的变化和新业务流程的引入。

（二）用户体验与交互逻辑

优化用户体验的目标是通过精心设计的交互流程，使用户能够以最直观的方式使用系统，从而提升用户的满意度并降低因操作复杂性或不明确性导致的错误。业务逻辑层的设计应围绕用户的使用场景进行，确保所有的业务流程，如搜索、借阅和归还操作，都能够通过简洁明了的步骤完成。在图书馆系统中，借阅流程的设计需要考虑如何通过更少的用户交互完成借阅任务，同时为用户提供清晰的流程指导和即时反馈。例如，当用户搜索图书时，系统应提供实时的搜索建议，简化用户的输入过程；在图书借阅时，系统应自动检测并提示用户关于借阅状态和可能的逾期罚款信息。业务逻辑层应能够处理异常情况，如库存不足或用户达到借阅限额，通过友好的消息提示和建议引导用户进行下一步操作。

业务逻辑层需要实现的交互逻辑不仅要处理正常流程，还要优雅地处理各种边缘情况，保证系统的鲁棒性。这要求设计师预见可能的用户行为并在逻辑设计中加以应对，如提供错误处理机制和用户操作的撤销功能。通过这种方式，即使在用户操作不当或系统处理异常时，用户也能够获得必要的支持，保持良好的体验。

（三）系统性能优化

性能优化的目标是确保系统能够快速有效地响应用户请求，即使在高并发情况下也能保持稳定。为实现这一目标，业务逻辑层的设计需采用多种策略，包括但不限于算法优化、资源利用最大化以及延迟最小化。例如，通过对数据库查询进行优化，如使用适当的索引和避免全表扫描，可以显著提高查询性能。引入数据缓存机制，将频繁访问的数据保留在快速访问的存储中，可以减少对数据库的冗余访问，从而加快数据检索速度。

异步处理和批处理技术的应用允许系统将非关键任务延后处理，或将多个任务组合在一起处理，这样可以有效地分散处理负载，减少对即时响应资源的占用。例如，在处理大量的借阅记录更新时，系统会选择在用户活动较少的时间批量处理这些任务，而不是实时更新，这样做既优化了资源使用，也保证用户在高峰时段的体验不受影响。总之，业务逻辑层的性能优化需要系统地考虑数据处理流程，确保每一步都尽可能高效，以此提升整个图书馆系统的性能水平。

（四）可维护性与可扩展性

确保业务逻辑层的可维护性和可扩展性是一项至关重要的任务，它直接关系系统未来发展的灵活性和对变化的适应能力。可维护性要求代码的清晰性和结构的合理性，以便于开发者能够快速理解系统的工作原理和各部分的功能，这对于后续的维护工作和功能更新至关重要。为此，业务逻辑层的设计应当遵循模块化原则，将系统划分为独立的功能模块，每个模块负责一组特定的职责，这样当业务需求发生变化时，开发者可以单独地修改或扩展相应模块而不影响到其他模块。系统设计应该采用标准化的开发实践，如代码复用、遵循设计模式，以及编写清晰的文档，这些都是提高系统可维护性的关键因素。

可扩展性则涉及在设计之初就考虑将来可能加入的新功能或对现有功能的改进。在图书馆系统中，随着技术进步和用户需求的演变，系统功能必须随之更新和扩展，如集成新的电子资源管理功能或提供更为个性化的用户服务。为了满足这些需求，业务逻辑层的架构设计必须预留足够的灵活性，允许新模块的加入或旧模块的修改，且这一切都应当在不需要对系统进行全面重构的情况下进行。这要求系统的设计能够容纳变化，如通过使用接口和抽象类来定义功能，这样可以在不改变系统其他部分的前提下，添加或修改这些接口的具体类型。

四、系统集成与测试

系统集成与测试是图书馆数字化信息管理系统详细设计过程中的重要环节，它能确保系统的各个模块和组件有效地协同工作，并符合预定的质量标准。

（一）单元测试与模块验证

在图书馆数字化信息管理系统的开发过程中，单元测试和模块验证是确保每个功能单元正确实现的关键步骤，它们构成了软件质量保证的基石。单元测试是一种自动化测试方法，它针对系统中独立的最小功能单元——通常是一个函数或一个对象——进行验证，确保它们在隔离环境中按照预定的要求准确执行。例如，对于图书馆系统中的一个数据检索函数，单元测试会验证其是否能够返回正确格式的数据；对于输入验证逻辑，则检查其是否能够正确拒绝非法的输入。通过这些细粒度的测试，开发者可以确保每个模块的功能性和可靠性，从而在系统集成阶段减少错误，简化调试过程。

单元测试的彻底性对于预防复杂系统中的错误传播至关重要，这要求测试覆盖所有可能的使用案例和边缘情况。在模块验证阶段，开发者除测试单一功能以外，还需考虑模块与系统其他部分的交互。在图书馆信息管理系统中，这意味着验证模块之间的数据交换是否符合预期，以及它们在集成后是否能够协同工作以完成更为复杂的任务，如跨模块的书籍借阅流程。这种测试通常涉及模块间接口的验证，以确保数据和控制流能够在模块间正确传递。因此，单元测试和模块验证不仅是识别和修复局部问题的手段，还是确保系统整体集成顺利的必要准备。

（二）集成测试与接口兼容性

集成测试和接口兼容性评估是确保图书馆数字化信息管理系统各个组成部分能够无缝工作的关键步骤。集成测试不仅验证单个模块的内部功能，更重要的是，还检查模块之间的接口是否能够正确地交换数据和控制信息。在这一过程中，测试人员或自动化测试脚本将按照实际使用场景执行一系列操作，以模拟各模块协同工作的环境。例如，在图书馆管理系统中，集成测试将覆盖用户通过前端界面发起的书籍搜索请求，此请求应能够顺利传递至业务逻辑层，后者再进一步与数据访问层交互以从数据库中检索信息。这一系列的动作需要连贯执行，确保信息在系统的不同层次间准确无误地流转。

接口兼容性是集成测试中的一个重点，是指模块组合在一起时，它们之间的交互接口是否能够兼容而无冲突地协同工作。在图书馆信息系统中，各种服务组件，如用户认证、搜索服务、借还记录处理等，都需要通过定义良好的接口与系统中的其他组件交互。接口兼容性的测试可以了解这些服务组件在集成后是否能够根据预定义的契约执行任务，如用户界面层提交的查询请求是否能被业务逻辑层正确解析，并能够得到期望的响应格式。在实施集成测试时，测试人员应该注意接口的数据格式、数据流的方向、错误处理机制等关键因素，确保它们在系统集成后能够按照设计预期运行，为用户提供稳定和可靠的服务。通过这种方法，图书馆的数字化信息管理系统能在多变的技术环境中保持其功能性和可靠性，满足用户的期待并支持图书馆的日常运营。

（三）性能测试与负载评估

在图书馆数字化信息管理系统的详细设计阶段，性能测试和负载评估共同构成了系统质量保证和优化的基础。性能测试关注评估系统在面对高负载或其他压力条件下的运行表现，包括响应时间、并发处理能力以及资源使用效率。通过模拟大量用户同时发起书籍搜索请求的场景，测试人员可以评估图书馆系统处理大数据量的能力，并且测定在多用户同时访问时系统的响应时间。这种测试可以揭示系统在极端条件下可能出现的性能瓶颈，如数据库访问延迟、内存溢出或CPU资源过度占用。这些瓶颈如果不被及时发现和解决，将在系统部署后影响用户体验和系统的稳定运行。

负载评估则进一步定量分析系统在不同负载水平下的表现，确定系统的承载极限和扩展需求。在图书馆信息管理系统的设计中，负载评估帮助设计师理解在峰值时段系统的表现，以及在日常运行中保持良好性能所需的资源配备。例如，评估结果可能表明系统需要更多的服务器以分散用户请求，或者需要更有效的缓存策略以减少对数据库的直接访问频率。负载评估的结果对于制定系统的扩展策略至关重要，它为系统未来可能的升级提供了数据支持，确保图书馆管理系统能够随着用户的增长和服务需求的变化而采取相应措施。

（四）自动化测试与持续集成

自动化测试与持续集成在图书馆数字化信息管理系统的开发流程中起着至关重要的作用，它们是现代软件工程实践的基石，旨在提高开发效率，确保软件质量，并加快交付速度。自动化测试允许开发团队编写测试脚本自动执行一系列复杂的测试，这些测试覆盖了应用程序的各个方面，从单元测试到集成测试，甚至是用户接受测试。自动化的优势在于它可以快速地执行这些测试，提供即时反馈给开发者，减少人工测试的重复劳动，同时提升测试的覆盖面和一致性。

持续集成（CI）则是一个自动化的代码合并过程，它确保开发者的代码更改频繁地集成到主干。每次代码提交都会触发自动化构建和测试流程，这个过程包括编译代码、运行自动化测试并报告结果。持续集成的优势在于它能够迅速发现与定位集成错误，确保代码更改不会对现有功能造成破坏，从而保护软件的稳定性。在图书馆信息管理系统的开发中，持续集成可以确保各个功能模块和服务的代码更改不会对整体系统造成意外影响，尤其是当系统涉及大量数据处理和复杂业务逻辑时。

自动化测试与持续集成结合形成的一个强大的开发工具链，支持图书馆系统的快速迭代和高质量要求。例如，在设计图书馆系统的搜索功能时，开发团队可以编写一系列自动化测试验证搜索算法的准确性和性能。当算法更新或优化时，持续集成流程能够自动运行这些测试，并确保更改不会导致功能回归或性能下降。这种做法不仅加快了开发过程，还提高了系统的可靠性，因为任何潜在问题都可以在代码合并到生产环境之前被发现和解决。

五、文档编制与用户培训

在图书馆数字化信息管理系统的详细设计中，文档编制和用户培训可以确保系统长期有效运行和充分利用。

（一）系统文档的编制与管理

系统文档的编制与管理是确保项目可持续性和传承知识的核心活动。系统文档的编制包括创建一系列详尽的文档，这些文档囊括了从系统架构到具体操作的全方位信息，为开发者、维护人员以及用户提供必要的参考和指导。技术文档详细阐述了系统的设计理念、架构细节、代码库、数据库结构、接口定义以及开发和编码标准，是团队理解系统工作机制和进行后续开发的基础。这些文档应当遵循行业标准，使用清晰、准确、一致的语言，并且随着系统的更新而持续维护。

系统文档还应包括用户手册和操作指南，这些是面向最终用户即图书馆员和读者的文档，它们解释系统的功能特点、操作流程和使用方法。用户文档应当设计得既全面又易于理解，避免过于技术化的语言，更加注重操作的直观性和逻辑性，以便用户能够快速掌握系统的使用。良好的用户文档不仅能够减少用户对技术支持的依赖，提升用户独立解决问题的能力，还能够提高用户的满意度，加深用户对系统功能的理解。

系统文档的管理是一个动态的过程，它需要随着系统的迭代和升级进行相应的更新。有效的文档管理策略包括使用文档管理系统存储、分类和控制所有文档，确保所有利益相关者能够轻松访问最新的文档。定期审查和更新文档以反映系统的最新状态也同样重要。在图书馆数字化信息管理系统的设计中，完善的系统文档编制和管理是传递关键信息、支持用户培训和保证系统长期有效运行的基础。

（二）用户培训的规划与实施

用户培训在图书馆数字化信息管理系统的实施过程中起着至关重要的作用，旨在使图书馆员工和用户熟练掌握系统的各项功能，并有效地利用系统资源。详细的培训规划应当根据不同用户群体的特定需求而定制，从而确保培训内容的相关性和实用性。对图书馆工作人员而言，培训内容需要包括系统管理的各个方面，如书籍的录入、分类、借阅与归还事务处理、用户账户管理以及数据维护等。而对于普通读者或访客，培训则着重于使用系统进行图书搜索、资源的在线访问、自助借阅流程，以及利用数字资源进行学习和研究。

培训的实施要采取多种形式和方法，以适应不同学习风格和需求，包括面对面的培训课程、互动式工作坊、在线教学视频以及实时的网络研讨会。面对面的课程和工作坊能够提供个性化的指导和即时反馈，而在线教学视频则提供了灵活性，使得用户可以根据自己的时间安排进行学习。实时网络研讨会则允许远程用户参与培训，打破地理位置的限制。培训材料和课程需要定期更新，以反映系统的升级和变化，确保用户能够获取最新的信息和知识。

培训的有效性需要定期的评估和反馈，如可以通过问卷调查、测试或直接的用户反馈进行。评估结果将指导培训内容的调整和改进，确保培训目标的实现，并提高用户的满意度。在图书馆数字化信息管理系统的详细设计中，用户培训规划的制定和实施是与系统文档编制并行的关键环节，它们共同构成用户支持和服务的框架，确保系统的有效利用和最终的成功实施。

（三）反馈机制与持续学习

在图书馆数字化信息管理系统的实施过程中，构建一个反馈机制是提高用户培训有效性的关键。该机制应当能够收集和分析用户的反馈，以对培训的成效进行评估，并为未来的培训提供改进的方向。这种反馈可以通过问卷调查、用户访谈、在线论坛和直接观察收集。例如，通过用户完成的问卷调查，培训师可以了解哪些培训模块有效，哪些需要更多的说明或实践练习。面对面的访谈和开放式的讨论能够揭示用户的深层需求和潜在的问题，而对用户交互过程的观察可以提供用户行为的直接证据。这些反馈信息对于调整培训策略、优化培训材料以及设计更符合用户需求的培训活动至关重要。

随着图书馆信息系统的不断发展和升级，持续学习成为保证用户有效利用系统资源的另一个必要条件。定期的再培训和持续教育项目应该被纳入培训计划，以确保用户不仅能够跟上系统的最新变化，还能够不断提高其信息素养和技能水平。持续学习可以通过在线教育平台、工作坊、研讨会以及定期更新的专业报道实现。例如，当系统引入了新的搜索算法或集成了新的电子资源时，这些渠道可以有效地通知用户并提供相应的学习资源。这不仅促进了用户对新功能的理解和采纳，也加强了用户对图书馆服务的整体满意度。

（四）在线资源和支持

在线资源和支持在图书馆数字化信息管理系统的用户培训体系中扮演着极其重要的角色。它们为用户提供即时访问知识库的途径，使得学习和解决问题变得更加自主和高效。在线教程、常见问题解答（FAQ）和交互式帮助系统等资源的设计和实施，必须基于对用户需求深入的理解和分析，确保这些工具能够有效地支持用户的实际操作和学习过程。例如，图书馆系统的在线教程应涵盖从基本搜索技巧到高级数据检索策略等多个层面，使得所有级别的用户都能找到适合自己需求的学习材料。教程应该包含丰富的多媒体元素，如视频、图示和交互式演示，以增强用户的学习体验和记忆效果。

FAQ 部分应针对用户在使用系统过程中可能遇到的常见问题提供明确、简洁的解答。这要求系统设计者不断收集用户反馈和问题，及时更新 FAQ 内容，确保其准确性和相关性。交互式帮助系统，如在线客服聊天和虚拟助手，可以提供更为个性化的支持。这些系统可以基于自然语言处理和机器学习技术理解用户查询的语义，为用户提供有针对性的信息和操作指导，从而极大提高用户解决问题的速度和便捷性。

在图书馆数字化信息管理系统的设计和实施中，确保在线资源和支持系统的可用性、准确性和易用性是提升用户满意度和系统使用率的关键。在线资源和支持系统不仅提供了一个强大的自助服务平台，也显著降低了用户培训和支持的成本。在线资源和支持系统的维护和优化，应成为系统运营的一个持续过程。

第四节　图书馆数字化信息管理系统实施策略

一、项目管理策略

（一）项目规划与目标设定

项目规划与目标设定是图书馆数字化信息管理系统实施策略中不可或缺的一环，它涉及对项目的全面预见和策略性布局。在项目的起始阶段，制定一个明确、详尽且切实可行的规划是确保后续工作顺利进行的关键。规划应详细阐述项目的范围，明确系统所需实现的功能，如在线目录检索、自动化借还书服务、用户互动平台、数字资源管理等，以及这些功能如何满足图书馆服务的长远目标。项目规划还应包含对预计服务的用户数量、系统的性能要求、数据处理能力和安全性等方面的明确说明。

目标设定则应侧重于项目的具体成果和关键里程碑的确定。这不仅包括最终交付的系统要达到的标准和性能指标，还应涵盖整个项目进度的阶段性成果，如设计完成、原型开发、用户测试等各个关键阶段的目标。这些目标的设定应基于可量化的指标，以便于在项目执行过程中进行有效的监控和评估。确立阶段性目标有助于保持项目团队的工作焦点，通过定期检查这些目标的完成情况，项目管理者可以及时调整计划，解决进度滞后或资源分配不当的问题。

在设定这些规划和目标时，项目管理者应当采用包容各方意见的方法。这意味着在项目规划的制定过程中项目管理者应该广泛征求图书馆管理层、工作人员和最终用户的意见和需求，同时考虑技术团队对项目实施的可行性评估。这样的多方参与和沟通可以确保项目目标的全面性和实践性，减少在实施过程中因需求理解不一致而导致的返工和误差。项目规划与目标设定也应当是动态的，能够根据项目进展、技术变革或用户需求的变化进行调整。

（二）进度控制与监督

进度控制与监督是项目管理的核心组成部分，其目的是确保项目活动按照既定的时间表顺利推进，同时保证项目成果与预期目标一致。项目经理通过运用各种项目管理工具和技术，如甘特图、敏捷看板或项目管理软件，可以实时监控项目的每个阶段，确保各项任务准时完成，并对资源分配进行优化。这些工具提供了可视化的进度展示，使得项目团队能够清晰地了解每项任务的状态，预见项目进度和资源的实际使用情况，及时识别项目实施过程中出现的偏差和风险。

项目监督不仅涉及对时间表的管理，还包括质量控制、风险管理和沟通协调。定期的项目评审会议是监督策略的关键，它提供了一个平台，项目团队成员可以在此报告进展，讨论问题并共同寻找解决方案。在这些会议中，通过对比项目的实际进展与计划进度，项目经理和团队可以确定是否需要采取纠偏措施，如重新分配资源、调整优先级或重新规划未来的任务。有效的沟通机制，如定期更新的项目报告和利益相关者的通信渠道，确保了项目的所有参与者和利益相关者，包括图书馆管理层和用户代表，都对项目的最新状态有清晰的认识，从而促进了决策的透明性和项目的顺利实施。

在图书馆数字化信息管理系统的项目管理过程中，进度控制和监督是一个持续的活动。它要求项目管理团队对项目的各个方面有深入的了解，包括技术挑战、用户需求和业务目标。它不仅可以确保项目按期交付，还能够在质量、成本和范围方面满足或超越项目利益相关者的预期。

（三）资源分配与管理

资源分配与管理是实现项目目标的关键环节。它要求项目经理对所有资源有深入的理解和精确的控制，包括资金、物理设施、技术设备以及人力资源。资源管理的核心是确保这些资源能够在恰当的时间得到合理的配置，以支撑项目各个阶段的活动。对于人力资源而言，这涉及根据项目需求和个人技能进行精细化的分工，使得每位团队成员的专长都能得到最大限度的发挥。例如，开发人员需要根据他们的编程技能和系统设计经验被分配适当的模块开发任务，而测试人员则需根据他们对测试策略和工具的掌握程度承担相应的测试工作。

资源管理还需要考虑项目实施过程中可能出现的风险和不确定性，包括技术难题、时间延误或资金短缺等。为此，项目管理者需要制定灵活的资源管理计划和风险应对策略，包括建立资源缓冲，如预算储备或额外的时间安排，以便在遇到不可预见的问题时能够迅速调动。项目经理必须与项目团队保持密切的沟通，监控资源使用情况，确保资源分配的决策能够及时调整以适应项目的变化需求。在图书馆数字化信息管理系统的项目中，这意味着项目经理必须与技术团队、图书馆管理层和最终用户保持沟通，以确保资源管理决策能够得到各方的支持和理解。

资源分配与管理在图书馆数字化信息管理系统的项目管理策略中占有中心地位。只有通过有效的资源管理，项目才能够在有限的资源约束下实现预定的目标，满足图书馆的服务需求，并为最终用户提供高质量的数字化体验。因此，项目资源的精心规划、合理分配和严格管理是项目成功的重要保证，也是实现图书馆服务现代化、高效化的基础。

（四）沟通协调与团队合作

在图书馆数字化信息管理系统的实施策略中，沟通协调与团队合作是项目管理的核心，它能够确保各个利益相关方的需求和期望得到有效的传达和满足。一个明确和高效的沟通机制能够促进信息的透明流通，确保项目团队成员之间的相互理解和协作。项目管理者必须确立清晰的沟通策略，包括定义团队内部的沟通渠道，如定期会议、工作报告、电子邮件和即时消息工具，以及确立与外部利益相关者，如图书馆管理层、资助者和用户代表沟通的正式程序。这些沟通渠道应当能够适应项目团队的工作流程，保证信息可以在项目各方之间流动无阻。

协调工作涉及调解不同部门和团队成员之间的矛盾，平衡不同利益相关者的需求，并保持项目目标的一致性。这要求项目管理者具备出色的协调能力和问题解决能力，以便在项目实施过程中出现分歧时能够迅速采取行动。团队合作文化也需要培养和维护，这包括团队成员之间的相互尊重、信任和支持。团建活动、共享成功和认可个人贡献，可以加强团队凝聚力和合作精神。

在图书馆数字化信息管理系统项目中，沟通协调与团队合作的良好实践不仅影响项目的及时交付，还影响系统的质量和使用者的满意度。有效的沟通能够及时揭示项目中的潜在问题，促进解决方案的生成。而协调则确保项目资源得到优化配置，各个团队成员的工作得以协同。只有团队成员之间建立了稳固的合作关系，才能确保在图书馆数字化信息管理系统的设计和实施过程中充分利用每个人的专长和知识，共同推动项目向预定目标前进。

二、技术选型与平台选择

技术选型与平台选择是图书馆数字化信息管理系统实现策略的核心环节，涉及决定使用哪些技术和平台以有效地支撑系统的需求和目标。

（一）技术兼容性与集成

确保所选技术与现有系统的技术兼容性及其集成能力，是图书馆数字化信息管理系统项目顺利实施的关键。技术兼容性的评估涵盖多个层面，包括但不限于软件应用的兼容性、硬件设施的适应性、网络架构的兼容性以及数据格式和协议的统一。对于图书馆现行操作系统、数据库管理系统及身份验证协议的支持情况也应纳入考量范畴。实现技术兼容性不仅是为了确保新系统能够在现有技术基础设施上无缝运行，还是为了保证其能够支持图书馆的业务流程，增强用户体验。

进一步的技术集成则要确保新引入的系统组件与现有系统的各个部分高效协作，实现数据和服务的连贯性。这要求在设计阶段就充分考虑现有系统架构的限制和扩展可能性，选择能够提供灵活接口和符合标准协议的解决方案。在图书馆环境下，这通常意味着新系统要能够集成到图书馆的目录系统、数字资源管理平台以及客户关系管理软件中。基于现有技术环境的深入理解，系统设计者要预见潜在的集成挑战，并提前规划必要的定制开发或适配工作，以确保新系统的引入不会干扰图书馆现有系统的正常运行。

技术兼容性与集成的重要性在于它们直接关系系统的长期可维护性和可扩展性。一个与现有技术基础设施兼容并能够顺利集成的新系统，将大大降低维护成本，提高系统的稳定性和扩展性，使图书馆能够持续地提供高效、可靠的服务。

（二）性能和可扩展性

在图书馆数字化信息管理系统的构建策略中，技术选型与平台选择需紧密围绕性能要求和系统的可扩展性进行。在性能方面，所选技术要能够应对高并发的用户访问，管理庞大的数据集，同时保持快速的响应时间，避免在用户体验方面出现瓶颈。在这方面，关键的技术决策涉及数据存储解决方案、网络架构优化、负载均衡策略以及后端服务的处理能力。例如，选择支持分布式存储和高效索引的数据库系统，能够加快检索速度并提高数据处理效率，而采用缓存策略和内容分发网络（CDN）能够减少数据传输延迟，提升用户访问速度。

系统的可扩展性则体现在选择能够支持未来增长和变化的技术上。图书馆服务的扩展包括用户数量的增加、数字资源类型的扩充以及服务功能的增强。因此，技术平台应具备在不影响现有系统稳定性的前提下增加新功能或模块的能力。这要求所选技术应采用模块化设计，支持微服务架构或容易集成新的应用程序接口（API）和服务。在此基础上，系统设计应采用灵活的架构，如服务导向架构（SOA）或事件驱动架构，这些架构能够促进系统的松耦合和独立服务部署，从而简化扩展过程。

技术选型时对性能和可扩展性的双重关注，使图书馆数字化信息管理系统不仅能够满足当前的需求，也为应对未来可能的挑战打下坚实基础。这种前瞻性的技术规划和策略制定，能够使图书馆持续提供高效、可靠的服务，并灵活适应数字化时代的发展趋势。

（三）成本效益分析

进行全面的成本效益分析是评估和决定技术选型与平台选择的基石。成本效益分析要求全面考虑各种技术选项的直接和间接成本，包括初始采购费用、系统部署与实施开销、运行维护成本以及潜在的升级和扩展费用。这一分析不仅包括财务成本，还需评估技术方案对操作效率、系统稳定性和用户满意度的长期影响。例如，尽管开源技术在许可成本上可能具有优势，但其可能需要额外的定制化开发和专业人员培训，这些隐性成本在长期运营中可能累积成显著的开支。商业解决方案虽然初始投资较高，但通常会提供更为全面的客户支持和服务，可能在整个系统生命周期内展现出更优的成本效益比。

成本效益分析还要考虑技术方案对图书馆运营效率的影响，包括系统的性能如何支持图书馆的服务质量，以及技术方案是否能够适应图书馆未来服务的拓展。技术平台应支持图书馆当前和预期的业务需求，同时具备足够的灵活性以适应快速变化的技术环境和用户期望。在这一点上，选择能够提供持续更新和技术支持的平台，能够降低未来因技术过时而导致的替换成本。

通过综合考虑初始投资和运行维护的总成本，以及技术方案对图书馆服务质量和运营效率的长期影响，图书馆能够做出更为明智的技术选型决策。成本效益分析不仅关系图书馆资金的有效利用，还涉及数字化信息管理系统可持续的战略规划。

三、代码开发与部署

代码开发与部署是图书馆数字化信息管理系统实施策略的关键环节，它能使系统的设计转化为实际运行的应用程序，并在目标环境中有效运行。

（一）开发方法和实践

采用合适的开发方法和遵循行业内的最佳实践对于确保代码开发流程的效率和质量至关重要。敏捷开发是现代软件工程实践中被广泛认可的一种方法，它通过短周期的迭代开发，使得项目团队能够持续评估项目方向，快速适应需求变化。在敏捷开发实践中，跨功能的团队通过定义清晰的迭代目标、定期的规划会议和日常的站立会议，以及持续的用户反馈，协同工作以交付高质量的软件产品。敏捷开发实践中的自组织特性鼓励团队成员在项目实施过程中拥有更高的参与度和主动性，从而提高项目的透明度和团队的责任感。

代码质量控制是另一个重要环节，它直接影响系统的稳定性和后续的维护成本。在这一过程中，代码复审成为提升代码质量的关键活动，通过同行评审的方式，开发者可以相互检查代码中的错误，分享知识和提升整体的编码水平。单元测试则确保了代码的功能性和鲁棒性，通过为每个功能模块编写测试用例，可以在代码集成前发现并解决绝大多数的问题。持续集成（CI）进一步强化了测试过程，它通过自动化构建和测试，确保了代码的集成频率和质量，即每次代码提交后都进行构建和测试，及时发现集成错误。

（二）系统部署策略

图书馆数字化信息管理系统在其成功部署的关键阶段要求有明确的系统部署策略。该策略涉及将经过测试和验证的软件应用从开发环境迁移到实际的图书馆运行环境中。合理的部署策略要求评估各种部署模型，从传统的本地部署到现代的云基础设施部署，每种模型都有其优势和局限性。本地部署能在数据控制和安全性方面提供更多保障，而云部署则以其可扩展性、灵活性和成本效益性为主要优点。选择哪种部署模式需基于图书馆的具体需求、资源和长期战略进行综合考量。

部署过程的规划包括细化每个必要步骤，如系统配置、软件安装、服务激活和数据迁移。在此过程中，确保系统设置符合图书馆的运营标准和安全要求至关重要。为使对图书馆服务和用户的影响最小，项目管理者应考虑在用户活动频率较低的时段执行部署任务。渐进式部署或蓝绿部署等策略可以用来进一步降低部署风险，它们允许旧版本和新版本的系统在一段时间内并行运行，确保新系统的稳定性和可靠性在正式全面替换旧系统前得到充分验证。

系统部署策略的制定还应包括详尽的回滚计划，以便在新系统部署后出现问题时能迅速恢复至原有状态，确保图书馆服务的连续性。部署过程中的监控和日志记录对于识别问题、评估新系统性能和优化后续部署至关重要。通过这一策略，图书馆数字化信息管理系统的部署可以成为一个有序、可控和可预测的过程，最终实现无缝的系统切换和服务升级。

（三）与图书馆环境的整合

在图书馆数字化信息管理系统的开发与部署中，与图书馆现有环境的整合是一个复杂而又关键的过程，它要求系统设计与实施团队不仅要充分理解图书馆的技术基础设施，还要深入了解其业务流程和用户行为。整合工作的一个重要方面是与图书馆的现有数据库系统进行兼容性测试，包括与数据模型、访问接口和查询语言的匹配。图书馆会使用一系列第三方服务，如在线期刊数据库、电子书平台和引文管理工具，新系统的集成必须保证对这些服务的访问不会受到影响。

整合策略还要涵盖对系统用户界面和操作流程的调整，确保它们与图书馆工作人员的工作习惯和用户的使用习惯相吻合。这需要定制界面设计，优化用户交互流程，甚至可能涉及后端业务逻辑的调整。这种整合不仅涉及技术层面，还涉及用户体验的优化。

用户培训和支持策略也是整合过程中不可忽视的一环。系统的推广和使用取决于图书馆工作人员和最终用户对新系统的接受度，因此，提供全面的培训和持续的技术支持至关重要。培训要覆盖系统的各项功能，如从基本的图书检索和借阅流程到复杂的数据分析和报表生成，而技术支持则要确保用户在遇到问题时可以得到迅速和有效的帮助。

系统与图书馆环境的整合是一个持续的过程，它要求项目团队在项目的整个生命周期中都保持与图书馆工作人员的紧密合作，了解他们的需求，收集反馈信息，并据此不断优化系统。通过这样的整合，图书馆数字化信息管理系统能够成为支持图书馆服务现代化、提升图书馆运营效率的强大工具。

四、系统维护与升级策略

图书馆数字化信息管理系统的维护与升级能够促进系统操作的全方位和持续改进。有效的维护策略能够使系统在技术性能、安全性和用户满意度方面达到更高的水平，而周密的升级策略则确保系统能够适应不断变化的技术环境和用户需求。

（一）系统维护策略

图书馆数字化信息管理系统的维护策略对确保系统的长期有效运行起着重要作用。该策略的制定必须涵盖系统全局，包括但不限于软件应用的更新、硬件设施的检查、数据完整性的监管以及备份与恢复流程的管理。此策略的关键在于维护工作的周期性与系统性，它不仅应对新发现的安全漏洞和软件缺陷进行响应，还要防患于未然，通过预防措施保障系统的稳定性和安全性。

在软件维护方面，周期性的更新是必要的，不仅因为它能够修补安全漏洞，提高软件性能，也可以引入新功能，以适应用户需求的变化和技术发展的新趋势。硬件设施的维护同样重要，定期的检查和及时的更换可以避免设备的老化或故障对系统整体性能的影响。备份与恢复流程的定期测试可保证在面对数据丢失或系统故障时图书馆能够以最短的运营中断时间迅速恢复服务。系统监控机制为维护策略提供了坚实的技术基础。通过部署实时监控系统，维护团队能够监测系统的性能指标，如响应时间、故障率、资源利用率等，以及网络流量和用户行为的变化。这种监控不仅有助于发现系统的即时问题，还能够预测未来可能出现的问题，从而提前采取措施。

数据完整性和准确性对于图书馆信息资产的安全至关重要。定期的数据校验和审计能够确保存储的数据反映了准确的信息，并且在整个图书馆系统中保持了一致性。这项工作可以通过数据质量管理工具和技术实现，如数据清洗、数据匹配和数据合并等。

这些策略的实施不仅可以提高系统的可靠性，还可以赢得用户对图书馆服务的信任和满意。系统的稳定运行和数据的安全保障，为用户提供了连续不断的高质量服务，也为图书馆工作人员创造了一个高效和安全的工作环境。

（二）系统升级策略

升级策略可以使图书馆数字化信息管理系统与时俱进，不断完善服务。它要求制定者对现有系统的性能、用户接口、功能适用性进行持续的评估，并对照新兴技术和用户需求的变化进行相应的调整。这种策略的制定基于对技术发展趋势的深入洞察和对图书馆未来服务需求方向的预测，以确保技术升级与图书馆的战略目标保持一致。

升级策略的实施涉及一系列复杂的决策过程，其中包括技术选择、升级范围的确定以及升级实施的时机和步骤。项目管理者必须考虑升级对现有系统运行的影响，以及对用户日常使用的干扰，这通常要求在升级计划中采取渐进式或分阶段的实施方式。渐进式升级允许系统在一个长期的时间框架内逐步引入新功能和改进性能，而分阶段升级则使得每次升级都集中在系统的特定部分，从而将风险和影响控制在可管理的范围内。

升级策略还应包括对新系统版本进行全面测试的计划，以确保新引入的功能不仅能够正常工作，而且能够与系统的其他部分无缝集成。这种测试不仅涉及技术层面的功能验证，还包括用户接受度测试，以使新系统得到用户的认可，并提升他们的使用体验。

通过这样的升级策略，图书馆数字化信息管理系统不仅能够提供稳定可靠的服务，而且能够不断地引入创新，满足用户的期望，增强图书馆的服务能力。

五、用户反馈与持续改进

图书馆数字化信息管理系统的有效运营依赖用户反馈的及时收集与分析，以及基于该反馈的系统持续改进。用户反馈是评估系统性能、功能及用户满意度的直接手段，而持续改进则确保系统能够不断进化，满足图书馆和其用户群体的发展需求。

（一）用户反馈机制

图书馆数字化信息管理系统的用户反馈机制是其持续改进过程的重要组成部分，通过它，系统的设计者和运营者可以理解和评估用户的体验。这种机制的建立，旨在系统地收集和分析来自图书馆员工和访问者的反馈，包括他们对系统操作的易用性、提供的功能以及整体服务质量的评价。有效的用户反馈机制不仅涉及对使用数据的收集，还包括用户体验的主观感受和建议，它们通常通过在线调查、访谈、评论系统和各类用户行为数据分析等方法获得。

在线调查是获取用户反馈的一种常见而有效的方式，它可以设计为在用户访问系统后自动弹出，或者设计为定期发送的电子邮件。通过调查问卷，设计者可以收集用户对系统特定功能的满意度、遇到的问题以及改进建议。用户访谈则提供了更深入的见解，让设计者能够直接了解用户的需求和体验，尤其是那些在问卷调查中未能完全表达的细节。评论系统允许用户在使用系统的同时留下即时反馈，这些反馈可以为其他用户提供参考，同时为系统的设计者提供改进的直接线索。使用数据分析能够揭示用户的行为模式，通过对日志文件、点击率和使用时长等数据的分析，可以发现系统中的热点和不足之处。

用户反馈机制的有效性不仅取决于广泛和多样化的信息收集，还依赖于对这些信息进行深入的分析和快速的响应。系统必须具备将收集到的数据转化为可操作见解的能力，这要求不仅有技术上的数据处理能力，还需要对用户行为和心理有深入的理解。通过这些见解，管理者可以识别系统中需要改进的地方，如界面设计的不足、功能的缺陷或服务流程的瓶颈。然后，这些见解需要转化为具体的改进措施，如界面的重新设计、功能的增强或新功能的开发，以及服务流程的优化。

将用户反馈转化为系统改进措施的过程，是一个涉及多部门协作的复杂项目。这要求图书馆的信息技术部门、用户服务部门和管理层之间有高效的沟通和协调机制。改进措施的实施还应该伴随对影响的评估，以确保所采取的行动提高了系统的性能和用户的满意度。只有这样，用户反馈才能真正转化为提升图书馆数字化信息管理系统价值的动力。

（二）持续改进过程

在图书馆数字化信息管理系统中，持续改进过程能保证系统持续对接服务目标和满足用户需求。该过程是一个动态的、迭代的循环，它要求项目团队不断评估系统的性能和功能，识别改进的机会，并实施相应的更新和优化措施。这一策略必须以用户为中心，考虑服务质量，系统的易用性、安全性和技术的前沿性。

系统的用户界面设计是用户与系统直接交互的接口，其优化是提升用户体验的基础。界面设计必须考虑用户的操作习惯、认知模式和美学需求，这要求设计师深入了解图书馆用户的行为特征，以及他们如何寻找和使用信息。在持续改进过程中，界面元素，如图标、菜单、搜索栏和帮助文档等，都应定期重新考虑和测试，以确保它们的直观性和功能性。

功能的升级则侧重提高系统效率和扩展服务能力。随着图书馆服务需求的变化和信息技术的发展，新的功能需求和改进会不断出现。系统必须能够灵活地添加新功能或优化现有功能，以提高用户的操作效率。例如，引入新的搜索算法可提升信息检索的速度和准确性，而集成新的通信工具则可改善用户之间的互动和协作。

增强系统安全性和可靠性是持续改进过程中的另一个重要方面。随着网络安全威胁的日益增加，系统必须不断强化其安全架构，包括数据加密、访问控制和监控机制。确保系统稳定运行，减少服务中断，也是提升用户信任度和满意度的重要因素。技术创新的迅速发展要求图书馆信息系统能够及时集成新技术，以保持其先进性和竞争力。这涉及跟踪和评估新兴技术，如人工智能、大数据分析和云计算，以及这些技术如何为图书馆服务带来新的价值。技术集成必须确保新技术的引入与图书馆的服务目标和长期规划相一致。

用户的教育和培训是持续改进过程的重要环节。经过教育和培训，用户能够更加充分地利用系统提供的资源和工具。通过定期的培训课程、在线教程和工作坊，用户能够学习如何有效地使用系统的新功能和服务。培训内容的设计必须考虑用户的不同技能水平和学习需求，以确保所有用户都能从中获益。

第四章　数字化图书馆个性化服务分析

第一节　图书馆个性化服务概述

一、个性化信息服务的内涵和特点

（一）个性化信息服务的内涵

个性化信息服务的内涵涉及满足用户个体需求的服务形态，其基于用户的明确要求或通过分析用户个性与习惯，主动提供可能需求的服务。[①]这种服务的核心在于两个主要方面：一方面，用户可以根据自身的兴趣、爱好和需求定制信息与服务；另一方面，信息提供者建立个性化的用户模型，对信息进行过滤并针对用户的动态需求进行主动推荐。

在深入探讨个性化信息服务的内涵时，人们需关注其独特性质的几个关键维度。首先，个性化信息服务强调主动性，信息提供者不仅回应用户的明确需求，还预测并满足潜在需求。这种预测基于复杂的数据分

① 马雨佳，于霏，高玉清．现代图书馆信息管理及服务研究 [M]. 北京：九州出版社，2018：179.

析和用户行为模式识别，旨在构建一个全面而动态的用户画像。例如，电子商务平台通过分析用户的购物历史、浏览习惯和偏好，能够推荐用户可能感兴趣的商品。其次，针对性是个性化信息服务的核心特征。服务的提供不是一种广泛而泛化的策略，而是精准定向的，确保每位用户接收到的信息与其个人特征、需求和偏好高度相关。这种精准的匹配机制减少了信息过载的问题，提高了用户的满意度和效率。

互动性也是个性化信息服务不可忽视的要素。服务不仅仅是单向的信息传递，而是建立在用户反馈和持续互动的基础上。用户与系统之间的互动，可以不断优化个性化推荐，使之更加精确和有用。这种互动不仅限于用户与系统之间的直接交互，还包括用户的社会互动数据，如社交网络上的行为和偏好。

在信息技术日益进步的今天，个性化信息服务正变得越来越复杂和智能化。它利用先进的算法，如机器学习和人工智能来分析大数据，从而实现对用户行为的深入理解和精确预测。这种服务在多个领域中显示了巨大的潜力，如在医疗保健、教育、娱乐和零售行业中，个性化信息服务能够提供更加个性化、高效和满足用户需求的体验。

（二）个性化信息服务的特点

1. 针对性

个性化信息服务的核心理念在于将用户置于中心位置，确保所有服务设计与执行均方便用户且迎合其需求。该理念的实现依赖于对用户行为、兴趣、爱好及习惯的深入研究与分析。此种研究与分析使信息内容与服务模式得以根据用户特性进行有针对性的调整与优化，进而实现向用户提供更加贴合其个人需求的信息服务。此类服务的效果与价值在于其能够细致地反映用户的个性化偏好，从而提高服务的相关性与吸引力。

2. 可定制性

个性化信息服务的显著特征之一是其可定制性，它赋予用户表达个性化需求的广泛空间，并支持用户根据自身需求动态定制用户界面、信息资源、信息服务种类以及服务方式。这种定制化机制使得服务能够适应个人的知识结构、兴趣爱好、信息需求和行为方式，创造出一个与个人偏好和需求相协调的信息活动环境。通过这种方式，用户可以享受到真正意义上“量身定制”的信息服务，这种服务不仅反映了用户的个人特征，还能够有效地满足其独特的信息需求。此种定制化的信息服务体现了高度的灵活性和适应性，使得信息服务能够以更加精确和有效的方式响应用户的多样化需求。

3. 主动性

个性化信息服务的一个核心特征是其主动性，该特征使服务能够自动识别并适应不同用户的个性化信息需求。在这种模式下，信息服务不是静待用户查询，而是主动将相关信息推送给用户，实现了信息服务从传统的“人找信息”的被动模式向“信息找人”的主动模式的转变。这种主动性体现在信息服务系统的能力上，即分析用户行为、偏好及需求，并据此提前预测并满足用户的信息需求。这种转变不仅提高了信息服务的效率和实用性，而且强化了用户体验的个性化和便捷性，使得信息服务更加精准、及时且符合用户的实际需求。

二、图书馆个性化信息服务的特点及方式

（一）图书馆个性化信息服务的特点

1. 服务对象的个性化

个性化信息服务的核心理念在于以用户需求为导向，创造一种主动的、定制化的服务模式。此种服务模式与传统的被动接受型信息服务形成鲜明对比，更加注重用户个性化需求的满足。在这一模式下，服务提供者需深入分析用户的信息需求特征，包括偏好、兴趣、习惯等方面，进而制定相应的服务策略。这种策略不仅要求服务内容的高度定制化，也要求服务过程的灵活性和动态调整能力。

在个性化信息服务中，对用户的独特性给予充分重视是实现服务优

化的关键。这要求服务提供者对不同用户群体进行细致的分类，以及对每一类用户的特定需求进行精准的识别和分析。在此基础上，服务内容的设计和提供就能更加精准地贴合用户的实际需求，实现服务的个性化。这种服务模式在实施过程中需具备高度的灵活性和适应性，以便根据用户需求的变化做出及时调整。

2. 服务内容的个性化

个性化信息服务在图书馆领域的实施，标志着服务内容从传统的统一模式向定制化、多样化的方向转变。在传统的图书馆服务中，服务内容往往呈现出一种标准化、统一化的特征，即图书馆所提供的服务内容和形式对所有用户均相同，不论其需求和偏好如何。此种模式下，用户的角色更多是被动接受者，而非服务内容的决策者。

个性化信息服务更加注重用户主体性的发挥，强调“以用户需求为中心”的服务理念。在这种新的服务模式下，图书馆不再是单一的信息提供者，而成为用户需求响应者和定制化服务的提供者。这种服务模式的核心在于深入理解用户的具体需求，包括信息需求、阅读偏好、学习目标等，并据此提供精准、多元的信息服务。用户在这一过程中不再是被动的信息接收者，而是积极的选择者和决策者。

3. 服务方式的个性化

个性化信息服务在图书馆领域的实现，本质上融合了智能化服务的要素，其服务方式的个性化得益于信息技术的广泛应用与深入发展。在这一服务体系中，从信息过滤、数据挖掘到知识推送、界面定制，各个环节均依托于先进的信息技术，如Web数据库技术、用户界面设计、网络广播、智能推送等。这些技术的应用不仅使图书馆能够有效处理和分析大量的信息资源，还为用户提供了更加便捷、直观的服务体验。用户在此过程中能够根据个人的偏好、习惯和特点，主动选择符合自己需求的服务方式，从而实现信息服务的高度个性化。这种服务方式的个性化不仅提升了用户的使用体验，也促进了图书馆服务效率的提升和服务范围的扩大。因此，个性化信息服务的实施，实际上是信息技术与图书馆服务相结合的产物，它代表了图书馆服务向更加智能化、个性化方向发展的趋势。

4. 服务时间、空间的个性化

随着互联网技术的迅猛发展，图书馆的信息服务已经实现了空间上的重大突破，不再局限于传统的馆内服务模式。这种变革使得图书馆服务在空间和时间上得以极大拓展，为用户提供了更加灵活、便捷的服务体验。在这一变革中，图书馆的服务不仅延伸到了馆外，还实现了对时间和空间限制的突破。用户现在可以根据自己的需要，在任何时间、任何地点通过互联网访问图书馆的资源。

这种服务时间和空间的个性化，极大地提升了图书馆服务的可及性和便利性。用户不再受限于图书馆的开放时间和地理位置，可以在自己方便的时间和地点，获取所需的信息资源和服务。这不仅为用户提供了更大的自由度，也使图书馆能够更有效地服务于更广泛的用户群体。这种服务模式的实施也促进了图书馆服务的创新，激发了图书馆在资源共享、服务方式等方面的新思考。因此，互联网技术的发展为图书馆的信息服务带来了新的发展机遇，推动了图书馆服务向更加个性化、智能化的方向发展。

5. 服务方式的互动化

个性化信息服务的发展趋势集中体现在加强系统与用户之间的互动性上。这种互动性不仅提供了用户与图书馆系统间更为密切的交流和反馈机制，还赋予用户更多的参与和创造空间。在这一过程中，用户不再是单纯的信息接收者，而变成信息的参与者和创造者。他们能够根据自己的需求创建和调整个性化的信息集合，实现更为主动和个性化的信息获取。

服务方式的互动化还体现在图书馆与用户之间的交流模式上。通过这种互动，用户可以更有效地评估数据、信息或知识的价值，从而实现更高效的学习和研究。这种模式不仅促进了用户对信息的深入理解和利用，也为图书馆提供了宝贵的用户反馈，有助于图书馆不断优化服务内容和方式。

（二）图书馆个性化信息服务的方式

1. 信息分类定制服务

信息分类定制服务在图书馆个性化信息服务领域中扮演着关键角色。这种服务模式的基础是用户的细分和数字化信息内容的分类及定制。首先，在实施过程中，图书馆网站依据自身的内容和服务特征确定其目标用户群体。其次，这些用户被进一步细分为具有相似信息需求的群体。最后，图书馆根据这些预判的用户群体对其馆藏资源——包括实体馆藏和虚拟馆藏——的信息内容和服务进行分类，形成多个资源和服务模板。这些模板成为用户定制服务的重点。

用户在系统中提交个人信息和定制选项后，这些数据被纳入用户数据库。系统利用这一数据库，为用户提供个性化服务。每当用户登录网站，输入账户名和密码，服务器即根据用户数据库主动提供查询结果，并生成动态页面，从而为用户创建一个完全个性化的信息空间。在这一空间内，用户仅见到自己感兴趣的内容，并享受定制的信息服务。

这种信息分类定制服务不仅提高了信息的相关性和可访问性，而且增强了用户体验的个性化。例如，康奈尔大学图书馆运用的“My Library”系统就是一个实现信息分类定制服务的典型案例。在中国，浙江大学图书馆和上海图书馆等机构也开发并采用了类似的服务系统，标志着国内图书馆在个性化信息服务方面的积极探索和实践。这种服务方式的实质是利用技术手段将用户需求与信息资源有效对接，从而提升图书馆服务的质量和效率。通过信息分类定制，图书馆不仅能够更好地满足用户的具体需求，还能提高信息资源的利用率，进一步推动图书馆服务的现代化和个性化发展。

2. 信息推送服务

推送服务于 1996 年由 PointCast 公司率先倡导和使用，它较好地解决了人们在网上盲目点击和无目的阅读的问题。[①] 信息推送服务，作为现代信息服务领域的一项关键技术，旨在通过智能化手段主动满足用户的信息需求，从而提高信息获取的效率和时效性。这种服务模式能够根据用户的个性化需求，自动搜索、筛选、分类和排序相关信息，进而将这些信息在适当的时刻传递到用户指定的接收“地点”。该服务模式能将传统的“人找信息”模式转变为“信息找人”模式，有效减少了用户在信息检索过程中的时间消耗和资源浪费。

信息推送服务的实现基于特定的软件系统，该系统根据用户事先提供的信息请求（包括个人档案、信息主题、研究方向等）执行任务。服务内容的推送可以通过多种途径进行，如邮件推送、频道推送、预留网页等。特别是 Web Mail 系统，它将电子邮件服务与 Web 技术结合，为用户提供基于 WWW 的邮件收发服务。这样的系统不仅为用户提供了方便、快捷的邮件服务，还为图书馆提供了与用户进行沟通的新型平台，使得个性化定制服务的实现成为可能。

在图书馆的应用层面，信息推送服务允许图书馆根据用户的兴趣和需求，主动将相关的新闻、通知、数字资源更新等信息直接发送给用户。国内多家图书馆已经开始尝试提供此类服务，如通过电子邮件根据注册用户的专业和研究方向发送相关的最新数字资源和服务动态，从而确保用户能够及时获取有价值的信息。此类服务不仅增强了用户体验的个性化和便捷性，而且提高了图书馆服务的实用性和现代性，实现了对单个用户的精准管理和服务。

① 马雨佳，于霏，高玉清 . 现代图书馆信息管理及服务研究 [M]. 北京：九州出版社，2018：181.

3. 个性化推荐服务

个性化推荐服务在现代图书馆信息服务中代表了一种深层次、主动性强的服务方式。此服务能够根据用户的特性、专业特征和研究兴趣进行智能分析，并据此向用户主动推荐他们可能需要而尚未获得的知识信息。这种服务通过运用多种数据分析技术，依据用户的兴趣信息，及时且主动地进行信息推荐，并且能够根据用户对推荐内容的反馈持续优化推荐服务。

个性化推荐服务是基于 Web 的智能代理服务的广泛应用之一。该服务的工作流程涉及多个环节：首先，用户通过浏览器向 Web 服务器发出查询请求；其次，Web 服务器将请求传递给搜索引擎，后者根据用户的请求提示对数据进行组织和分类，并提取初步数据；最后，智能代理系统（Agent）根据已有的用户信息对这些数据进行进一步的提取和过滤，剔除不符合用户需求的信息。智能代理系统根据新的需求信息和数据挖掘结果更新用户信息表，并将符合用户需求的信息结果传递回 Web 服务器，最后由 Web 服务器将结果返回给用户浏览器。

智能代理服务能够为用户提供更准确的信息，减少用户的搜索时间，加快信息访问速度。该服务还能利用数据挖掘技术从访问日志中提取用户的访问模式，用于域推荐服务。通过采用聚类用户访问模式的方法，服务能够预测用户未来的访问行为，并进行相应的信息推荐。这种个性化推荐服务的实施，极大地提升了图书馆信息服务的效率和针对性，为用户提供了更加精准、个性化的信息检索和获取体验。

4. 垂直信息服务

垂直信息服务在数字图书馆领域中代表了一种专业化、深度化的信息服务方式。其核心在于汇聚、加工及挖掘网上特定专题的信息资源，以满足用户基于专业的深入信息需求。这种服务模式可以视为传统定题服务的一种延伸和发展，它通过提供专门化、个性化、精品化、高技术和创造性的服务，最大限度地满足用户的信息需求，从而在提高科研效率和水平方面发挥重要作用。

垂直信息服务的特色在于其针对性和深度。与传统信息服务相比，垂直信息服务更注重专业性和深入性，以弥补传统服务在这些方面的不足。数字图书馆的传统服务，如定题服务、回溯检索等虽然仍占主导地位，但在满足用户日益增长的高精深信息需求方面存在局限。垂直信息服务通过收集、鉴别、筛选、过滤和组织专题信息资源，并进行描述与评论，提供目录式索引和专业搜索引擎，致力于在特定领域提供精品服务。

此类服务能够更有效地区分对某一特定领域感兴趣的用户群体，满足他们的特定信息需求，从而提供更加个性化和高质量的信息服务。垂直信息服务的实践表明，它不仅能够深入地满足用户的专业需求，还能够适应知识经济时代用户需求的演变，为用户提供更加准确、精细和有价值的信息资源，促进信息服务的专业化和个性化发展。

三、图书馆提供个性化信息服务的主要技术

（一）数据挖掘技术

1. 数据挖掘技术及其功能特性

数据挖掘，又称数据库中的知识发现，是指从大型数据库或数据仓库中提取隐含的、未知的、非平凡的及有潜在应用价值的信息或模式，它是数据库研究中一个很有应用价值的新领域，融合了数据库、人工智能、机器学习、统计学等多个领域的理论和技术。[①]数据挖掘技术是一个多步骤、需多次反复的处理过程，主要包括以下几步：准备、数据选取、数据预处理、数据缩减、确定数据挖掘的目标、确定知识发现算法、数据挖掘模式解释、知识评价。数据挖掘的过程如图 4-1 所示。

① 郭琼，姚晓宁 . 智能制造概论 [M]. 北京：机械工业出版社 ,2021:168.

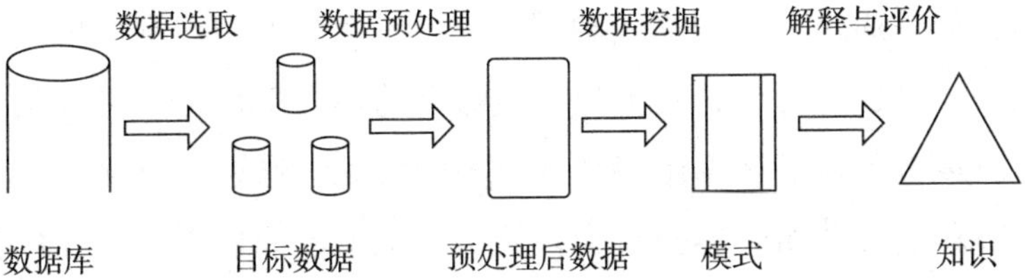

图 4–1　数据挖掘的过程

数据挖掘技术是一种先进的数据分析方法，它可以从大量的、不完全的、含有噪声的、模糊的和随机的实际应用数据中提取隐藏的、未知的但潜在有用的信息和知识。这一过程的独特之处在于其无须事先设定明确的假设，而是通过探索性的分析发现知识，寻找先前未知或未被预料到的信息。这种信息往往具有重要价值，因为它可能违背直觉或展现出新的洞见和关联。数据挖掘技术的价值在于其能够预测未来趋势和行为，从而支持以知识为基础的、前瞻性的决策。这项技术不仅能够揭示数据中的隐含模式和关系，还能够识别异常和趋势，为决策者提供深入的洞察力。

数据挖掘技术的功能主要可以概括为以下 5 个方面，如图 4–2 所示。

图 4–2　数据挖掘技术的五大功能

（1）自动预测趋势和行为。数据挖掘在这方面的功能是基于时间序列分析，利用历史和当前数据来预测未来趋势。这种预测不是简单的线性外推，而是通过复杂的算法和模型分析，从数据中识别出模式、趋势和关系。通过这种分析，数据挖掘能够自动在大量数据中寻找预测性信息，为决策者提供关于未来事件和行为的洞见。这种预测功能在各种领域，如市场趋势分析、客户行为预测、金融市场分析等领域发挥着至关重要的作用。

（2）关联分析。关联分析是数据挖掘的另一个核心功能，它侧重于发现数据项之间的依赖或关联关系。在这个过程中，数据挖掘技术能够识别出数据库中的隐含关联网，即使这些关联在表面上并不显而易见。识别数据中的项或属性之间的相互依赖关系，可以预测其中一个属性的行为或值。例如，在零售业，关联分析可以用于发现购物篮分析中的商品组合，从而为交叉销售和促销活动提供依据。这种分析在提高决策的准确性和效率方面发挥着重要作用，可以帮助组织从大数据中洞察有价值的模式和趋势。

（3）聚类。聚类是数据挖掘中一种重要的无监督学习方法。它的目的在于将数据集划分为若干个由相似个体组成的类别。聚类分析的关键在于最小化类内差异性和最大化类间差异性，以此确保同一类别中的个体在某些特定特征上具有高度相似性，而不同类别之间则在这些特征上存在显著差异。聚类分析在多个领域，如市场细分、社交网络分析、基因表达数据分析等方面都有广泛应用，其通过揭示数据内在的结构和模式增强人们对客观现实的理解。

（4）概念描述。概念描述在数据挖掘中起到将复杂数据简化为易于理解的概念的作用。它是对特定类别或群组内个体的共有特征的描述（特征性描述），以及不同类别或群组间区别特征的描述（区别性描述）。特征性描述关注于类内的普遍性质，而区别性描述则集中在类间的差异性上。这种描述不仅有助于更好地理解和解释数据集中的模式，还有助于构建更加有效的分类和预测模型。

（5）偏差检测。偏差检测是数据挖掘中识别数据中异常或不寻常模式的过程。它涵盖了从数据库中识别出的异常记录、违反一般规则的特殊实例、观测结果与预期模型预测值之间的偏差，以及量值随时间的变化等方面。偏差检测对于识别数据中的错误、欺诈行为以及其他潜在的有价值的异常模式至关重要。通过比较观测结果与参照值之间的差异，偏差检测揭示了数据中隐藏的知识和见解，对于数据清洗、数据质量改进以及新颖性发现具有重要意义。

2. 数据挖掘技术在个性化信息服务中的应用

数据挖掘技术在个性化信息服务领域的应用已成为提升服务质量和效率的关键因素，尤其是其在 Web 日志挖掘方面的应用显示出显著的潜力。Web 日志挖掘是一种利用用户的在线行为日志提取有价值信息的过程，这些日志记录了用户在网站上的各种活动，如页面点击次数、停留时间和访问顺序等。

通过分析 Web 日志，人们可以获取用户的访问模式、相关页面以及相似用户群体的信息。这些信息对于创建或更新用户的描述文件至关重要，因为它们能够提供用户的行为和偏好的深入洞察。尽管基于点击次数的分析方法存在局限性，如可能无法准确反映用户的真实兴趣，但它仍然是个性化服务系统中不可或缺的一部分。这种方法可以辅助其他更复杂的日志分析技术，以提高分析的准确性和可靠性。

Web 日志挖掘的一个重要优势是能够从用户行为数据中发现隐含的模式和趋势。例如，通过分析用户在不同资源上花费的时间，人们可以推断出用户对这些资源的兴趣程度。对用户感兴趣的领域的分类分析有助于更精准地定向个性化服务内容。更进一步，通过分析用户请求的顺序，人们可以预测用户未来的行为，从而为用户推荐更合适的信息和服务。

在现代图书馆信息管理和服务领域，数据挖掘技术的这些应用不仅增强了用户体验的个性化程度，还大大提高了信息服务的相关性和效率。通过这种技术，图书馆能够更好地理解用户需求，提供更加贴合个人偏好和需求的信息服务，从而在知识经济时代保持其服务的现代性和竞争力。

（二）数据推送技术

1. 数据推送技术及其特点

数据推送（Push）技术是一种信息发布技术，是指信息服务机构依据一定的技术标准或协议，主动从网上的信息源或信息制造商选择并获取信息，并以一定的方式（如电子邮件等）有规律地将信息传递给用户的一种技术。[①]Push 技术最早于 1996 年由美国 PointCast 公司提出。它也因而成为第一个在互联网上使用 Push 技术发布信息的公司。其核心功能在于主动性和智能性的结合。这种技术不仅能自动地从网络中搜寻信息，还能够通过智能算法了解、推导并发现用户的兴趣和偏好。基于这些分析，数据推送技术能够构建一个综合的用户知识库，该知识库包含了丰富的用户数据，如兴趣点、历史行为和偏好等。

数据推送技术的独特之处在于其能够将搜集到的信息与用户需求特征进行精准匹配。这一过程涉及信息的筛选、分类和排序，确保最终推送到用户端的信息不仅与用户的兴趣一致，而且是用户最可能需要的。通过这种方式，数据推送技术显著减少了网络信息过载给用户带来的困扰，提升了信息检索的效率和精确度。数据推送技术有 4 个特点，如图 4-3 所示。

① 刘晓辉．现代图书馆图像数据资源建设概论 [M]. 北京：中国戏剧出版社，2018：152.

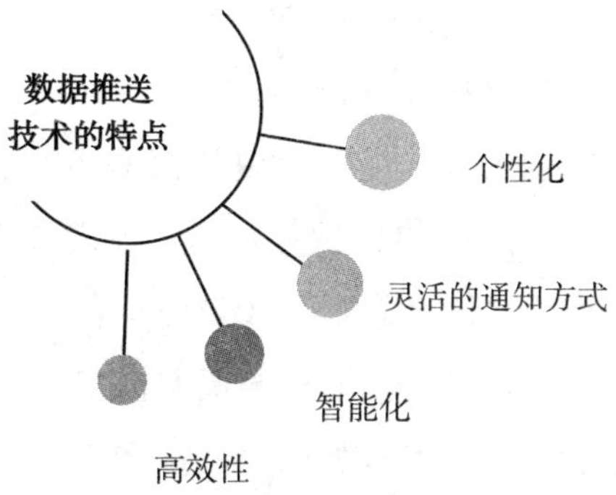

图 4-3 数据推送技术的特点

（1）个性化。数据推送技术的一个核心特征是其高度个性化。用户在最初设定规则之后，系统能够自动跟踪用户的使用倾向，并根据这些倾向主动推送信息。这种技术不仅可以针对用户的特定需求进行检索、加工和推送，还能为用户提供个人定制的检索界面。这种个性化的服务方式极大地增强了用户体验，使得信息服务更加符合用户的个性化需求和偏好。

（2）灵活的通知方式。数据推送技术的另一个显著特点是其通知方式的灵活性。当有新信息需要通知用户时，系统可以根据信息的类型和重要性，通过不同的方式进行通知，如发送电子邮件、播放特定声音、在屏幕上显示消息等。这种灵活的通知机制提高了用户获取信息的及时性，确保用户能够在第一时间接收到重要信息。

（3）智能化。数据推送技术的智能化体现在信息的高速流动性和目标导向性上。信息在这种技术的支持下不是静态的，而是能够主动寻找合适的用户。智能化还表现在对推送内容的精准控制上，如搜索深度的调整和不必要信息的过滤，从而提高推送的准确性和相关性。

（4）高效性。由于信息能够主动寻找用户，数据推送技术在信息的有效传递率和利用率方面表现出高效性。用户直接面对的信息量得到有效控制，减少了信息过载的问题。这种技术的应用还优化了信息的商业价值，避免了无关信息对网络资源的占用。

2. 数据推送技术在个性化信息服务中的应用

（1）最新资料快报服务。最新资料快报服务作为信息时代的产物，体现了个性化内容定制服务的典型特征。此服务依托于数据推送技术，致力于满足用户个性化的信息需求。在实施过程中，信息服务机构动态收集用户的信息行为，同时结合用户的定制需求建立起一个用户信息需求模型。这一模型能够理解和预测用户的兴趣点，从而及时、准确地将符合用户兴趣的最新资料推送给用户。

例如，图书馆系统中的“My Library”的“My Updates”功能便是最新资料快报服务的实际应用。该功能通过定期检索图书馆的最新资源，一旦发现与用户需求相匹配的资料，系统便立即向用户发送通知。这种服务模式不仅增强了信息的时效性和相关性，而且极大地提高了用户获取信息的便利性和效率。最新资料快报服务在信息过载的时代背景下，为用户提供了一种高效、精准的信息获取途径，显著提升了信息服务的个性化水平和用户体验。

（2）信息定题服务。信息定题服务作为现代信息服务领域的一种创新模式，是指信息服务机构利用网络推送技术，为特定的信息需求用户群体提供的长期或定期的专题信息服务。这种服务模式突出了资源定制的特点，即依据用户的具体需求，提供定向式、跟踪式的信息内容。在具体实施中，信息服务机构会根据用户的专题或课题需求，制定精准的检索策略，选取适宜的数据库资源，定期进行信息检索。检索结果经过筛选和整理后，信息服务机构以电子邮件的形式定时发送给用户，确保用户能够及时获取最新、最相关的专题信息。

以同济大学图书馆的信息定题服务为例，该服务根据用户的课题主题和学科范围，设计专门的检索策略，从而确保检索结果的准确性和相关性。通过这种方式，信息定题服务不仅提高了信息资源的使用效率，而且提高了信息服务的个性化和专业化水平。信息定题服务为用户提供了一种高效、定制化的信息获取方式，特别是对于学术研究和专业领域的用户来说，它提供了宝贵的信息支持，促进了知识的深入研究和创新。在信息过载的现代社会，信息定题服务的重要性日益凸显，它不仅简化了信息获取过程，还为用户提供了更为精确、专业的信息服务体验。

（3）智能化推荐服务。智能化推荐服务在信息服务领域扮演着至关重要的角色，它通过高度的个性化和智能化手段，极大地优化了信息的推送和获取过程。这种服务的核心在于对用户特征的深入分析和理解，不仅包括用户的基本信息和偏好，还涵盖了用户的专业特征和研究兴趣。借助先进的数据分析技术和算法，智能化推荐服务能够准确地捕捉到用户的需求变化，并据此提供高度相关和个性化的信息内容。

智能化推荐服务的显著特点是其主动性。它不是简单地等待用户提出需求，而是能够主动识别用户可能感兴趣的信息领域，从而提前向用户推荐相关内容。这种主动推荐机制显著提高了信息服务的效率和质量，使用户能够在海量信息中迅速获得所需的信息，也增加了用户发现新知识、新趋势的机会。

智能化推荐服务在提供定制化信息的同时促进了信息的精准匹配，降低了信息过载的问题。它通过智能算法不断学习用户的行为和偏好，从而逐步优化推荐结果，确保信息服务更加贴合用户的实际需求。智能化推荐服务的发展，不仅体现了信息技术的进步，还代表了信息服务向更加智能化、个性化方向的演变，为用户带来了更加高效、便捷的信息获取体验。

（三）智能代理技术

1. 智能代理技术及其特点

智能代理是代理用户或其他程序执行一系列智能操作的软件系统。[①]

① 马莉．智能控制与Lon网络开发技术[M]．北京：北京航空航天大学出版社，2003：298.

智能代理技术作为人工智能领域的关键概念之一，代表了软件技术的一个重要发展方向。这种技术可以创建具有高度自主性、感知能力、问题求解能力及与外部世界通信能力的软件实体。智能代理的设计目标是模拟人类智能行为的特征，使之能够在没有人工直接干预的情况下持续自主地执行任务，处理复杂的问题，并做出合理的决策。

智能代理的特点体现在其自主性和适应性上。它能够根据环境变化和用户需求的演进，自动调整其行为策略。这一点在信息检索和管理领域尤为显著，智能代理可以根据用户定义的准则，自动搜索和收集用户可能感兴趣的信息，并在指定的时间将信息传递至用户指定的“地点”，从而成为连接用户与广泛资源的桥梁。智能代理技术在分布式计算领域发挥着重要作用。作为分布式计算的一个分支，智能代理通过在网络环境中分散地协作，能够处理大规模、复杂的计算任务。这种协作方式使得各个代理能够共享资源、信息，从而提高整体系统的效率和响应速度。

在商业、制造业、金融、电子商务等领域，智能代理技术的应用日益广泛。在商业领域，它用于个性化推荐、客户服务和市场分析；在制造业中，它用于自动化控制和流程优化；在金融领域，它用于风险管理和交易系统；在电子商务中，它用于交易代理和供应链管理。智能代理技术的发展和应用，不仅展现了信息技术领域的创新成果，还对现代社会运作方式产生深刻影响，为各个领域带来了效率和智能化水平的显著提升。智能代理技术的特点如下。

（1）代理性。智能代理技术的代理性是其核心特征之一，是指智能代理充当用户与信息资源之间的中介，承担着“代表用户”工作的角色。这种代理性表现在智能代理能够以用户的需求和偏好为基础，对外部的各种资源进行包装和整合，进而引导用户有效地访问和利用这些资源。智能代理作为一个连接用户与信息资源的枢纽，不仅简化了用户获取信息的流程，也增强了信息检索的准确性和效率。

在实践中，智能代理通过自主学习和对用户行为的分析，持续优化其对资源的获取和管理方式。这种优化过程体现在智能代理能够根据用户行为和偏好的变化，动态调整其搜索策略和信息过滤机制。因此，智能代理不仅仅是一个静态的中介，更是一个能够适应用户需求变化、不断进化的智能系统。

智能代理在代理用户进行信息访问时，还能够执行更复杂的任务，如信息的分类、分析和整合。这些功能的实现使得智能代理不仅能够提供单一的信息检索服务，还能提供更加全面、深入的信息处理和管理服务。因此，代理性不仅体现在智能代理是用户与资源之间的桥梁方面，还体现在它对信息的增值处理能力上，这一点在信息过载的现代社会尤为重要。

（2）智能性。智能代理技术的智能性是其核心属性之一，体现了该技术在模拟人类智能方面的高级能力。智能代理不仅能够执行基础的信息处理任务，还能进行复杂的智能分析和决策，包括理解用户以自然语言表达的需求、克服信息内容的语言障碍、捕捉用户偏好和兴趣，以及推测用户意图并代行其任务。智能代理具有理解自然语言的能力，使其能够更加直接和有效地与用户进行交互。这种能力不仅基于文字的字面意义，还包括对用户表达方式、情感倾向和语境的理解。这样的理解使得智能代理可以更准确地识别用户的信息和计算资源需求。

智能代理在帮助用户克服信息内容的语言障碍方面表现出色。它能进行跨语言的信息检索和翻译，确保用户即使在面对外语信息时也能够顺利获取和理解所需内容。这一功能在全球化和多语言环境中尤为重要。智能代理对用户偏好和兴趣的捕捉则基于其对用户行为数据的分析。通过监测用户的搜索习惯、选择偏好和反馈信息，智能代理可以逐渐构建对个别用户的详细画像，从而提供更加个性化和精准的服务。

智能代理能够推测用户的意图，并代替用户完成任务，这是其智能性的重要体现。这不仅涉及简单的任务自动化，还包括对用户未明确表达的需求的预测和满足。例如，在电子商务场景中，智能代理可以根据用户的购物历史和浏览行为推测其潜在购买意图，并提供相关产品的推荐。

（3）自主性。智能代理技术的自主性是其定义的关键特征之一，强调了智能代理作为一个独立的计算实体所拥有的高度自主决策和执行能力。这种自主性使得智能代理能够在缺乏预先建模的、动态变化的信息环境中独立进行复杂操作的规划和实施，解决实际问题，同时能够在用户未直接参与的情况下独立地发现和索取符合用户需求的资源与服务。智能代理的自主性表现在其能够自行制定目标、规划行动步骤并执行这些步骤以达成目标。这不仅仅是对简单任务的自动化执行，更是对复杂情境的分析、决策制定以及对执行过程的实时调整和优化。智能代理通过持续的学习和对环境的感知，能够适应不断变化的环境条件和用户需求，以更加灵活和高效的方式响应外部挑战。

智能代理在自主发现和索取资源的能力上展现出高度的智能化。它能够在广泛的网络环境中，自主地寻找和利用可用的信息资源和服务，而无须用户的直接干预。这种能力特别适用于复杂的信息环境，在这样的环境中即使信息源繁多且不断更新，智能代理也可以快速地筛选出与用户需求最相关的内容，从而显著提高信息获取的效率和质量。智能代理的这种自主性，特别在处理大量数据、进行复杂决策和执行长期任务时显得尤为重要。它不仅提升了任务执行的效率和准确性，还增强了系统对于不可预见事件的适应能力，使得智能代理能够在多变的环境中保持高效和稳定的运作。

2. 智能代理技术在个性化信息服务中的应用

智能代理技术在个性化信息服务中的应用，涵盖信息导航、智能检索、生成页面以及管理信息库等功能模块，如图 4–4 所示。这些功能的综合应用，体现了智能代理在信息处理和用户交互方面的高度智能化和自主性。

图 4-4　智能代理技术在个性化信息服务领域的应用

（1）信息导航。智能代理在信息导航方面的应用不仅限于基础的链接推荐，它还能进行复杂的语境分析和趋势预测。通过对用户历史数据的深入挖掘和实时行为的分析，智能代理能够识别出潜在的信息需求和兴趣点，进而提供定制化的导航服务。这种服务可以在提高用户访问效率的同时帮助用户探索和发现新的知识领域，从而丰富用户的信息体验。

（2）智能检索。在智能检索方面，智能代理不仅可以进行信息的过滤和优化，还能够运用先进的算法，如机器学习和自然语言处理，对检索结果进行深度分析和结构化。这使得智能代理在提供搜索结果时，不仅考虑信息的相关性，还关注信息的质量和信度。智能代理能够基于用户反馈和交互历史，持续优化检索算法，实现更为精确和个性化的搜索结果。

（3）生成页面。智能代理在生成网页方面，不仅提供了一个信息展示的平台，还是一个高度互动和定制的用户界面。通过实时监测用户的浏览行为和反馈，智能代理能够动态调整页面布局和内容展示，使之更贴合用户的偏好和需求。这种高度个性化的界面设计，不仅提高了用户的浏览舒适度，也增强了用户与信息内容的互动深度。

（4）管理信息库。智能代理在管理信息库方面的应用，涉及高级的数据管理和维护技术。它不仅能够存储和检索用户数据，还能对数据进行分类、标注和分析，为用户提供更加细致和高级的数据服务。智能代理在处理信息冲突和数据一致性问题时，能够运用复杂的算法确保信息的准确性和可靠性。

（四）信息过滤技术

1. 信息过滤技术的含义

信息过滤技术是针对用户在一段时间内比较固定的信息需求，对陆续到达的网络信息进行过滤操作，将符合用户需求的信息保留，将不符合用户需求的信息排除。[①] 作为现代信息处理领域的重要方法之一，信息过滤技术主要用于从动态的、连续的信息流中精准地提取出符合用户个性化需求的信息。这一技术与传统的信息检索技术不同，后者通常是在静态数据库中进行信息的查找和检索。信息过滤系统通过实时监测和分析进入的信息流，利用先进的算法与用户的需求进行匹配计算，从而确保只有符合用户需求的文档被送达用户。

信息过滤技术的显著优势在于其高度的可扩展性。在面对大规模用户群体和海量信息的挑战时，信息过滤技术能够有效适应并处理这些复杂的信息，从而为不同的用户提供定制化的信息服务。这种技术尤其适用于快速变化的信息源，如社交媒体、新闻网站和专业论坛等。

信息过滤技术在提供信息服务时能够实现高度的个性化和及时性。通过对用户行为、偏好和历史数据的分析，信息过滤系统能够提供与用户个性化需求高度匹配的信息，从而大大提高了信息服务的相关性和效率。这种及时性和个性化的特点，使得用户能够在大量信息中迅速获得所需的信息，大幅提升获取信息的体验。

信息过滤技术还具有一定的智能性和自动化程度。依靠先进的算法，如机器学习和自然语言处理技术，信息过滤系统能够自动学习和适应用户的行为和偏好的变化，持续优化其过滤策略和算法。这种智能化的特性使得信息过滤系统能够不断提升其准确性和效率，更好地满足用户的

① 侯延香，王霞 . 信息采集 [M]. 北京：知识产权出版社 ,2012：138.

动态需求。

2. 信息过滤技术的分类

（1）内容过滤技术。内容过滤技术基于对资源和用户描述文件的比较来推荐资源。这种方法的核心在于分析用户的描述文件，包括用户的兴趣、偏好以及历史行为等，进而匹配与这些描述相符的资源。内容过滤技术的主要优势在于其简单性和有效性。它能够直接根据用户的明确需求提供相关的信息服务，使得推荐过程更为直观和易于理解。此技术适用于用户需求明确、稳定且与特定内容高度相关的场景。

（2）协作过滤技术。协作过滤技术则侧重于根据用户间的相似性来推荐资源。它的关键在于用户聚类，即通过分析不同用户的行为和偏好，找到彼此间的相似用户，并基于这种相似性进行资源推荐。协作过滤的主要优势是其能够为用户发现新的感兴趣的内容。这种技术利用用户社群的智慧，可以揭示用户可能未曾察觉但实际上感兴趣的新信息或领域。协作过滤技术特别适用于用户需求多样且开放的场景，如在线购物、电影或音乐推荐等。

3. 信息过滤技术在个性化信息服务中的应用

信息过滤系统在个性化信息服务中扮演着至关重要的角色，特别是在数字图书馆等信息密集的环境中。这种系统通过高效的信息推荐服务，实现了个性化信息服务的核心思想，即确保信息服务的高度相关性和个性化。信息过滤技术的应用，尤其在数字图书馆的环境中，意味着能够从海量的信息资源中筛选出最适合用户的资料，特别是对用户研究课题具有高度利用价值的最新资料。这种技术的实施，不仅提高了信息服务的效率，也增强了信息的时效性和准确性，使用户能够及时掌握相关主题的最新研究动态。

在这一过程中，数字图书馆的信息过滤系统通过其先进的过滤机制，从庞大的资源库中提取与用户需求最为匹配的文献，并以用户友好的方式及时传递这些信息。这种机制不仅节省了用户在信息检索上的时间和精力，还提高了用户在获取信息时的满意度和效果。信息过滤系统的高度自动化和智能化能力，使其成为实现个性化信息服务的关键工具，特别是在管理和处理大规模信息资源的环境中，其价值更为凸显。通过这样的系统，数字图书馆等信息服务机构能够为用户提供更为精准、高效和个性化的信息服务。

（五）其他技术

图书馆提供个性化信息服务的技术体系，除了主流的个性化技术，还包括 Web 数据库技术、动态网页生成技术和门户技术等，这些技术共同构成了一个全面的、多维度的信息服务平台。Web 数据库技术为图书馆信息服务提供了跨平台的支持，使得用户登录、身份认证、数据匹配等功能得以高效实现。其核心优势在于使用统一的 HTML 标准，这不仅保证了系统的强大适应性，也确保了不同平台之间的兼容性和可扩展性。

动态网页生成技术则能够通过对用户数据的实时分析，根据用户的行为和偏好生成动态、个性化的网页。这种技术大大提高了信息服务的个性化水平，使得用户能够获得更加贴合其需求的信息展示和交互体验。门户技术作为一项综合性极强的实用技术，是人机界面技术的一个重要分支，包括了与当前所有的个性化服务相关的技术。优良的门户技术具备用户界面友好、易于设定和个性化的特点，这使得用户可以轻松地进行操作，而无须过多的培训。门户的组织性良好，门户技术能够以易于查找的方式将内容进行分类，并提供自助服务，使用户可以不依赖管理员自行管理和发布内容。门户技术的可扩展性和安全性也是其重要特点，门户技术能够支持新的数据格式和访问方式，同时对授权用户提供必要的识别和保护。

第二节　图书馆个性化服务模式

一、图书馆应树立个性化信息服务意识

现代图书馆的个性化服务，是一种通过网络平台为读者提供集咨询功能、文献检索功能和文献提供功能于一体的信息服务方式。这种服务方式使得读者无论身处图书馆还是家中，都能通过电脑与网络接入，点击相应界面即刻获得所需的全部信息。现代图书馆个性化服务的显著特点是强调服务的个性化和主动性，与传统被动式的图书馆服务形成鲜明对比。在服务时间、方式、内容上均能满足读者的多样化和个性化需求，标志着图书馆服务模式的重大转变。

为了实现这种个性化服务，图书馆需要建立一套全新的服务机制，其核心不再仅是资源的收藏，而是根据用户的具体特点和需求提供量身定制的信息产品。这要求图书馆引进和吸收新的服务理念，建立个性化的服务意识，以满足特定需求的用户群体。图书馆个性化服务的目标是吸引那些寻求特色信息资源和服务的用户，通过提供符合其个性化需求的信息内容，增强用户体验和服务效果。因此，图书馆在实施个性化服务时，必须先树立个性化的服务意识，进而开发和优化符合用户个性化需求的服务内容和形式，以确保在信息爆炸的时代背景下，图书馆的服务依然能够高效、准确地满足用户的多元化需求。图书馆树立个性化信息服务意识要从以下三方面进行，如图 4–5 所示。

图 4-5　图书馆树立个性化信息服务意识的做法

（一）服务对象的个性化

服务对象的个性化在图书馆信息服务中占据核心地位，它强调为每位用户提供定制化的服务。在这一服务模式中，图书馆不再将用户视为一个整体，而是识别和尊重每位用户的独特需求和偏好。用户之间在信息需求上存在显著的个体差异，这些差异源于各自的背景、兴趣、学术专长以及研究目的等多种因素。随着现代信息技术的发展，个体信息需求观念发生显著变化，个性化成分在信息服务中的重要性更为凸显。

图书馆在树立个性化信息服务意识时，应着重维护和发扬用户的个性。这意味着图书馆需从“以用户为中心”的服务理念出发，深入理解和分析用户的个性化需求。图书馆应利用先进的信息技术和数据分析工具，对用户行为、偏好和需求进行精确捕捉和分析，以此为基础制定和提供个性化的信息服务方案。个性化服务不仅包括提供定制化的信息资源，还包括个性化的咨询、指导和支持，以及根据用户需求设计的互动和交流平台。

图书馆在提供个性化信息服务时，还需不断更新和优化服务内容和形式，以适应用户需求的动态变化。这包括不断丰富和调整信息资源，提高信息服务的灵活性和适应性，也包括通过教育和培训帮助用户更有效地利用图书馆资源。通过这些努力，图书馆不仅能够提升用户的信息获取体验，还能提高用户对图书馆服务的满意度和忠诚度，从而在信息服务领域建立强有力的竞争优势。

（二）服务方式的个性化

服务方式的个性化在图书馆信息服务中扮演着重要的角色，它要求图书馆根据用户的个体兴趣和特点，提供具有特色的服务。这种服务方式考虑用户在心理、行为、体质、爱好、价值观等方面的个体差异，这些差异不仅塑造了用户的个性，也决定了他们对信息服务的需求和偏好。因此，个性化服务的核心在于识别这些个体差异和满足他们不同的需求。

在实施个性化服务方式时，图书馆需要深入理解用户的个性特征，包括用户的行为习惯、学习和研究领域、信息技能水平及其对信息服务的特定期望。基于这种理解，图书馆应设计和提供多样化的服务方式，包括但不限于个性化的信息检索、定制化的资源推荐、专门的学术咨询和个人化的用户培训等。通过这些个性化的服务方式，图书馆能够更有效地满足用户的具体需求，提升用户体验和服务效果。

服务方式的个性化还意味着图书馆需要采用灵活多变的服务策略和技术。随着信息技术的快速发展，图书馆应充分利用数字技术、网络平台和社交媒体等工具，为用户提供更加便捷和互动的信息服务。图书馆还需不断评估和更新其服务方式，确保能够适应用户需求的变化和社会的发展。

（三）服务内容的个性化

服务内容的个性化在图书馆信息服务中的重要性日益凸显，它指的是图书馆运用智能软件技术为用户提供专门化的服务，从而满足用户多样化和个性化的需求。这种个性化的服务内容意味着服务不再是统一模式的输出，而是根据每位用户的具体需求量身定制，确保每位用户都能获得其所需的信息资源和服务。这种服务方式的核心在于用户可以根据自己的具体需求选择所需服务，从而实现真正意义上的“各取所需，各得其所”。

图书馆采取个性化信息服务模式，不仅是为了适应用户需求的多样性，还是为了提升服务质量。通过个性化信息服务，图书馆能够更加精准地满足用户的特定需求，从而提高用户的满意度和忠诚度。这种服务的实施，需要图书馆不断探索和利用新的信息技术，如数据挖掘、用户行为分析、智能推荐系统等，以便更准确地理解和预测用户需求。

图书馆的个性化信息服务不仅是满足用户需求的手段，也是图书馆特色服务的进一步深化。这种服务模式的实施，为图书馆的生存与发展带来了新的思路和机遇。图书馆通过提供更加丰富、灵活和创新的信息服务，有助于提高其竞争力，增强其在信息服务领域的影响力和吸引力。因此，图书馆在未来的发展中，应继续探索和优化个性化信息服务内容，不断提升其服务的深度和广度，以更好地满足用户的个性化信息需求。

二、现代图书馆个性化信息服务的基本模式

（一）信息推送服务

信息推送服务是现代数字图书馆的一种重要信息传播系统，它基于网络技术，通过特定的技术标准或协议，从信息源或信息制作者那里获取信息，并将其通过固定频道发送给用户。这种服务的优点在于其主动性，它允许用户一次性输入请求，之后便可以定期或不定期地接收到最新的信息，无须用户重复进行查询操作。推送技术能够根据用户设定的时间间隔或特定事件的发生，自动地将用户预定范畴内的最新数据推送到用户终端上。

信息推送服务在数字图书馆的应用中体现了传统定题服务的现代化转型。图书馆利用这项技术能够更高效地向用户提供持续更新的相关信息。这种服务模式不仅节省了用户寻找信息的时间和精力，也使得用户能够更及时地获取最新的研究动态和相关资讯。信息推送服务的灵活性体现在它可以根据用户的具体需求提供定制化的信息服务，如定期更新的新闻摘要、最新发布的学术论文，或者特定主题的持续追踪报道。

信息推送服务的实现和优化，不仅依赖先进的网络技术和数据处理能力，还需要对用户需求和偏好有深入的理解。这要求图书馆在实施信

息推送服务时，应综合考虑用户的信息需求、阅读习惯以及偏好等因素，从而提供更为精准和个性化的服务内容。通过这种方式，信息推送服务不仅提升了信息服务的效率和主动性，还增强了用户体验，对于提高数字图书馆的服务质量和用户满意度具有重要意义。

（二）呼叫中心服务

现代图书馆的呼叫中心服务是个性化信息服务的基本模式之一，图书馆通过计算机电话集成技术，将电话、传真机、计算机等通信和办公设备集成于一个高效的工作站中，并与图书馆的信息服务系统紧密结合，形成一个综合性的信息服务系统。这种系统能够提供一对一的用户服务，使得用户能够通过多种通信手段与图书馆进行直接交互，从而获得个性化的信息服务和支持。

呼叫中心服务的显著优势在于其 24 小时全天候的服务能力，这意味着用户可以在任何时候通过电话、电子邮件或其他通信手段联系图书馆，以获取信息或解决遇到的问题。这种全时服务模式极大地提高了信息服务的可达性和便利性，特别是对于无法亲自前往图书馆的用户来说，呼叫中心服务提供了一个有效的解决方案。

在实施呼叫中心服务时，现代图书馆通常会利用先进的信息技术和智能化工具，如自动语音应答系统、客户关系管理系统（CRM）等，以提高服务效率和质量。这些系统能够帮助图书馆工作人员快速响应用户的需求，记录和分析用户咨询的内容，从而持续优化服务流程和内容。

（三）“我的图书馆”服务模式

“我的图书馆”服务模式在现代图书馆中代表了个性化服务的一个重要方向，其核心在于将个性化资源定制、界面定制等服务集中于一个统一的、具有可操作性的平台服务系统中。虽然这种服务模式在不同图书馆中可能有着不同的称谓，如“我的图书馆”“我的用户”等，但其本质都是为用户提供一个根据个人兴趣和爱好灵活组织馆藏资源和网络资源的个性化服务平台。

该服务模式的显著特点是基于灵活的分析机制，支持用户对信息资源的内容、显示格式、检索机制乃至服务类型进行个性化定制。一旦用户完成了对其个性化主页的设置，系统便能根据这些定制化的参数在用户的个性化主页上显示相应的页面布局、服务类型和资源内容。这种机制使得用户能够更加便捷地访问和使用符合个人需求和偏好的信息资源。

“我的图书馆”服务模式还具有自动检索和反馈的功能。系统可以定期自动检索符合用户定制需求的信息，并将最合适的结果按照用户设定的方式反馈给用户。这种自动化的服务特性不仅提高了信息服务的效率，也保证了信息内容的相关性和时效性。

（四）垂直信息服务

垂直信息服务作为现代图书馆个性化信息服务的一个重要方面，针对的是用户更深层次和专业化的信息需求。在传统的图书馆服务中，定题服务、回溯检索、代查代译、专题咨询等仍占据主导地位，然而，这些服务往往无法充分满足用户在信息技术快速发展背景下的更深层次和专业化的信息需求。用户对信息的需求不仅贯穿整个科研过程，还涉及如何理解科研环境、如何甄别和获取所需要的信息等多个层面。

在这种情况下，垂直信息服务应运而生，它强调的是为用户提供更加精细化、高技术含量和创造性的信息服务。这种服务模式不仅关注用户表面的信息需求，还深入探索用户的潜在和深层次需求。为此，图书馆需要采取更具主动性和交互性的服务策略，包括但不限于提供专业化的信息分析、定制化的资源整合以及深入的专题咨询和辅导等。垂直信息服务在实施过程中，应充分利用现代信息技术，如大数据分析、人工智能、专业数据库等，以精确捕捉用户需求，并提供高度相关的信息资源和服务。图书馆还需不断与用户进行互动和沟通，以了解用户的具体需求，同时为用户提供指导和帮助，帮助他们在海量信息中筛选出最有价值的内容。

（五）网络智能知识服务

网络智能知识服务作为现代图书馆个性化信息服务模式的重要组成部分，标志着图书馆信息服务向更高层次的发展。网络智能知识服务系统的独特之处在于，它是在网络环境下结合人工智能技术，针对知识本身的特点，实施资源采集、加工、存储及服务的综合性系统。这种系统的核心在于充分利用人工智能，如机器学习、自然语言处理等技术，提供更加智能化和个性化的知识服务。

网络智能知识服务系统通常通过研究用户的检索行为特点来设计智能帮助软件，提升服务效果。这样的检索系统允许用户在搜索过程中不断重新评估其目标，并据此调整检索策略。在用户提问修改过程中，系统能够提供智能化的辅助，帮助用户更容易地进入搜索系统数据资源的主题领域和内容范围。这一点对图书馆工作者来说是一个充满挑战的新领域，需要他们不断探索和创新。

个性化信息服务模式并非独立运作的，而是需要将多种服务模式综合运用。在实际工作中，不同的图书馆可以根据自身的技术条件，馆员素质、知识结构以及服务和管理机制等因素，选择和组合使用不同的服务模式。

三、图书馆个性化信息服务需注意的事项

（一）高素质的图书馆队伍

高素质的图书馆队伍在开展个性化信息服务中起着至关重要的作用。随着图书馆网络系统日益庞大且复杂，用户对于利用这些资源的能力呈现不均衡的现象，尤其是在有效利用计算机网络查找信息方面。为了弥补这一差距，图书馆需要对用户进行系统的培训，教授他们如何高效使用传统图书馆和数字图书馆资源，如何进行专题文献检索以及如何进行网上信息交流等。

个性化信息服务的实施，对馆员的素质提出了更高的要求。由于个

性化服务具有针对性强、灵活性大、小型化和系统化的特点，馆员不仅需要具备多学科的基础知识，还应熟悉专业学科并掌握相关学科知识。除了学科知识，馆员还需掌握信息技术、网络、数据库和检索系统等应用技术，并具备强烈的信息意识。只有提升综合素质，馆员才能够根据用户的个性化需求，提供更为专业、准确和及时的信息服务。

培养和维持一个高素质的图书馆队伍，不仅是提供高水平个性化服务的基础，也是图书馆适应信息技术发展和满足用户多样化需求的关键。通过不断提高图书馆队伍的专业能力和服务意识，图书馆能够更有效地开展个性化信息服务，从而更好地满足用户的需求，提升图书馆的整体服务质量和效率。

（二）知识产权与隐私保护

在现代图书馆个性化信息服务管理中，知识产权与隐私保护是两个不容忽视的关键领域。虚拟图书馆的信息资源大多源自网络，其在提供用户服务时可能涉及知识产权问题。图书馆在使用这些资源时必须具备高度的知识产权保护意识，遵守相关的知识产权法规，以避免侵权行为。这要求图书馆在采集、处理和提供信息资源时，必须对资源的来源和知识产权状况进行严格的审查，确保所有提供给用户的信息资源都符合知识产权的规定。

个性化信息服务的有效实施往往依赖用户的个人信息，这直接关系用户隐私保护的问题。个性化信息服务系统在技术上必须保证服务的安全性，采用安全认证技术保护用户的隐私信息。图书馆需要在鼓励用户积极提供个人信息的同时，确保这些信息的安全。为此，图书馆应制定全面的用户隐私保护政策，提供工具让用户设定自己隐私信息的公开程度，并运用先进的保护技术确保用户数据的安全。

（三）交叉服务与资源共享

在当今互联网环境下，交叉服务与资源共享成为现代图书馆个性化信息服务管理的一个重要方面。由于互联网上有多家图书馆和大量用户，单个用户可能需要多家图书馆提供服务，这就需要形成一个共享的机构或系统，以便于有效地进行信息的分流。

这种共享机构或系统的构建，意味着不同图书馆系统的用户可以集成到一个共享平台上，从而提高信息资源的利用效率和服务质量。在这样的共享平台上，用户可以更便捷地访问和使用来自不同图书馆的资源，而图书馆也能够通过协作更有效地满足用户的多样化需求。这种共享和交叉服务的模式有助于图书馆系统对用户需求和信息资源的更准确判断和合理分配。

实现交叉服务与资源共享的关键在于采用先进的信息技术和网络平台，建立起跨图书馆的协作和信息共享机制。这不仅包括技术上的互联互通，还包括在政策和管理层面上的合作与协调。通过这些措施，图书馆能够在保证个性化服务的同时，优化资源配置，提高服务效率和用户满意度，从而更好地适应信息时代的发展趋势和用户需求。

四、数字化图书馆个性化信息服务的实施

图书馆个性化信息服务的发展，标志着从传统的信息服务模式向以用户为中心的服务体系转变。这一转变涉及服务体系的设置、服务项目的设计以及服务活动的组织，均以用户的需求内容、特点和偏好为核心。个性化服务的实施不仅改变了图书馆的内外部组织运行模式，还重新定义了图书馆的工作程序、任务重心和优先顺序，引发了图书馆在功能、运行方式和管理技术上的全面改革和发展。因此，个性化信息服务已成为现代化图书馆的主要服务形式和标志性特征，是图书馆发展的必然趋势。

在欧美发达国家，图书馆为了提高工作效率和改善个性化服务，大量引入了企业管理中的企业流程重组（business process reengineering, BPR）运营理论。20 世纪 90 年代，美国哈默（Hammer）博士提出的这一理论强调过程的连续性和有效性，倡导打破部门界限组织工作流程和

配置资源。欧美图书馆采用此理念，根据客户的个性特点和需求，建立了突出个性化服务的业务模式和工作程序。这种模式的实施，使得现代图书馆能够实现快捷、高效且资源利用优化的运转目标。

图书馆个性化服务的实施本质上是其运行和服务体系的全面重组。学术界对这种重组提出了以下三种主要方式。第一种是以数字化存储为核心的重组。这种方式侧重于利用数字技术进行信息资源的收集、存储和传递，从而实现对个性化需求的精准满足。第二种是以系统管理为重点的重组。这种方式关注根据客户特点建立全新的工作流程和服务体系。第三种是以计算机及网络技术为基础的重组。这种方式通过互联网和多媒体手段，有效提供及时、便捷且内容更丰富的信息服务。这些重组方式的共同目标是通过广泛的信息共享和先进的计算机技术，为信息需求者提供适应其个性化需要的全面服务。

图书馆个性化服务的体系重组体现在服务方式的多样化、服务手段的数字化、运行体系的目的化和信息提供的系统化上。随着信息空间的快速扩展，人们对信息的兴趣和需求呈现日益增长和多样化的趋势。为了满足这样日益复杂和多样的信息需求，图书馆在实施个性化信息服务时，必须在体系重组中充分考虑技术准备和流程再造两个关键领域。技术领域的重点是以现代通信技术和网络数字技术为基础，将多种存储、检索、传输和交换技术相融合，以提供必要的技术支持和保障条件。关键任务包括完成信息搜索、信息挖掘、信息组织和信息服务提供的技术准备工作，以确保个性化信息服务能够高效、准确地满足用户需求。

（一）信息搜索

数字化图书馆在开展个性化服务时，信息搜索扮演着核心的角色。现代图书馆的信息资源建立在广泛的交互和信息共享基础之上。然而，面对日益增长的信息总量，传统的手工作业方式已无法高效地进行信息搜集和整理，因此必须依靠数字化的搜索引擎实现大规模的信息查询和搜索。

搜索引擎Robot是一种基于Internet平台的信息发现工具，能够快速搜索并连接相关的信息资源。它涉及HTTP数据传输标准协议、HTML数据传输语言、分词技术、数据存储和CGI网络接口技术等多个方面，是网络技术中极为关键的引导技术。搜索引擎能够快速地在海量的网络信息中找到与用户查询内容相关的信息，大幅提高信息检索的效率和准确性。针对个性化信息服务的要求，图书馆需要建立和使用适应自身资源和客户特点的多种类型的搜索引擎，包括单元快速搜索引擎、垂直专业搜索引擎、独立设置的搜索引擎以及特色智能搜索引擎。单元快速搜索引擎针对特定的数据单元或数据库进行优化，能够在特定范围内提供高效率的信息检索。垂直专业搜索引擎则专注于特定领域或学科，为专业用户提供深度和精准的信息资源。独立设置的搜索引擎和特色智能搜索引擎则更多地强调个性化和智能化，能够根据用户的具体需求和行为特征，提供更为定制化和智能化的搜索服务。

（二）信息挖掘

在数字化图书馆个性化服务实施过程中，信息挖掘是一个重点环节。Internet网络空间及各类存储载体中蕴含着大量的模糊和潜在的信息资源。然而，仅靠条件设定的随机搜索往往难以全面搜集并有效利用这些信息资源。为了克服这一挑战，Web信息挖掘工具被广泛应用于信息的组织与发现，但这些工具在信息发现范围和搜索精度上仍存在不足。国际上较为先进的图书馆在信息挖掘方面多采用OLAP（联机分析处理）工具，这些工具能够帮助用户更广泛、快捷、专业和准确地发现并索引所需的信息资料。OLAP工具通过提供多维度的数据分析，使得用户能够从不同角度和层面上对信息进行深入挖掘和分析，从而提高信息挖掘的精度和效率。

国内图书馆在引进和消化这些先进技术的同时需要探索和建立适合我国图书馆系统的整合工具。本土化的信息挖掘工具不仅应符合国内用户的使用习惯和需求，还应能够有效地整合和挖掘国内外的信息资源，为用户提供便捷的信息挖掘通道。

（三）信息组织

网络上的信息资源组织主要依赖公用搜索引擎和通用信息挖掘工具。然而，这些工具在满足多样化和个性化信息需求方面往往存在局限性，其选择性和挖掘效果并不总是能够满足用户对便捷性和实用性的要求。为了帮助用户在最短时间内从海量信息中检索和查找到真正有用的资料，开发更加高效的信息组织和整理工具成为一项迫切的任务。

国内外已经提出元数据（结构化数据描述）、ASP（动态服务器网页）、JSP（动态网页扩展）和XML（结构化中介描述格式）等一系列旨在提高信息组织效率的工具和理论。这些工具和理论能够在常规的信息搜索和挖掘方法基础上，通过更细致地描述所需信息、设置搜索限定，为用户精确地组织整理出符合要求的有效信息。例如，元数据能够提供更详细的数据内容描述，帮助用户快速定位到最相关的信息资源。而ASP、JSP和XML等技术则使得信息的动态展示和个性化定制成为可能，进而提升信息检索的准确性和用户体验。

（四）信息服务提供

提供个性化信息服务是现代图书馆的重要职能，这不仅要求图书馆在内部信息存储、检索和组织上提升技术水平，更重要的是还要全面充实和改进向用户提供信息的服务技术。针对我国图书馆体系的具体情况，图书馆一方面需要以国家图书馆为核心，建立信息资源共享体系，同时协调建立交互式的用户服务体系；另一方面则需积极探索开发延伸窗口功能的用户随身服务技术条件。未来的图书馆不仅要存储和管理信息资料，还要存储和管理个性化的用户档案和需求资料。只有切实完善服务延伸条件，才能真正地以用户为中心建立起新型的、个性化信息服务体系。

在充足的技术支持条件下，提供个性化信息服务是建设个性化服务体系的前提。这要求图书馆转变传统以馆藏资料为中心的运行模式，重新建立围绕用户需求，提供主动、个性化信息服务的业务组织体系。因此，图书馆要做好以下工作。首先，调整内部组织重心，重点建设服务端口，根据端口传来的需求信息，再造后端的管理和保障程序。其次，建立用户档案，分析用户需求，监测用户流动和需求变化，并及时调整信息储备方案，改进优先检索工具。最后，提高队伍素质，改进服务水平，完善员工业务培训和服务培训制度，建立用户联系机构，设立主动服务标准。不断推出和改进适应用户要求的服务方式，逐步开发用户随身的延伸服务，以及用户提议的协助工作式服务。

探索图书馆业务组织形式的改革，实施个性化信息服务，是现代图书馆发展的必然趋势。推行个性化信息服务的业务组织模式，不仅会引导我国图书馆事业向现代化水平迈进，而且对于扩展图书馆功能，营造图书馆新型运营体制都具有重要的理论意义和探索价值。

第三节　图书馆个性化服务技术

具体的图书馆个性化服务不同，其建设目标也不同，因此就有不同的解决方案。不同系统各部分之间组合关系的复杂程度需要具体问题具体分析。图书馆个性化服务体系如图 4–6 所示。

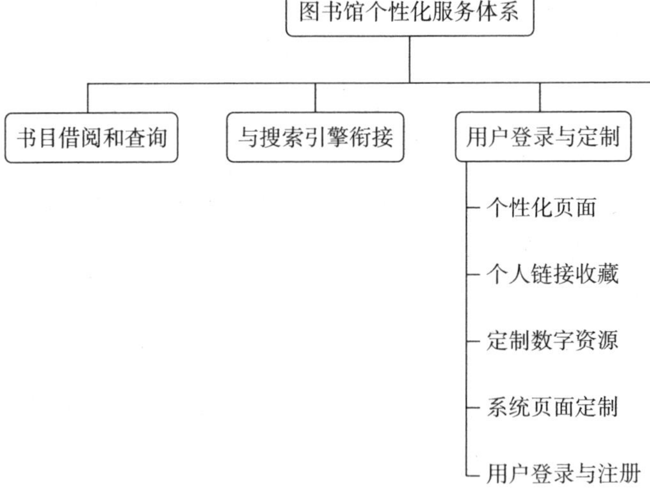

图 4-6　图书馆个性化服务体系

由此可以看出，数字图书馆的个性化服务系统主要具有以下几种功能：书目借阅和查询、与搜索引擎链接、个性化页面、个人链接收藏、定制数字资源、系统页面定制、用户登录与注册、快速检索、推送服务。

图书馆个性化服务技术可以提升用户体验和满足特定的信息需求。以下是图书馆个性化服务的几种关键技术。

一、推荐系统技术

在图书馆个性化服务技术中，推荐系统扮演着至关重要的角色。该技术可以通过精准的算法分析，为用户提供与其兴趣和需求相符合的图书和资源推荐。这一技术主要基于三种模型：协同过滤、内容推荐和混合推荐。

（一）协同过滤

这一模型侧重于分析用户群体的行为模式。通过比较不同用户的借阅历史和评价，系统可以识别出具有相似兴趣的用户群体。例如，如果用户 A 和用户 B 在过去选择了许多相同的图书，那么用户 A 可能会对用户 B 历史上感兴趣但他未曾接触的图书感兴趣。协同过滤能够利用用户群体的智慧，但它也存在冷启动问题，即新用户或新书籍由于缺乏足够的交互数据而难以准确推荐。

（二）内容推荐

这一模型侧重于分析和匹配用户的个人偏好和图书的内容特征。系统通过分析用户历史上感兴趣的图书的特点（如主题、作者、风格等）推测用户可能喜欢的其他图书。这种方法可以为新用户或新书籍提供推荐服务，但其局限性在于可能过于依赖用户过往的选择，从而降低推荐的多样性。

（三）混合推荐

为了克服上述两种模型的限制，混合推荐结合了协同过滤和内容推荐的特点。它可以通过多种方式实现，如加权、组合不同的推荐结果或集成不同模型的特征。混合模型能够提供更为全面和准确的推荐，同时减少单一模型的缺点。

在实际应用中，图书馆的推荐系统还需考虑用户隐私保护、算法透明度和推荐公正性等因素。随着人工智能和机器学习技术的发展，这些系统正在不断地优化和升级，以更好地满足用户的个性化需求。

二、用户行为分析

用户行为分析是一项重要的图书馆个性化服务技术，其目的是通过对用户在图书馆网站和实体馆内行为的收集和分析更深入地理解用户的需求和兴趣点。这一分析过程不仅为图书馆优化资源配置、改进服务质量提供了数据支持，而且有助于预测未来的服务需求。

（一）用户数据收集

用户行为分析的首要步骤是收集数据。这些数据包括用户在图书馆网站上的搜索查询、页面访问频率、在线资源的使用情况以及实体馆内的借阅记录等。在实体馆内，图书馆也可通过跟踪用户的访问路径和停留时间收集数据。这些数据的收集应遵守隐私保护原则，确保用户信息的安全和保密。

（二）数据处理与分析

收集到的数据需要经过处理和分析，以便提取有用信息。数据处理包括数据清洗（去除无效或错误数据）、数据整合（将不同来源的数据合并）以及数据转换（将数据转换成适合分析的格式）。分析过程通常涉及统计分析、模式识别和预测建模等方法。通过数据处理与分析，图书馆能够识别用户行为的模式和趋势。

（三）用户需求和兴趣点识别

用户行为分析的核心目标是识别用户需求和兴趣点。例如，通过分析用户的搜索查询和借阅记录，图书馆可以了解用户对特定主题或类型的兴趣。访问频率和停留时间等数据可以揭示用户对特定资源或服务的偏好程度。

（四）服务质量改进

这些分析结果可以用于改进图书馆的服务质量。例如，如果分析发现某些资源或服务的使用率低，图书馆可调整其资源配置，增加更受欢迎的资源或服务。同样，对用户行为模式的理解可以帮助图书馆优化其网站界面，使之更符合用户习惯。

（五）资源优化配置

除了服务质量的改进，用户行为分析还支持资源的优化配置。通过分析用户对不同资源的使用情况，图书馆能够更有效地分配其预算和资源。例如，如果电子资源的使用频率高于实体书籍，图书馆可能会增加对电子资源的投资。

（六）预测未来需求

用户行为分析还能帮助图书馆预测未来的服务需求。通过分析历史数据和识别趋势，图书馆可以预测哪些类型的资源或服务将来可能更受欢迎。这种预测对于长期规划和资源配置至关重要。

虽然用户行为分析为图书馆服务用户提供了诸多便利，但也面临着一些挑战。隐私保护是一个主要的关注点，确保用户数据的安全和合法使用是图书馆必须考虑的问题。数据分析的准确性和有效性也是一个重要方面，这需要图书馆具有相应的技术能力和专业知识。

三、自然语言处理技术

自然语言处理（NLP）技术在图书馆服务领域的应用，是当代信息科学与图书馆学交叉融合的一个显著成果。该技术能够处理和理解人类自然语言，从而显著提高图书馆服务的检索效率和精准度。自然语言处理技术的应用范围广泛，包括但不限于语音识别、文本挖掘和语义搜索等多个方面。通过这一技术，图书馆能够为用户提供更加直观、高效的信息访问途径，进而促进知识的获取和传播。

在图书馆服务中，自然语言处理技术首先表现在对语言的识别和理解上。利用语音识别技术，用户可以通过语音指令进行搜索查询，系统通过转换和解析这些指令快速返回相关的搜索结果。这种交互方式不仅提高了检索的便捷性，对于视觉障碍人士或其他需要特别辅助的群体尤其有益。文本挖掘技术使得图书馆能够在庞大的数据集中有效识别、提取并分析关键信息，如通过分析用户的历史借阅记录和在线行为，为其推荐相关的书籍和资源。文本挖掘技术不仅提升了个性化服务的质量，还有助于图书馆更深入地理解用户需求。自然语言处理技术在语义搜索方面的应用，为用户提供了更加精确和丰富的检索体验。传统的关键词搜索往往局限于字面匹配，而语义搜索能够理解查询的意图和上下文，提供更为相关和全面的搜索结果。例如，当用户输入一个较为模糊的关键词进行查询时，如“二战历史书籍”，语义搜索能够理解“二战”是指第二次世界大战，从而返回与之相关的历史书籍。这种搜索方式不仅减少了用户寻找信息的时间，还增加了发现相关信息的概率。

自然语言处理技术在图书馆服务中的应用还体现在对大量文献资料

的语言特性分析上。通过对文献的内容进行深入分析，图书馆可以更好地组织和管理其资源，如通过主题建模技术自动为文献分类，或者通过情感分析理解用户对某本书的评价倾向。这些应用不仅提高了图书馆的管理效率，还优化了用户的检索体验。

四、个性化界面与交互设计

在图书馆服务中，个性化界面与交互设计的重要性日益凸显，这一技术可以为不同用户群体提供更加精准的服务。随着信息技术的迅速发展，用户对图书馆网站和应用程序的使用体验有了更高的期望。个性化的界面设计不仅能够提高用户的满意度和忠诚度，还能显著提升信息检索的效率和准确性。

个性化界面设计主要通过分析用户的偏好和使用历史来实现。系统通过追踪用户的搜索习惯、浏览行为和借阅记录等可以建立一个动态的用户档案。基于这些数据，界面设计可以动态地调整，以反映用户的兴趣和需求。例如，如果一个用户经常搜索特定的历史主题，那么该用户的首页可能会自动显示与该主题相关的新书推荐或相关活动信息。除了内容个性化外，界面的交互设计也是提升用户体验的关键。一个直观且易于导航的界面可以帮助用户快速找到所需信息，减少搜索时间。例如，图书馆应用程序可以根据用户的设备类型和操作习惯调整布局和控件的大小，使得界面在不同的设备上都能提供良好的用户体验。对于有特殊需求的用户群体，如视障用户，图书馆界面设计还应考虑可访问性，如提供语音阅读功能或高对比度的视觉布局。

个性化界面设计还可以通过集成社交媒体和社区功能来增强用户参与度。用户可以在图书馆的平台上分享阅读体验、撰写书评或参与讨论，这不仅增加了用户之间的互动，还可以吸引更多用户参与图书馆的活动和服务。

五、移动应用和服务

随着移动设备的广泛普及和应用技术的飞速发展，图书馆服务在移动平台上的创新与拓展已成为当前信息服务领域的一个重要趋势。移动应用和服务技术在图书馆个性化服务中的应用，不仅体现在传统图书搜索和借阅功能的延伸上，还包括位置感知服务、移动支付、即时通知等新兴功能，这些技术的融合和创新极大地提升了用户体验，也为图书馆服务提供了新的发展方向和可能性。

移动应用使得图书馆服务更加便捷和灵活。用户通过智能手机或平板电脑即可随时随地访问图书馆的资源和服务。这一点对于现代社会快节奏的生活方式尤为重要。用户可以在通勤途中检查借阅状态，或在家中浏览电子资源。图书馆的移动应用程序通常包括图书搜索、账户管理、电子书籍阅读等功能，而且界面设计简洁直观，操作方便，极大地提高了图书馆服务的可达性和使用率。一些应用还提供了书目推荐、预约服务和个性化阅读计划等功能，进一步增强了用户的个性化体验。移动应用中的位置感知服务和移动支付功能为图书馆服务增添了新的维度。位置感知服务通过用户的地理位置信息提供更为精准的服务，如向用户推荐就近的图书馆分馆或在用户访问图书馆时提供实时的信息服务。移动支付则简化了罚款缴纳和捐赠等财务交易过程，提高了服务的便利性。这些功能不仅使图书馆服务更加贴合用户的实际需求，还提高了服务的效率和用户满意度。

即时通知功能在移动应用中扮演着重要角色。通过即时通知，用户可以获得关于账户状态、借阅到期、活动通知等最新信息。这种及时的反馈机制不仅提醒用户及时归还或续借图书，减少逾期罚款，也增加了用户与图书馆互动的频次，加强了用户的参与感和归属感。一些图书馆还利用移动应用进行用户满意度调查或意见收集，这为图书馆改进服务提供了宝贵的用户反馈。

六、虚拟现实与增强现实技术

虚拟现实（VR）和增强现实（AR）技术的应用正日益成为一个创新的趋势，为用户提供了全新的沉浸式体验。这些技术通过模拟和增强现实世界的方式，极大地丰富了用户探索图书馆资源的方式和深度。VR和AR技术的引入不仅为图书馆服务带来了前所未有的交互性和体验性，也为图书馆的教育和娱乐功能提供了新的可能性。

虚拟现实技术为图书馆服务提供了一种全新的方式，使用户能够在虚拟环境中探索和体验图书馆的资源。通过佩戴VR头盔和手套，用户可以进入一个完全模拟的图书馆环境。在这个环境中，用户可以自由地浏览书架，阅读虚拟书籍，甚至参与各种互动活动。例如，一些图书馆利用VR技术创建了历史展览的虚拟环境，用户可以在虚拟空间中亲身体验历史事件，这不仅增加了历史学习的趣味性，也提高了教育的效果。VR技术还可以用于模拟难以访问的地方，如遥远的图书馆分馆或特殊藏书室，为用户提供探索这些空间的机会，从而打破了地理位置的限制。

增强现实技术在图书馆服务中的应用更侧重于增强实体书籍和现实环境的阅读体验。通过使用智能手机或平板电脑，用户可以扫描书籍的封面或某些页面，应用程序会在屏幕上展示与之相关的视频、图像或其他多媒体内容。这种互动方式使得阅读体验更加丰富和动态，尤其是对于儿童和年轻读者，可以极大地提高他们的阅读兴趣。例如，一个关于动物的儿童图书，通过AR技术可以展示动物的3D模型和实际行为，使得儿童能够在阅读的同时更直观地了解动物的特征。AR技术也被应用于图书馆的导航和信息服务中，用户可以通过手机摄像头扫描图书馆的特定区域，然后屏幕上会显示出该区域的相关信息，如藏书种类、位置指引等。

七、智能问答和助手系统

智能问答和助手系统在图书馆服务中的应用，是人工智能（AI）和机器学习（ML）技术进步的直接体现。智能问答和助手系统通过深度学习和自然语言处理技术不仅能够理解并响应用户的查询，还能提供精确的答案和资源推荐。其核心在于构建一个能够以接近自然语言的方式与用户进行交互的系统，从而极大地提高了图书馆服务的便捷性和用户满意度。

智能问答系统的基础是自然语言处理技术。这一系统能够解析用户的查询，理解其背后的意图和上下文，并据此提供相关的答案。例如，当用户查询“全球变暖的最新研究”，智能问答系统不仅能识别用户需要的是关于全球变暖的资料，还能进一步提供最新的研究成果或推荐相关的图书。这种能力的背后是大量的数据训练和算法优化，包括但不限于文本分类、实体识别、关系抽取等。这些算法使得系统能够从庞大的数据中提取有用信息，并将其转化为对用户有价值的答案。

除了响应具体的查询，智能问答系统在图书馆中还承担着助手的角色。它可以协助用户进行复杂的信息检索，提供定制化的阅读建议，甚至管理用户的借阅记录和提醒借阅到期。在一些高级的应用中，智能助手甚至能够通过对话的方式与用户互动，提供更为人性化的咨询服务。例如，用户可以通过与智能助手的对话缩小搜索范围，明确自己的需求，或者获取关于图书馆服务的各种信息。这种交互方式不仅提高了服务的效率，也增加了用户的参与感，提高了用户的满意度。

八、大数据分析与云服务

大数据分析与云服务技术不仅为图书馆管理和服务提供了新的视角和方法，还极大地拓宽了图书馆服务的范围和深度。通过大数据分析，图书馆能够获得关于用户行为、资源使用和市场趋势的深入洞察，而云服务的应用则为图书馆提供了更加灵活和可扩展的服务平台。

大数据分析在图书馆服务中的应用主要体现在对用户行为和资源使用情况的深入分析上。在传统图书馆服务中，用户行为和资源使用的数据往往是分散和孤立的，难以形成系统的分析和应用。但在大数据时代，通过高效的数据收集和分析技术，图书馆能够综合考虑用户的借阅记录、搜索习惯、在线行为等多维度数据，从而形成对用户需求和行为模式的全面理解。例如，通过分析用户的借阅和搜索记录，图书馆可以发现特定主题或类型书籍的流行趋势，进而调整资源配置和采购策略。大数据分析还有助于图书馆评估服务效果，如通过用户满意度调查和使用频率数据评价服务项目的效果和影响。

云服务技术在图书馆服务中的应用，则主要体现在提供灵活和可扩展的服务平台上。云服务允许图书馆将资源存储在云端，不仅节省了物理空间，还提高了数据管理的效率和安全性。用户通过云服务可以随时随地访问图书馆的电子资源，包括电子书籍、数据库、期刊等，极大地提高了资源的可获取性。云服务还支持图书馆之间的数据共享和协作，使得资源利用率得到了显著提升。例如，多个图书馆可以共享同一云端的资源数据库，用户可以跨图书馆检索和访问资源，这不仅为用户提供了更为丰富的资源，也提高了图书馆资源配置的效率。

第四节　数字化背景下图书馆个性化服务

一、数字化背景下图书馆个性化服务模式

在数字化背景下，图书馆个性化服务的模式具有多样化和深层次的

特征。个性化服务模式的核心在于利用先进的信息技术，满足用户个性化的信息需求，提升信息获取的效率和质量。数字图书馆个性化服务的主要形式体现为个性化推送与定制服务、个性化推荐与报道服务，以及个性化知识决策服务。

个性化推送与定制服务主要是根据用户的兴趣偏好提供定制化的信息。通过定制的Web页面、分门别类的信息频道或发送电子邮件等方式，这种服务将具有针对性和特色的信息传输给有特定需求的用户。例如，如果一个用户对历史学感兴趣，数字图书馆可以定期向该用户推送关于新出版的历史学书籍、相关的讲座信息或学术会议通知。这种服务不仅提高了信息的相关性和及时性，还提高了用户对图书馆资源的使用频率和满意度。

个性化推荐与报道服务则通过智能化推荐和主动报道的方式，深入分析用户的专业特征和研究兴趣，从而主动向用户推荐可能需要的信息。这种服务方式运用了机器学习、自然语言处理等先进技术，不仅能够根据用户的历史行为进行推荐，还能预测用户未来可能感兴趣的领域。比如，一个经常搜索医学类图书的用户，数字图书馆可能会推荐最新的医学期刊文章或相关研究报告，甚至可以提供定制化的学术资源清单。

个性化知识决策服务强调运用数据挖掘、语义网络、知识发现等技术，对信息内容进行深层次的分析与挖掘。这种服务不仅提供了基本的信息检索功能，还能向用户提供决策支持、智能查询和科学研究等方面的知识服务。例如，在科研项目决策过程中，数字图书馆能够提供相关领域的研究动态、专家观点和研究机构的信息，帮助科研人员做出更加明智的决策。

二、图书馆个性化服务系统的功能

（一）个性化检索

在数字化背景下，个性化检索作为图书馆个性化服务的重要功能之一，能为用户提供更加定制化和高效的信息检索服务。个性化检索允许用户根据自己的需求和偏好，利用特定的网上功能和检索方式，定制信息的来源、表现形式及检索路径。这种服务模式将信息检索的主动权交给用户，使其能够依据个人需求快速、准确地获取所需信息。

在数字化环境中，个性化检索服务的实现依赖先进的信息技术和数据处理能力。通过整合各类电子资源，包括电子书籍、学术期刊、数据库和其他网络资源，数字图书馆为用户提供了一个统一的检索平台。用户可以在此平台上进行一次性检索，系统将根据用户的预设偏好，如检索范围、输出格式、排序方式等，定制检索结果。例如，一个研究历史的学者可以设定检索范围为历史学相关的书籍和期刊文章，输出格式为摘要或全文，排序方式为按照出版时间或相关性排序。

个性化检索还包括对重复记录的整合和下载格式的定制等功能。这些功能使得用户能够根据自己的需要选择最适合的信息呈现和传输方式。例如，用户可以选择将检索结果直接下载为 PDF 格式，或发送到指定的电子邮件地址。这种灵活性和便捷性大大提高了用户获取和使用信息的效率。

个性化检索服务的另一特点是对用户要求相对较低。用户无须具备高超的检索技能，只需提供所需信息的类别，系统的 Web 服务器将自动提供合适的信息路径。这种友好的设计降低了信息检索的门槛，使得更多用户能够轻松利用数字图书馆的资源。

（二）个性化定制

图书馆个性化定制服务代表了信息服务领域的一个重要进步，图书馆通过充分了解用户的需求和兴趣，为其提供精准匹配的信息资源和服务。个性化定制不仅强调用户的主动参与，而且突出了图书馆服务内容的灵活性和多样性，以满足不同用户的特定需求。

个性化定制的核心在于建立有效的用户模型。这一过程涉及收集用户的信息需求和兴趣，进而利用这些信息定制和优化服务内容。图书馆通过分析用户的借阅历史、搜索行为、在线互动等数据，形成对用户偏好的全面理解。基于这一理解，图书馆能够为用户提供更加贴合其需求的信息资源，如专业的数据库、电子书刊和其他网络资源。

在操作层面，个性化定制服务允许用户在数字图书馆的预设模板基础上进行个性化的选择和调整。用户可根据自己的需求，从多个资源与服务模块中选择所需内容。例如，用户可以定制特定的系统界面，选择需要的模块和页面布局，以便更方便地访问和使用图书馆资源。用户还可以定制特定的资源和服务内容，如选择订阅特定的数据库或电子书刊，甚至定制服务内容的推送方式。个性化定制服务的另一重要方面是定题服务的定制。这种服务针对用户的具体需求，如科研、教学等，提供定期或不定期的信息更新。通过跟踪最新的信息资源，数字图书馆能够及时将相关的信息通过网络推送给用户。这种服务不仅节约了用户寻找信息的时间，还保证了信息的及时性和相关性。

（三）个性化推荐

图书馆个性化推荐服务是指图书馆利用先进的信息分析技术，结合用户的专业特征、研究兴趣和个人偏好，实现智能化的信息推荐。这种服务的目标是为用户提供定制化的文献信息推荐，帮助他们更有效地获取信息，同时根据用户反馈持续优化推荐策略。个性化推荐不仅强调服务内容的差异化，还注重服务方式的个性化，以满足不同用户的独特需求。

个性化推荐服务的实现依赖复杂的数据分析和机器学习算法。通过分析用户的历史借阅记录、搜索行为、在线互动及反馈，系统能够构建精准的用户兴趣模型。基于这一模型，图书馆能够向用户推荐与其研究领域和个人兴趣相关的书籍、期刊文章和其他学术资源。例如，对于专注于机器学习研究的用户，系统可以推荐最新的相关领域论文和出版物。个性化推荐服务还包括根据用户的行为模式和偏好动态调整推荐内容，确保信息的相关性和时效性。这种动态适应的能力，使得个性化推荐服务能够持续满足用户随时间变化的信息需求。服务方式的个性化则体现在信息提供者根据用户的个性化特点，主动选择和传递最重要的资源和信息。这不仅包括传统的文献信息，还涵盖了最新的学术动态、研讨会信息、专业数据库资源等。例如，图书馆会为特定研究领域的学者提供专题讲座的信息或即将举行的学术会议的通知。个性化推荐还包括根据用户个人兴趣或特点开展服务，如基于用户的浏览活动和查询行为进行信息内容推荐，增加了用户与图书馆互动的深度和广度。

（四）个性化咨询

在数字化时代，图书馆个性化咨询服务成为连接用户与信息资源的重要桥梁，特别是在以因特网为主要载体的情况下，这种服务模式展现出强大的实时性和便捷性。个性化信息咨询的核心是提供在线、实时的咨询服务，无须用户亲自到馆就能获得及时且专业的信息服务。这种服务的实现依赖多种通信工具和交互平台，如电子邮件、微信、QQ 等。它不仅提供多元化的咨询途径，还允许用户根据个人需求定制咨询内容和形式，如“我的咨询馆员”或“我的咨询专家”。

个性化咨询服务的优势在于其高度的定制化和互动性。用户可以根据自己的具体需求和偏好，选择合适的咨询方式和专家，从而获得更加精准和个性化的信息支持。例如，一名研究生在撰写论文时需要专业的文献检索指导，通过个性化咨询服务，他可以直接与图书馆的专业馆员进行交流，获得有针对性的资源推荐和搜索技巧指导。这种服务模式还具有较高的灵活性，用户可以在任何时间和地点发起咨询，满足了快速发展的信息社会中用户对即时信息服务的需求。通过对咨询结果和过程的反馈，图书馆可以不断优化咨询服务，提升服务质量和用户满意度。

三、数字化背景下图书馆个性化服务的关键技术

数字化背景下的图书馆个性化服务依赖一系列先进的信息技术，这些技术共同构成服务体系的基础，并在不断的发展中适应用户需求的变化。其中，数据挖掘技术、信息检索技术和信息过滤技术等扮演着核心角色。数据挖掘技术在数字图书馆个性化信息服务中的应用，标志着服务方式的重大变革和发展。利用数据挖掘技术，数字图书馆能够从大型数据库和广阔的网络信息空间中提取有价值的信息，发现数据间的潜在关联，揭示被忽略的要素。这不仅帮助图书馆工作人员更有效地组织和呈现信息，还对预测趋势和决策行为提供支持。数据挖掘技术的工作流程包括提取原始信息、收集用户特征、数据预处理、数据转换、确定数据挖掘目标、数据挖掘、结果分析和知识的应用，这一流程确保了从数据中提炼出的信息既准确又具有应用价值。

信息检索技术和信息过滤技术则进一步提高了个性化服务的效率和质量。信息检索技术主要涉及结构化信息的检索，如对元数据进行检索、全文检索、异构数据源的检索、概念检索以及多媒体检索等。用户利用信息检索技术能够从庞大的信息资源中快速找到所需内容。信息过滤技术则在信息检索的基础上进一步优化，通过与用户兴趣模型的对比筛选出最具相关性的信息。

四、数字图书馆个性化服务的实施

（一）以用户为中心

个性化信息服务的核心原则是以用户为中心，这意味着服务的设计、实施和评估都应围绕用户的需求和偏好进行。要实现这一目标，图书馆首先需要对用户的类型和特征进行细致的分析，深入理解用户的信息需求，包括通过建立用户档案和信息库记录和分析用户的信息使用行为、习惯、爱好和特征。在数字图书馆环境中，这一过程可以通过多种途径

实现。例如，利用用户在图书馆网站上的检索历史记录，图书馆可以准确地捕捉到用户的检索内容和兴趣点，进而提供更加有针对性的咨询和推荐服务。

通过对用户行为的跟踪和分析，图书馆能够及时发现用户需求的变化和趋势，从而动态更新数据库内容，确保资源的及时性和相关性。用户在注册网站时提供的个人信息，如学历、专业背景、兴趣爱好等，也是个性化服务设计的重要参考。这些信息有助于图书馆更准确地定位用户群体和个人需求，设计更为贴合的服务方案。数字图书馆还可以利用外部数据库提供的个人信息，如信用记录、以往的借阅历史等进一步丰富用户档案，提高服务的个性化程度。

（二）完善技术，增强服务主动性

个性化服务的有效实施和发展依赖先进技术的应用和持续创新。为了增强服务的主动性和响应能力，图书馆需不断完善技术基础，确保服务系统与时俱进。已经成熟的技术，如Web数据库技术和信息推送技术，应被积极整合进个性化信息服务系统中。例如，Web数据库技术使得图书馆能够更有效地管理和提供丰富的在线资源，而信息推送技术则能够主动向用户推荐相关内容，提高信息服务的及时性和相关性。图书馆还需关注和探索那些正在发展中的技术，如智能代理和知识挖掘技术。智能代理技术可以代替用户执行复杂的信息检索任务，而知识挖掘技术则有助于从大量数据中发现有价值的信息和趋势。这些技术的应用将极大地提升个性化服务的质量和效率。

考虑到国内外在个性化信息服务技术应用上的差异，中国图书馆界需积极跟踪国际上图书馆软件开发的最新动态和功能。这不仅包括了解和引入国外先进的图书馆管理和服务软件，还包括根据国内图书馆的特定需求研发适合的软件解决方案。及时引进和自主创新相结合可以有效缩小与国外在个性化信息服务领域的技术差距。例如，开发适应中文处理需求的智能搜索引擎或者针对特定用户群体的个性化推荐算法，都是提升国内图书馆个性化服务水平的重要方向。

（三）加强人员素质，提高服务专业化水平

在个性化信息服务的实践中，图书馆工作人员的专业素质成为确保服务质量和效果的关键因素。由于个性化信息服务既是知识密集型也是技术密集型的服务，它对服务提供者的专业知识和技能提出了更高的要求。因此，提升图书馆工作人员的整体素质成为加强服务专业化的重要一环。图书馆工作人员不仅需要熟悉基础学科知识，还应掌握与之相关的学科专业知识，这样才能在提供个性化服务时更准确地理解和满足用户的需求。图书馆工作人员还要具备信息技术的基本知识和应用能力，以便能有效地运用数字化技术支持个性化服务的实施。例如，了解数据挖掘和信息过滤技术能帮助图书馆员更好地为用户筛选和推荐内容。

加强学科馆员服务模式的建设也是提高个性化服务专业化水平的重要途径。数字图书馆的资源特点和服务功能为学科馆员提供了新的服务平台，在这一平台上，馆员可以发挥其专业学科背景和丰富的信息专业知识，针对用户的不同需求提供更加专业化的服务。例如，学科馆员可以根据其专业知识，为研究者提供精确的学术资源推荐、研究趋势分析和学术交流机会。

（四）加强用户推广策略

加强用户推广策略对于实现图书馆个性化信息服务的普及至关重要，尤其是在许多用户尚未充分了解这些服务的背景下。图书馆通过对用户进行信息知识教育，可以有效地引导他们利用个性化信息服务系统。教育内容应涵盖图书馆的信息资源类型、分布状况、个性化信息服务系统的介绍、网络知识以及个性化检索技能等。这些内容的传授可以通过多种交流方式实现，如定期组织讲座、在线多媒体交互教学和在线答疑。信息知识教育不仅提高了用户的信息素养，还增强了他们利用数字化资源的能力。

提升个性化信息服务宣传力度也是推广策略的重要组成部分。例如，

图书馆借鉴电子商务的服务模式和营销理念，可以更有效地推广数字化信息服务。通过多样化的宣传手段，如网络广告、社交媒体推广、电子邮件通知等，图书馆可以扩大个性化服务的影响范围，吸引更多用户体验和利用这些服务。在教育和宣传过程中对用户反馈的关注也至关重要。用户的反馈不仅是完善服务系统和提升服务质量的重要信息源，也是及时解决用户问题和提高用户满意度的关键。通过及时收集和回应用户反馈，图书馆不仅能够不断优化个性化信息服务，还能在网络环境下树立良好的服务形象。

第五章 数字化图书馆个性化信息服务创新

第一节 图书馆个性化信息服务创新概述

当前科学技术的飞速发展使得学科不断细化、深化，知识的膨胀速度已经超出人们的想象。[①]这对信息检索的准确性和时效性提出了更高的要求。学科之间的交叉和融合进一步加剧了信息检索的复杂性。尤其在现代化文献信息服务环境中，用户的信息需求呈现出明显的多元化和个性化特征。这种需求的多样性在不同用户之间表现出显著的个性差异，特别是对于科研人员而言，他们对信息的需求更为迫切和专业。图书馆在知识经济、知识创新以及网络化、数字化的双重影响下，面临着前所未有的挑战。如何有效地满足用户多样化的个性化信息需求，成为图书馆工作人员需要深入研究和解决的重要课题。

① 查炜．图书馆个性化信息服务创新与发展 [J]．现代情报，2006，26（6）：38-40.

一、图书馆个性化信息服务创新的必要性和可行性

随着网络技术的发展，用户对信息的需求不再局限于专业领域，而是拓展到各个方面。互联网上丰富的信息资源、强大的搜索引擎和快捷的传输手段使文献资料的搜集和获取变得容易，也使信息需求的内容和形式趋向个性化。尽管如此，用户在精准、快速地获取所需信息方面面临挑战。事实上，大量文献资料未被充分利用，而用户却在信息获取上耗费大量时间。这一现象的原因一方面是社会和个体发展需求的多元化、多样化和多层次化，对以知识单元为基础的信息组织和控制需求愈加迫切；另一方面是图书馆传统的服务理念、方法及信息产品形式已难以满足用户的深层次、多样化需求。创新个性化信息服务是图书馆面临的重要课题。

现代信息技术的应用、信息资源的增加以及各类数据库的建立，使得图书馆开展个性化信息服务成为一种趋势。这些技术和资源的发展为用户提供了一个高效的获取信息的通道，拓宽了信息分享的机制，并为每个用户提供了展现个性化信息需求的空间。用户可以不受时间和空间的限制获取所需信息，个性化的价值追求得到充分的释放。图书馆作为信息采集、存储、传递和服务的机构，必须转变服务理念，树立竞争观念，深化服务工作，开拓服务领域，开展以人为本、满足用户个性化需求的信息服务。这不仅是图书馆服务创新的必然要求，也是满足信息社会用户需求的有效途径。

二、图书馆个性化信息服务创新的原则

（一）读者满意原则

对于图书馆个性化信息服务创新而言，读者满意原则是首要原则。该原则认为，读者的满意度是衡量图书馆服务质量和效果的最终标准。坚持此原则意味着图书馆在创新实践中必须深入了解读者和用户的真实

需求。这种深入的理解不仅涉及用户所需信息的具体内容，也包括他们在信息获取过程中的体验和偏好。要想使读者满意，图书馆需要在多个层面进行努力。在资源建设上，图书馆需确保收藏的广泛性和多样性，同时注重资源的时效性和相关性，以适应不同读者的需求。在技术引进方面，图书馆应利用最新的信息技术优化信息检索和获取过程，如引入智能搜索引擎、数据挖掘技术等，以提升信息服务的效率和准确性。服务内容和方式的创新也是落实读者满意原则的关键。图书馆需根据知识经济发展对信息服务的新需求，创新服务内容，如提供个性化推荐、专题研究支持等；改进服务方式，如开展在线咨询、移动图书馆服务等，以更好地满足读者的个性化和便捷性需求。

（二）全员参与原则

在图书馆个性化信息服务创新过程中，全员参与原则显得尤为重要。这一原则认为，图书馆员不仅是服务创新的主体，也是实施创新活动的实践者。全员参与原则强调，服务创新并非仅仅是管理层或少数人员的职责，而是需要全体图书馆员工的共同参与和努力。只有当所有图书馆员工都在思想上树立创新理念，并认识到服务创新的必要性和紧迫性时，创新活动才可能成功。

图书馆员参与服务创新，不仅仅表现在执行已制定的策略和计划上，更重要的是在服务过程中展现出创造性。这意味着图书馆员在每次服务实践中都应根据具体情况，创造性地设计、组织、安排和协调服务工作。这种创新不仅限于服务内容本身，也包括服务方法、技术应用、互动方式等各个方面。例如，针对特定的读者群体，图书馆员可以开发定制化的信息服务，或者采用新兴的数字工具提升服务的吸引力和有效性。落实全员参与原则的关键在于培养和激发每位员工的创新意识和能力。图书馆应提供必要的培训和资源支持，鼓励员工探索新的服务方法和技术，同时创造一个开放和包容的工作环境，让员工敢于提出和尝试新想法。通过这种方式，图书馆不仅能够充分挖掘员工的潜力，还能不断适应并满足日益变化的读者需求。

（三）实事求是原则

实事求是原则是确保服务质量和维护图书馆信誉的关键。这一原则要求图书馆在进行外部宣传和内部管理时，必须对自身的资源、设施、服务能力等进行客观准确的评估。图书馆在对外宣传时，往往希望引导读者充分利用馆藏的文献信息资源，这自然会提升读者对图书馆服务的期望值。然而，如果图书馆不能实事求是地评估并传达自身的服务能力，如馆舍条件、设备现状、网络环境、资源的数量和质量等，就可能造成宣传与实际服务之间的差距。这种差距不仅会导致读者对图书馆服务的怀疑，还可能影响服务创新的效果。当读者期望与实际体验不符时，他们可能会产生失望感，从而影响他们对图书馆的总体评价和信任度。图书馆在创新服务的过程中，应始终坚持实事求是的原则，确保宣传内容的真实性，同时在服务实践中力求满足或超越读者的期望。图书馆需要定期对服务设施、资源和能力进行评估，确保所有信息的准确性，以便在宣传和服务中做到既积极又真实。

实事求是原则也要求图书馆在服务创新中充分考虑实际条件和可能面临的挑战。在设计和实施新的服务项目时，图书馆应基于现有的资源和能力，合理规划服务内容和形式，确保所提供的服务高效且令读者满意。

（四）质量反馈原则

质量反馈原则强调，为确保服务的有效实施并产生良好效果，图书馆不仅要遵循既定的标准和规范，更重要的是还要将读者和用户的需求置于中心位置，并通过他们对服务质量的持续反馈实现不断的优化和提升。质量反馈原则的核心在于建立一个有效的反馈机制，使图书馆能够从用户的角度评估服务质量，及时发现和解决存在的问题，从而大幅度提升读者和用户的满意度和信任度。

图书馆需要采取多种方式收集用户反馈，包括定期的满意度调查、意见收集箱、在线反馈系统等。通过这些渠道，图书馆能够获得关于服务质量的直接反馈信息，如用户对服务内容、方式、效率的评价，以及对新引入服务的接受度和改进建议。图书馆还应注重对这些反馈信息的分析和应用，将其转化为服务改进的实际措施。例如，如果用户反馈表明某一服务项目不够便捷或不符合需求，图书馆应及时调整服务策略或内容，以更好地满足用户期望。

落实质量反馈原则还意味着图书馆需要持续关注服务创新的效果，不断进行自我评估和优化。通过这种动态的、以用户为中心的服务管理方式，图书馆不仅能够提高个性化信息服务的整体质量，还能建立起积极的服务创新文化，鼓励员工不断探索新的服务方式和技术，最终实现图书馆服务的持续发展和创新。

三、图书馆个性化信息服务创新的对策

（一）转变服务理念

转变服务理念涉及几个重要方面：从信息管理向知识管理的转变，从满足一般需求向满足高水平、深层次需求的转变，以及从提供当前服务向满足长远需求及长期跟踪服务的转变。

知识管理作为一种以“人”为中心的管理，强调以信息为基础、以知识创新为目标。在这一理念下，图书馆服务应关注如何将信息与人、信息与活动相结合，努力实现信息处理能力与人的知识创新能力的最佳结合。这要求图书馆服务不再是简单地管理和提供信息，而是要深入理解信息的内涵，推动知识共享和创新。

图书馆服务还需要从满足基本的、一般性的需求转变为满足用户更高层次和更深入的需求。这涉及树立品牌意识和特色服务理念，有针对性地收集和整理专业文献信息，从而深化服务的层次，从面向一般性文献服务转向深入特定知识领域的服务，并在此基础上创新信息服务方式，以达到最佳的读者服务效果。

图书馆服务理念的转变还包括从仅关注当前需求的服务模式向满足长远需求及长期跟踪服务的模式转变。这意味着图书馆的服务不仅要与读者的即时需求相适应，还要预见和响应读者的潜在需求和长远需求，同时要对知识创新过程中的各个环节进行长期的跟踪和支持。这种服务方式能够更全面地满足读者的信息需求，促进知识的创新和深入发展。

（二）完善信息资源

要使社会科学个性化服务体系更好地为读者服务，就要建设反映各种信息资源载体和媒介之间互动、构造完善的信息资源体系。[①] 信息资源体系对于满足日益多样化的读者需求至关重要。构建一个反映各种信息资源载体和媒介之间互动的完善的信息资源体系，不仅要加强传统的馆藏建设，还需重视网络信息资源的发展，以形成一个广泛而动态的信息资源体系。

在网络环境下，图书馆的馆藏已经发生了重大变化，由传统的纸质资源向电子资源、网络资源等多介质综合资源的转变。尽管纸质文献因其普遍认可而在相当长一段时间内仍将作为图书馆最基本的文献信息资源，但网络信息资源的建设正成为资源建设的主要任务。开发网络信息资源可以弥补传统馆藏的不足，并依托实体与网络的文献资源进行深加工，从而从单纯的文献传递转向提供更为丰富的信息。

为了满足用户的特定需求，图书馆应结合用户需求确立主题，建立特色数据库，从而使资源共享成为可能。在完善信息资源的过程中，各类文献资源应并存并互为补充，形成一个整体的信息资源结构，呈现出多元化特征。文献收藏的方针应突出专业化、特色化，具有针对性、实用性和经济性，以突出馆藏的特色，确保馆藏的质量。传统的单一印刷型馆藏应向多类型、多载体的方向转变，以适应数字化时代的需求。这意味着图书馆需在馆藏策略上进行创新，不仅要关注传统的书籍、期刊

① 查炜．图书馆个性化信息服务创新与发展 [J]. 现代情报，2006，26（6）：38-40.

等纸质资源，还要重视电子书籍、在线数据库、数字档案、多媒体文档等新型资源的收集与整合。通过这种多元化的资源建设，图书馆能够为读者提供更为全面和深入的信息服务，满足他们在学习、研究和娱乐等各方面的需求。

（三）采用信息技术

在现代图书馆信息服务中，信息技术的广泛应用成为其显著特征，特别是在个性化信息服务中，选择和应用恰当且先进的信息技术至关重要。Web 数据库技术、数据推送技术、网页动态生成技术和智能代理技术等，由于其成熟的高科技性能，在个性化信息服务领域获得了广泛使用。

在采用先进信息技术的过程中，图书馆首先需重视内部局域网的建设，确保具有良好的内部网络通信设施，为读者提供高效的馆藏资源信息服务。对外通信设施的建设也同样重要，它能够确保读者随时获取全球的情报信息和各种数据库中的最新资料。这种双向的通信建设，不仅强化了图书馆的信息服务能力，还为读者提供了更加广泛和深入的信息获取渠道。

现代图书馆信息服务的发展趋势在于构建基于先进信息技术的、稳定可靠的开放式、集成化管理系统，以及性能优良、可与内外部网络连接的开放性网络。这一发展方向不仅为图书馆个性化信息服务的创新提供了技术支持，还极大地提高了知识传播的速度，拓宽了知识传播的范围，从而有利于激发知识创新。

（四）调整人才结构

为了从根本上提高服务质量，图书馆必须采取综合策略，既引进专门人才，又开发现有人力资源，通过这种双轨并行的人才培养机制优化人才队伍。

一方面，图书馆领导需要重视专业人才的引进。这意味着根据用户的学科专业需求，按照合理的结构比例，有计划地在数量和结构上不断完善人才队伍。这种策略能够确保图书馆人才队伍既具备所需的专业知识，又能够适应多变的信息服务需求。特别是在技术和专业领域，引进具有专业背景和技术能力的人才对于提升图书馆的服务水平至关重要。另一方面，对于现有的人力资源，图书馆应有计划地安排员工进行在职进修或培训。这些进修或培训应根据不同服务岗位的特点进行定制，使员工能够不断更新其知识结构，并鼓励他们同时掌握图书馆学和至少一门其他学科的知识。这样的跨学科培训有助于培养高层次的学科专家，使他们能够在专业领域内提供更加权威和深入的信息服务。

针对提供咨询服务的专家，图书馆应通过专家咨询评定组的审核，确保他们具备相关领域的学科背景。在具体工作中，专家的知识水平应与咨询服务的深度相匹配，以保证咨询服务的权威性和专业性。

四、图书馆个性化信息服务创新的措施

（一）加强先进技术的引入与应用

个性化信息服务模式的构建离不开技术支持，图书馆要全面落实技术引入与应用。[①] 云存储技术的大力发展及其与云计算服务商的合作，是确保图书馆相关海量数据得到有效存储的关键。通过使用成熟的云平台，图书馆可以实现数据库的高效构建与管理。虚拟化技术对于实现数据资源的统一访问、管理和维护同样至关重要。它不仅促进了硬件资源的虚拟化，从而提升了硬件资源的使用效率，还增强了信息资源的易用性。

数据挖掘技术，作为个性化信息服务的核心技术，通过数据准备、规律寻找和模型构建等阶段，对数据进行有效的挖掘与分析，从而准确分析读者的行为特征与需求。常用的数据挖掘方法包括分类、聚类、回归分析、关联规则和神经网络等，这些方法的选择需基于图书馆的实际

① 张铭丽．大数据背景下的公共图书馆个性化信息服务模式创新 [J]. 中阿科技论坛（中英文），2021(7):120-122.

情况灵活应用。智能搜索技术与传统搜索技术相比，能够实现对大数据的智能化搜索，是现代图书馆个性化信息服务的基础之一。它包括分布式处理、并行处理、网格计算和云搜索等多种方式。智能代理技术作为一种典型的人工智能技术，为图书馆信息化系统提供了支持，使其具有了自主学习、智能交互和自主管理的能力。这种技术能模拟人类对数据信息进行综合处理，为个性化信息服务提供了强大的技术支撑。

（二）优化读者行为数据挖掘与分析

公共图书馆在提供个性化信息服务时，对读者行为数据的挖掘与分析至关重要。为确保数据分析的可靠性，图书馆需对各项数据信息进行细致而全面的分析，以便提供有效依据，进而促进服务水平的显著提升。这种分析涉及多个维度，包括读者访问时段、互联网访问特征、访客地域、访客特征构成、新老读者比例、读者忠诚度以及电子资源的监控统计等。

读者访问时段分析基于智能统计和网络访问量等基础数据，可揭示读者访问图书馆资源的高峰时段，从而为资源布置和服务安排提供参考。互联网访问特征分析则侧重于网络访问来源数据的分析，以识别和理解读者通过不同途径，如直接访问、搜索引擎引导等方式访问图书馆资源。对于访客地域的分析，准确识别网络读者的 IP 地址和借阅证注册信息，有助于图书馆更好地理解和服务于不同地区的读者。访客特征构成的分析需深入探究读者的性别、年龄、职业、学历、兴趣爱好、专业领域及图书借阅情况，为个性化推荐和服务提供依据。电子资源监控统计的分析，重点在于评估电子资源的访问量和使用情况，这对于资源配置、优化及推广策略的制定至关重要。通过这些维度的综合分析，公共图书馆能够更准确地把握读者行为特征，从而在个性化信息服务的设计和实施中做出更为精准的决策。

（三）优化个性化信息服务模型

个性化信息服务模型的合理构建是确保数据挖掘分析可靠性和服务

质量的关键环节。为此，图书馆需要全面实施模型构建工作，严格依照科学的方法进行处理，并针对自身的实际情况进行模型优化。

读者群体需求模型的构建是个性化信息服务的一个重要组成部分。它通过对纸质图书借阅记录、电子图书借阅记录等数据的深入分析，能够准确判断读者群体的需求。基于这些分析结果，图书馆可以重构其知识库，优化推送引擎，从而更有效地满足读者需求。结构性数据分类模型则聚焦于专业学科类数据、考试类数据、多媒体类数据、通识类数据等的分析。通过对这些数据的分类和分析，图书馆能够更好地理解和组织其资源，为读者提供更为精准的信息服务。图书资源个性化服务推送模型，则涉及周期性推送、新书匹配推送、历史信息推送、个性化定制推送和图书事件推送等多个方面的构建。这些模型能够确保图书馆的资源推送更加符合读者的个性化需求，从而提高服务的效率和质量。

（四）加强读者隐私保护

图书馆在发展个性化信息服务模式时，面临着读者隐私泄露的严峻问题。这一挑战不仅关乎读者权益，也涉及图书馆的持久和良好运营。因此，加强读者隐私保护成为图书馆必须重视和落实的重大任务，它为个性化信息服务模式的创新优化提供了可靠的保障。在个性化信息服务的各个数据处理环节中，读者隐私保护的重要性不容忽视。图书馆需要对这些环节进行细致的分析，以识别其中可能存在的读者隐私泄露风险。个性化信息服务过程涉及数据的收集、存储、处理、分析以及共享等多个环节。每个环节都可能成为读者隐私泄露的潜在风险点。

为应对这些风险，图书馆必须有针对性地实施一系列隐私保护措施。这包括但不限于制定严格的数据安全政策、采用高标准的数据加密技术、对工作人员进行隐私保护培训、确保数据处理的透明度以及建立有效的用户同意管理机制。通过这些措施，图书馆能够在提供个性化服务的同时，确保读者隐私得到充分保护。图书馆还需定期评估和更新隐私保护措施，以应对不断变化的技术环境和隐私保护法规。通过这种持续的努力，图书馆能够更好地平衡个性化服务和读者隐私保护之间的关系，从而在提供高质量服务的同时赢得读者的信任和支持。

第二节　图书馆个性化信息服务技术创新

一、流媒体技术和异构数据库集成技术的应用

（一）流媒体技术的应用

流媒体技术也称流式媒体技术，所谓流媒体技术就是把连贯的影像和声音信息经过压缩处理后放到网站服务器，让用户一边下载一边观看、收听，而不必等整个压缩文件下载到自己的计算机上才可以观看的网络传输技术。①

该技术的核心在于它在用户端计算机上创建一个缓冲区，允许在播放之前预先下载一段数据，从而即使在网络连接速度较慢的情况下，也能够保证播放的连续性和品质。在图书馆个性化信息服务中，流媒体技术可以被用于提供各种在线教育资源、研讨会、讲座和其他多媒体内容。利用流媒体技术，图书馆能够让读者无论身处何地，都能实时访问和利用这些资源，大大提高了服务的便捷性和可及性。

流媒体技术支持的实时流式传输模式，使得用户可以根据需要快进或后退，观看媒体内容的不同部分，这为图书馆在创建和提供个性化媒体内容方面提供了更多灵活性。用户可以根据自己的学习进度和兴趣选择观看特定部分的内容，实现了真正意义上的个性化学习体验。流媒体

① 赵春辉．数字图书馆管理与服务创新研究［M］．长春：吉林文史出版社，2017：328.

技术作为一种先进的网络技术，在数字图书馆的多媒体信息资源利用中扮演了至关重要的角色。其不仅大幅提升了数字图书馆的服务效率和质量，而且为个性化信息服务的实现开辟了新的途径。

在图书馆中，流媒体技术主要应用于视频点播（VOD）系统和远程教育系统等领域。通过这些系统，用户可以根据自己的需求和时间安排，随时随地访问和使用图书馆的多媒体资源，如视频讲座、教学课程和文化节目等。这种即时访问的能力大大增强了信息服务的个性化和灵活性，使用户能够根据自己的兴趣和需求进行选择和学习。流媒体技术在图书馆中的应用，体现在其能够为更多的用户提供高质量的服务而无须增加额外的设备或资源上。这种技术通过缓存和实时传输的方式，有效地解决了网络带宽和存储空间的限制，保证了服务的高效运行。由于流媒体技术支持多种格式和设备，这使得图书馆能够针对不同用户群体提供更加多样化和定制化的服务。

在个性化信息服务的背景下，流媒体技术的应用还体现在其对用户行为和偏好的响应上。通过分析用户的历史访问数据和偏好，图书馆可以提供更加个性化的推荐和服务。例如，根据用户过往观看的视频类型和主题，图书馆可以推荐相似或相关的新内容，增加用户体验的针对性和满意度。流媒体技术还促进了图书馆服务模式的创新。以远程教育为例，该技术使得图书馆能够跨越地理限制，为远程地区的用户提供高质量的教育资源。这不仅拓宽了图书馆服务的范围，还促进了知识共享和信息公平性。

（二）图书馆异构数据库集成技术的应用和创新

1. 异构数据库集成技术

异构数据库集成技术能够解决不同数据库系统、操作系统、计算机平台或底层网络间的差异，实现数据的无缝整合。这种技术的应用意味着用户可以通过单一检索平台同时检索多个数据库，从而极大地提高了信息资源的整体使用效率，并促进了信息资源的共享。异构数据库集成技术使得用户访问集成后的数据库系统就如同访问单一数据库系统一样，大大降低了用户的检索难度，提高了检索的便捷性。在图书馆的应用背景下，异构数据库集成技术不仅有助于提高用户获取信息的效率，还有利于图书馆更有效地管理和维护庞大的信息资源。通过这种集成技术，图书馆能够更好地整合各类信息资源，为用户提供更加全面和深入的信息服务，还有助于减少资源维护的复杂性和成本。

下面以 SQL 数据库为例进行说明。

设想一个简单的场景，其中涉及使用 SQL 数据库集成异构数据源。在这个场景中，假设有两个不同的数据库，一个是图书信息数据库，另一个是用户信息数据库，其可能位于不同的服务器上，甚至使用不同类型的数据库管理系统（如 MySQL 和 PostgreSQL）。目标是通过单一的查询接口访问这些不同的数据源。要实现这一目标，首先需要在每个数据库中建立相应的表格，然后通过编写 SQL 查询从这些表格中检索数据。以下是一个示例代码，演示如何在两个不同的数据库中创建表格，并提供一个简单的查询示例。

第一个数据库：图书信息数据库。

```
-- 创建一个图书信息表
CREATE TABLE Books (
    BookID INT PRIMARY KEY,
    Title VARCHAR(100),
    Author VARCHAR(50),
    PublishYear INT
);

-- 向图书信息表中插入一些数据
INSERT INTO Books (BookID, Title, Author, PublishYear) VALUES
(1, 'The Great Gatsby', 'F. Scott Fitzgerald', 1925),
(2, '1984', 'George Orwell', 1949),
(3, 'To Kill a Mockingbird', 'Harper Lee', 1960);
```

第二个数据库：用户信息数据库。

```
-- 创建一个用户信息表
CREATE TABLE Users (
    UserID INT PRIMARY KEY,
    Name VARCHAR(50),
    Email VARCHAR(100)
);

-- 向用户信息表中插入一些数据
INSERT INTO Users (UserID, Name, Email) VALUES
(1, 'Alice Smith', 'alice.smith@email.com'),
(2, 'Bob Johnson', 'bob.johnson@email.com');
```

假设已经有了一个集成系统，能够同时从这两个数据库中检索数据。

以下是一个概念性的查询示例，它假设可以同时访问这两个数据库。

```
-- 概念性查询示例，假设我们可以同时访问“Books”和“Users”表
SELECT
  Books.Title,
  Books.Author,
  Users.Name
FROM
  Books
JOIN
  Users ON Books.BookID = Users.UserID
WHERE
  Books.PublishYear > 1950;
```

实际的异构数据库集成通常需要使用更复杂的架构和软件，如数据虚拟化工具、中间件或专用的数据集成平台，来处理不同数据库之间的通信和数据转换。上述示例只是为了展示概念，并不代表实际的集成实现。

2. 异构数据库集成的主要技术

异构数据库集成技术是实现不同数据库系统之间数据共享和交互的重要方法。

（1）数据仓库法。数据仓库法是通过建立一个专门用于存储数据的数据仓库来实现异构数据库集成。在这种方法中，工具会定期从各个数据源中过滤数据，并将其装载到数据仓库中，供用户查询使用。数据仓库主要存储历史数据和汇总数据，这些数据主要用于决策支持，供分析人员或决策人员使用。值得注意的是，为了保持数据一致性，通常不允许用户对数据仓库中的数据进行更新。

（2）数据转换程序。人们利用数据转换程序可以对数据格式进行转

换，使其能够被其他系统接收。这种方法通过周期性的同步更新数据库内容，简单地实现了在数据库级别的信息分享。数据转换程序提供了一种相对简单而有效的方式来整合不同格式和结构的数据。

（3）使用中间件。中间件是软件实现的功能层，其主要作用是将查询请求分解，并将这些请求转换成相应数据库的查询语言和检索方法。它会分别对各个数据库发出检索请求，然后将来自各个数据库的命中结果集成在一个界面中显示给用户。中间件的使用极大地提高了不同数据库系统间的兼容性和数据整合能力。

每种异构数据库集成技术都有其独特的优势和应用场景。数据仓库法适用于需要大量历史数据和汇总数据的决策支持场景；数据转换程序适用于需要简单有效地在不同数据库间同步更新数据的场景；而中间件则适用于需要实时查询和整合多个数据库信息的场景。根据具体需求和应用环境的不同，人们可以选择合适的技术进行异构数据库的集成，以实现数据共享和信息资源的最大化利用。

3. 异构数据库集成平台创新应用

异构数据库集成平台的创新应用在图书馆个性化信息服务中体现出其独特的价值和潜力。异构数据库集成平台作为连接和整合不同数据源的关键工具，使图书馆能够从分散的数据中提取、整合并提供更加全面和深入的信息服务。这种集成不仅提高了信息资源的可用性，还为加强个性化服务的深度和广度提供了新的可能性。

通过异构数据库集成平台，图书馆能够更有效地管理和利用其丰富的资源，包括电子书籍、电子期刊、多媒体内容和其他电子资源。这种技术允许图书馆跨越不同数据库系统的界限，实现资源的无缝访问和检索，极大地方便了用户在查找所需信息时的效率和准确性。在个性化信息服务方面，异构数据库集成平台使得图书馆能够根据用户的具体需求和偏好提供更加定制化的信息服务。通过分析和处理集成平台中的用户行为数据和借阅记录，图书馆可以更准确地识别用户的兴趣和需求，从而提供更加有针对性的资源推荐和信息服务。例如，基于用户过去的借阅历史和搜索习惯，图书馆可以推荐相关书籍和文章，甚至是定制的阅读列表。

异构数据库集成平台还为图书馆提供了更为广阔的合作和共享空间。通过与其他图书馆或信息服务机构共享资源，图书馆可以扩大其服务范围，提供更为丰富和多元的资源给用户。这种跨机构的资源共享和合作，不仅提高了资源利用效率，还拓宽了用户获取信息的渠道。

二、图书馆个性化网格技术的发展与创新

（一）网格技术的特点和意义

网格技术作为近年来兴起的一种前沿信息技术，代表了互联网信息技术发展的新趋势，其灵感源自电力网格。该技术的目标在于通过网格将计算能力和信息资源便捷地传送至用户，类似于电力网的功能和应用模式。网格技术是高性能计算机、数据资源和因特网三种技术的有机结合与发展，它通过将分布在不同地点的各种计算机连接起来，实现资源的共享。

伊安·福斯特（Ian Foster），美国网格项目的负责人之一，在其主编的《网格：21世纪信息技术基础设施的蓝图》一书中阐述了网格的概念。他指出，网格是构筑在互联网之上的一组新兴技术，它整合了高速互联网、高性能计算机、大型数据库、传感器和远程设备等，为科技人员和普通用户提供了更多资源、功能和交互性。与互联网主要提供电子邮件、网页浏览等通信功能不同，网格的功能更为广泛和强大，它能够使用户透明地使用计算、存储等资源。

1. 网格技术的特点

网格技术的特点详见表5-1。

表 5-1　网格技术的特点

特　点	具体描述
高性能	通过集成分布在不同地点的计算资源，提供强大的计算能力，满足高性能计算需求
一体化	将地理上分散的资源整合成一个统一的、协同工作的系统，提高资源利用效率
扩展性	支持动态的资源加入和退出，使系统可以根据需要轻松扩展或缩减
适应性	能够适应各种不同的计算需求和应用场景，适用于多种任务类型

（1）高性能。网格技术通过集成分布在不同地点的计算资源，包括高性能计算机和服务器，提供了强大的计算能力。这使得网格技术能够处理大规模和复杂的计算任务，满足科学研究、工业设计等领域对高性能计算的需求。

（2）一体化。网格技术能够将地理上分散的资源整合成一个统一的、协同工作的系统。这种一体化使得资源的利用更加高效，同时简化了资源管理和维护工作。

（3）扩展性。网格技术支持动态的资源加入和退出，这意味着系统可以根据需要轻松地扩展或缩减。这种灵活的扩展性使得网格技术适用于各种规模的应用，从小型实验室项目到大型企业级应用都适用。

（4）适应性。适应性表现为网络技术能够适应各种不同的计算需求和应用场景。无论是数据密集型任务、计算密集型任务，还是存储密集型任务，网格技术都能提供相应的解决方案。

2. 网格技术的意义

网格技术的意义在于其作为一种先进的信息技术，对互联网应用的新发展具有重大的影响。这种技术被视为继因特网之后互联网发展的新浪潮，甚至被称为“下一代因特网”或“新一代 Web”。它的特点和应用前景揭示了网格技术在未来信息产业和社会经济中的重要角色。

网格技术相较于传统的因特网，具有更大的带宽和更高的计算性能。

这意味着网格技术能够支持更高速度的网络传输和更高效的数据处理。在网格中，高性能计算机的加入将极大提高整体网络的计算速度和数据处理能力。这种提升不仅是技术上的突破，也为各种复杂的计算任务和大数据处理提供了可能。网格技术的体系结构设计使其能够更有效地利用网络信息资源。采用广域缓存技术的网格系统能够自动将用户需要的信息存放在离用户最近的服务器上，这不仅优化了信息传输的速度和效率，也提升了用户体验。

网格技术将促进更多、更大规模的网络社区的形成。这些相互连接的社区最终构成一个庞大的网格社区，这不仅促进了知识和信息的共享，也为网络社交、合作研究和创新活动提供了新的平台。

网格技术可以辅助人类实现人与机器的共生，解放人的大脑，提高社会生产力。它的应用将遍及各个领域，为各行各业带来巨大的效益。网格技术将成为信息产业的新热点，带来众多机会和经济效益。

（二）网格技术在图书馆个性化服务中的创新应用

1. 资源共享与优化利用

网格技术通过将分散的图书馆计算资源和数据集成，实现资源的共享，使得图书馆能够更高效地管理和利用其丰富的数字化资源。这种共享不仅包括电子书籍和期刊，还涵盖了多媒体内容和数据库等。

2. 提升检索和访问效率

网格技术能够通过高速网络和高性能计算提高信息检索和访问的速度和效率，尤其是在处理大量数据和复杂查询时更为明显。这样的技术优势使得用户能够迅速获得所需信息，提升了服务的响应速度和用户满意度。

3. 支持复杂的数据分析

利用网格技术，图书馆可以进行复杂的数据分析，如用户行为分析、资源使用模式等，从而更准确地识别用户需求，提供个性化的推荐和服务。

4. 促进跨机构合作

网格技术支持图书馆之间的信息和资源共享，有助于促进跨机构合作。这种合作不仅扩大了用户可访问资源的范围，也促进了图书馆间的知识共享和服务创新。

5. 增强信息服务的可靠性和稳定性

网格技术通过其强大的计算能力和资源整合能力，能够确保信息服务的连续性和稳定性，特别是在高访问量或数据密集型应用场景中。

6. 推动新服务模式的发展

利用网格技术，图书馆能够探索和实施新的服务模式，如远程教育、虚拟展览和数字化项目，为用户提供更为丰富和多样化的服务体验。

三、虚拟参考咨询平台在图书馆个性化服务中的技术创新

（一）虚拟参考咨询服务的必要性

图书馆数字化资源建设主要以三种数字化资源为基础（即图书馆本身的数字化特种馆藏、商用的网上联机电子出版物或数据库、因特网上有用的文献信息资源），而服务平台以一个统一的信息访问平台和一个为读者服务的虚拟参考咨询平台为两翼，实现对读者的有效服务。这两个平台对一个实用的数字图书馆而言是必不可少的。[①] 两个平台在系统结构上相互渗透。

（二）虚拟参考咨询平台技术在图书馆个性化服务中的应用

1. 协同控制机制

虚拟参考咨询平台技术中的协同控制机制在图书馆个性化服务中的应用表现为不同层次的交互和协作控制，这些层次根据信息和数据共享以及群体协作的紧密程度不同而不同。

在最基础的层次，即数据通信层次，虚拟参考咨询平台依靠通信协

① 赵春辉．数字图书馆管理与服务创新研究 [M]．长春：吉林文史出版社，2017：340.

议实现数据的传送和交互。这一层次虽然是协作的基础，但难以直接体现协作体之间的协作关系。然而，它为后续更高级别的协作提供了必要的技术支持。信息通信层次则涉及通过本地资源进行信息的匿名通信，如留言板。在这个层次，信息提供者与接收者虽然进行一定的信息交流或共享，但他们之间不一定相互认识，协作关系不明显。在协调层次的协作中，协作体成员之间具有一定的认识，共同的利益或组织关系促使他们共享信息或资源。例如，图书馆内不同咨询台的咨询员之间的协作，一个咨询员在无法解决问题时，可将用户推送给其他咨询台的咨询员。合作层次的协作则是协作体成员共同参与同一过程，共同理解和共享知识资源。在这一层次上，每个合作成员虽然独立，但他们共同参与工作关系。

最高级别的协作即协同，其中协作体的公共目标代替了个体目标。协作体成员共同做出决策，共享知识，决策的可信度和可靠性成为关键因素。

在虚拟参考咨询平台中，这些协同控制机制的应用使得图书馆能够根据用户的具体需求提供更加精准的个性化服务。不同层次的协作机制使图书馆能够灵活地处理各种咨询请求，提高服务效率和质量，同时促进了内部资源的最优化利用。

2. 协同应用共享技术

协同应用共享技术在图书馆个性化服务技术上的创新应用体现在其能力上，即支持群组通信活动并实时、准确地同步应用程序的执行结果到网络中的所有参与者。在图书馆环境中，这种技术使得多位用户可以同时访问和操作同一应用程序，如数字档案、电子书籍或在线数据库，而操作的结果可以即时反映在每位用户的屏幕上。这种共享机制不仅提高了资源的利用效率，也增强了用户之间的互动和协作。特别是在远程教育、在线研讨会和虚拟研究团队等场景中，协同应用共享技术显著提升了图书馆服务的互动性和协作效率。例如，在远程教育课程中，教师和学生可以共同查看和讨论特定的数字资料，教师可以实时指导学生浏览相关内容，学生也能立即提出问题和反馈，这种实时的互动大大提升了学习体验和效果。

协同应用共享技术在图书馆个性化服务中的应用还体现在对用户行为和偏好的分析上。通过跟踪和分析用户在共享应用中的行为，图书馆能够收集有关用户需求和兴趣的宝贵数据，进而提供更加精准的个性化推荐和服务。

在信息检索方面，协同应用共享技术使得图书馆能够提供更加高效的参考咨询服务。图书馆工作人员可以与用户共享同一检索界面，共同参与检索过程，提供实时的指导和建议，这种协作方式不仅提升了用户满意度，也提高了信息检索的准确性和效率。

3. 多线程机制

多线程机制在群体协作系统中起着至关重要的作用，特别是在图书馆个性化服务技术中，其应用带来了显著的创新。多线程机制允许同时运行多个操作过程，这对于处理高并发的用户请求和数据流非常关键。在图书馆个性化服务的背景下，这种技术的应用极大地提高了服务的效率和响应速度。

在图书馆的虚拟参考咨询服务中，多线程机制使得服务器能够同时处理多个用户的查询请求。服务器可以使用一个线程侦听新的客户端连接，同时使用其他线程处理不同用户的数据读取和信息发送需求。这种并行处理机制不仅加速了服务的响应时间，还提高了系统的处理能力，确保用户在高峰时段也能获得流畅和稳定的服务体验。多线程机制还支持图书馆在执行复杂的后台任务，如数据分析、内容索引和更新等时不影响前端用户服务的流畅性。例如，图书馆可以在一个线程中更新数据库内容，同时在另一个线程中为用户提供实时的查询服务。这种机制确保了后台操作的高效进行，同时保持前端服务的连续性和可用性。

在个性化服务的层面上，多线程机制使得图书馆能够根据用户的具体需求提供更加定制化的服务。系统能够同时处理多个用户的不同请求，如个性化推荐、用户查询跟踪和资源访问，提供更加精准和及时的个性化服务。

4. J2EE

J2EE（Java 2 platform, enterprise edition）技术在图书馆个性化服务上的应用体现为创新的多层分布式应用模型，为图书馆信息系统的开发、部署和管理带来了显著的效率提升和功能强化。作为一种利用 Java2 平台的企业级应用解决方案，J2EE 提供了一个强大的企业级计算模型和运行环境，特别适用于开发和部署多层体系结构的应用。在图书馆个性化服务的背景下，J2EE 的应用使得图书馆能够更有效地管理和利用其丰富的信息资源，提供高度可复用、安全、可扩展和可靠的服务。

J2EE 平台的重要优势在于其支持多层应用的高度可复用性。这一特性使得图书馆能够开发一系列可复用的服务和组件，如用户身份验证、数据检索、信息推荐等。这些组件可以在不同的应用中重复使用，提高了开发效率，同时确保了服务的一致性和质量。安全性是 J2EE 的另一重要特点，尤其是在对用户数据和隐私的保护方面。J2EE 的安全模型为图书馆提供一致化的安全解决方案，确保用户信息和交易数据的安全，增强了用户对图书馆服务的信任。

J2EE 的可扩展性和可靠性对于应对图书馆日益增长的服务需求和高峰时段的访问压力至关重要。这些特性确保了图书馆系统在用户数量增加和服务需求变化时的稳定运行。J2EE 还大大简化了应用的开发和移植过程。由于平台使用 Java 语言，基于 J2EE 标准开发的应用具有跨平台的移植性，使得图书馆的信息系统能够在不同的硬件和操作系统平台上运行，提高了系统的通用性和灵活性。

下面创建一个简单的 J2EE 应用示例。这个示例将展示如何使用 J2EE 技术构建一个基础的图书馆信息系统，该系统包含用户身份验证、数据检索和信息推荐等功能。

（1）示例概述。创建一个基本的 Web 应用程序，它允许用户登录、搜索图书并获得推荐。该应用将使用 Servlet 处理 HTTP 请求，使用 JSP

页面显示内容，使用 JDBC 与数据库交互。

（2）开发环境。这个示例的开发环境如下：Java Development Kit（JDK）；Java EE SDK(一个 J2EE 兼容的应用服务器，如 Apache Tomcat、GlassFish 等)；数据库系统（如 MySQL）。

（3）代码示例。

①用户登录。

```
import javax.servlet.;
import javax.servlet.http.;
import java.io.;

public class LoginServlet extends HttpServlet {
    public void doPost(HttpServletRequest request, HttpServletResponse
response)
        throws ServletException, IOException {
        String username = request.getParameter("username");
        String password = request.getParameter("password");

        // 这里应该有代码来验证用户名和密码

        // 假设用户验证成功
        HttpSession session = request.getSession();
        session.setAttribute("user", username);

        // 重定向到搜索页面
        response.sendRedirect("search.jsp");
    }
}
```

②图书搜索。

```
import javax.servlet.;
import javax.servlet.http.;
import java.io.;

public class SearchServlet extends HttpServlet {
    public void doPost(HttpServletRequest request, HttpServletResponse
response)
    throws ServletException, IOException {
        String query = request.getParameter("searchQuery");

        // 这里应该有代码来执行图书搜索

        // 假设搜索结果被存储在 request 属性中
        request.setAttribute("results", searchResults);

        // 转发到显示结果的 JSP 页面
            RequestDispatcher dispatcher = getServletContext().
getRequestDispatcher("/results.jsp");
        dispatcher.forward(request, response);
    }
}
```

③图书推荐。

```
public class BookRecommender {
    public List<String> getRecommendations(String user) {
        // 根据用户偏好返回推荐列表
        List<String> recommendations = new ArrayList<>();
        // 添加一些推荐的书籍
        recommendations.add("The Great Gatsby");
        recommendations.add("1984");
        return recommendations;
    }
}
```

④ JSP 页面。

```
<%@ page language="java" contentType="text/html; charset=UTF-8" %>
<html>
<head><title>Search Books</title></head>
<body>
  <form action="SearchServlet" method="post">
    Search Query: <input type="text" name=" searchQuery" />
    <input type="submit" value="Search" />
  </form>
</body>
</html>
```

5. MVC 设计模式

MVC（model-view-controller）设计模式在图书馆个性化服务中的应用带来了显著的创新，特别是在提高 Web 应用开发的效率和质量方面。

在传统的 Web 编程中，页面显示与业务逻辑通常紧密耦合，这不仅降低了代码的复用性，也使得代码难以维护和理解。MVC 设计模式通过将业务逻辑、数据模型和页面显示分离，有效地解决了这一问题，对 Web 开发特别是在图书馆个性化服务的开发中具有重要的意义。

在图书馆个性化服务的 Web 应用开发中，MVC 设计模式可以将用户界面、数据模型和业务逻辑分离开来。这种分离使得开发人员能够更加专注于各自的开发领域，提高了开发效率。例如，前端开发人员可以专注于用户界面的设计和优化，而后端开发人员则可以专注于业务逻辑的实现和数据的处理。

MVC 设计模式的应用还增加了图书馆个性化服务系统的灵活性和可维护性。由于业务逻辑与用户界面分离，系统的修改和升级变得更加简单和安全。例如，在需要改变用户界面的布局或风格时，开发人员无须修改后端的业务逻辑代码，反之亦然。这大大减少了系统维护的复杂度和风险。MVC 设计模式还促进了代码的复用和模块化。图书馆个性化服务系统经常需要实现类似的功能和界面元素。MVC 设计模式可以将这些共用的功能和元素抽象出来，作为可复用的模块，以便在不同的项目中重复使用。

四、Web2.0 技术在图书馆个性化服务技术创新中的应用

（一）Web2.0 概述

Web 2.0 是互联网演进的关键阶段，其定义虽未取得业界共识，却显著区别于前身 Web 1.0。传统的 Web 1.0 以用户作为信息的被动接收者，只能进行网页内容的单向展示与传递。相比之下，在 Web 2.0 时代，用户角色发生了根本性转变。用户不仅能够接收信息，还成为信息的创造者和传播者，实现了从静态到动态的跨越。

美国高科技风险投资机构 Bv Capital 的观点进一步揭示了这一转变的本质：Web 1.0 时代的用户体验相当于人机对话，而 Web 2.0 时代则转化为

人与人之间的互动。这种观点凸显了 Web 2.0 在促进互联网社会化方面的重要性。博客作者唐（Don）在其《Web 2.0 概念诠释》一文中进一步深化了对 Web 2.0 的理解，将其定义为以信息共享平台和社会化软件为核心的互联网新模式。这包括了以 Flickr、Craigslist、LinkedIn、Tribes、Ryze、Friendster、Delicious、43Things.com 等网站为代表的信息共享空间，以及以博客（Blog）、标签（Tag）、社交网络服务（SNS）、简易信息聚合（RSS）、维基（Wiki）等社会性软件的广泛应用。这一定义强调了 Web 2.0 在推动信息共享、增强用户互动和社区建设方面的作用。

Web 2.0 的发展还受到了新理论和新技术的影响，特别是六度分隔理论、XML、AJAX 等。这些理论和技术的应用不仅提高了 Web 2.0 平台的功能性和互动性，而且为用户提供了更丰富、更个性化的网络体验。因此，Web 2.0 可以被视为一种全新的互联网模式，它通过促进用户间的交互与参与，重塑了网络空间的社会结构和文化形态。

（二）Web 2.0 在图书馆个性化服务中的创新应用

1. Blog

Blog（Weblog）的兴起和普及不仅在互联网文化中占据重要地位，而且在图书馆个性化服务技术创新中发挥着关键作用。图书馆作为知识和信息的集散地，其服务模式在信息技术的驱动下经历了显著的转型。在这个过程中，Blog 作为一种新兴的信息传播模式，体现了 Web 2.0 的核心特性，即用户参与、内容共享和社区互动。

（1）信息发布与更新。图书馆通过 Blog 平台可以及时发布最新的图书信息、活动通知和学术资源，使得信息传播更为高效。Blog 的倒序排列功能确保了最新内容的优先展示，方便用户获取最新资讯。

（2）用户互动与反馈。通过 Blog，图书馆不仅能发布信息，还能促进用户参与。用户可在 Blog 上对图书馆的服务和资源进行评论和反馈，这种双向互动有助于图书馆更好地了解用户需求，从而提升服务质量。

（3）个性化内容推荐。结合用户在 Blog 上的互动数据（如评论、喜好、分享等），图书馆可以利用数据分析技术，为用户提供个性化的图书推荐和学术资源。

（4）知识共享与社区建设。Blog允许用户分享自己的见解和经验，图书馆可借此搭建一个知识共享的社区，促进知识的传播和用户间的学术交流。

（5）数字资源管理。图书馆还可以通过Blog维护和管理其数字资源，如电子书籍、在线期刊等，便于用户随时访问和使用。

在技术层面，实现图书馆Blog的功能通常需要使用Web开发语言和数据库技术。以下是一个简单的Blog系统的基本框架代码示例，使用Python语言和Flask框架实现。

```
from flask import Flask, render_template, request, redirect, url_for

app = Flask(__name__)

# 假设存在一个数据库用于存储博客文章（这里简化为列表）
posts = []

@app.route('/')
def index():
    return render_template('index.html', posts=posts)

@app.route('/post', methods=['GET', 'POST'])
def post():
    if request.method == 'POST':
        title = request.form['title']
        content = request.form['content']
        posts.append({'title': title, 'content': content})
        return redirect(url_for('index'))
    return render_template('post.html')

if __name__ == '__main__':
    app.run(debug=True)
```

上述代码使用 Flask 创建了一个简单的 Blog 应用，用户可以通过表单提交新的博客文章，并在主页上查看所有文章。这只是一个基础的示例，实际的图书馆 Blog 系统将更为复杂，涉及用户管理、数据存储、个性化推荐等多方面的技术实现。

2. Tag

Tag（标签）在图书馆个性化服务技术创新中发挥着至关重要的作用，特别是在信息资源的分类、用户交互性提升以及集体智慧的汇聚方面。图书馆作为一个信息密集型机构，其对于信息的组织、分类和检索有着严格和复杂的需求。在传统的图书馆系统中，这些功能通常依赖专业的分类法和索引体系。然而，随着数字化和网络化的发展，用户对图书馆服务的期望也在发生变化，他们更倾向于灵活、快捷且个性化的信息检索方式。

在这种背景下，Tag 的引入为图书馆提供了一种新的信息组织和检索机制。通过允许用户为图书、期刊、文章或其他数字资源打上自定义的标签，图书馆可以收集和利用这些来自用户的元数据，以实现更为动态和个性化的资源分类。这种由用户参与的分类方式不仅增加了图书馆资源的可检索性，也提高了资源的可见度和用户的参与度。Tag 还促进了用户之间的交互和协作。当用户对特定资源打上标签时，他们实际上是在参与一个共建共享的过程。其他用户可以通过这些标签发现新的资源，甚至可以通过有共同兴趣的标签找到具有相似兴趣的其他用户。这样，图书馆的平台不仅仅是一个单向的信息提供者，更成为一个多方参与、互动的社区。在集体智慧的汇聚方面，Tag 的使用也显得尤为重要。用户为资源打上的标签反映了他们对该资源的理解和使用方式，这种来自底层用户的知识和见解的聚集，为图书馆提供了宝贵的参考，以优化和调整其资源组织和服务策略。这也为图书馆提供了一个独特的视角，以了解和分析用户的需求和偏好。

3. SNS

SNS（social networking services）在图书馆个性化服务技术创新中扮演着重要角色，尤其是在促进社交互动、建立社区连接以及推动知识共享方面。图书馆作为传统意义上的知识与文化存储库，正逐渐转型为活跃的社交和学习空间。这一转型在很大程度上得益于 SNS 技术的融合与应用。

基于六度分割理论，SNS 展示了人与人之间的潜在联系，这对图书馆来说提供了一个机会，将用户根据共同的兴趣、需求或活动联系起来。通过实现在线社交网络，图书馆能够将用户的社会关系网搬到网络空间，为用户创造一个更为丰富和多样的社交圈子。这种转变有助于图书馆超越传统的服务边界，成为一个促进社交互动和知识共享的平台。

图书馆可以利用 SNS 技术，为用户提供个性化的服务和资源推荐。通过分析用户在社交网络上的行为、兴趣和互动，图书馆能够更准确地了解用户的需求和偏好，从而为其提供更加贴合个人需求的信息服务和资源。例如，基于用户在社交网络上的讨论和互动，图书馆可以推荐相关书籍、学术文章或者举办相关主题的活动。SNS 还为图书馆提供了一个强大的工具，以促进用户之间的知识共享和学习合作。用户可以通过图书馆的社交网络平台分享自己的见解，评论书籍和文章，甚至参与线上的学习小组和讨论会。这样的交互不仅增强了图书馆作为学习资源的价值，也加深了用户之间的知识交流和社区意识。

4. RSS

RSS（really simple syndication）作为一种简易的内容聚合工具，对于图书馆个性化服务技术的创新应用具有深远影响。RSS 具有高效的信息传递能力，能够将用户订阅的内容自动传送至阅读器，极大地简化了用户获取信息的过程。这一特性使得 RSS 在图书馆服务创新中扮演了关键角色，尤其是在信息获取、用户体验优化以及知识管理方面。

在信息获取方面，RSS 允许图书馆用户订阅感兴趣的主题或资源，如新书通知、学术期刊更新、特定领域的新闻等。通过 RSS，用户能够实时获取这些内容的最新更新，无须直接访问图书馆的网站或其他信息源。这种自动化的信息推送机制不仅提高了信息的获取效率，也增强了用户对图书馆资源的访问便利性。

RSS 提供了一种个性化的信息服务方式进而优化用户体验。用户可以根据自己的兴趣和需求定制信息源，从而得到更加贴合个人需要的内容。这种个性化体验在图书馆服务中尤为重要，因为它有助于提升用户的满意度和忠诚度，也鼓励用户更深入地利用图书馆提供的各类资源。

RSS 作为一种高效的信息组织和传递工具，为图书馆提供了更好的管理和传播知识的方式。图书馆可以利用 RSS 整理和分类各种资源，使得这些资源的推广和传播更加有序和高效。通过分析用户的 RSS 订阅情况，图书馆可以更好地理解用户的兴趣和需求，从而为未来的资源采购和服务提供方向。

5. Wiki

Wiki 作为一种网上协作的超文本系统，在图书馆个性化服务技术的创新应用中发挥了重要作用。它的核心特点在于允许多人共同对网站内容进行维护和更新，这种特性使得 Wiki 成为知识共享和协作式写作的理想平台。在图书馆服务的语境中，Wiki 的应用不仅改变了人们获取知识的传统方式，还促进了社群的形成和发展。

图书馆可以利用 Wiki 系统构建一个开放的知识共享平台，其中用户不仅能够访问由图书馆和其他用户共同创建和编辑的内容，还能够贡献自己的知识和经验。这种模式鼓励用户之间的互动和合作，促进了知识的民主化和去中心化，从而拓宽了图书馆服务的范围和深度。Wiki 系统的应用也有助于图书馆更好地了解和满足用户的需求。通过分析用户在 Wiki 平台上的贡献和活动，图书馆可以收集有关用户感兴趣和需求的宝贵数据，进而优化其服务和资源配置。例如，图书馆可以根据用户在 Wiki 上讨论的主题采购相关的书籍和资料，或者组织相关的活动和讲座。

Wiki 系统还支持面向社群的协作式写作，为用户提供了一个共同创造和分享知识的空间。这种协作式写作不仅促进了知识的积累和更新，也提升了用户社群的凝聚力。用户通过共同创作和维护 Wiki 内容，不仅能够学习新知识，还能够建立彼此之间的联系和信任。

结合上述提到的技术（Tag、SNS、RSS、Wiki）在图书馆个性化服务中的应用，图书馆可以设计一个简化的代码示例，展示这些技术如何协同工作以提供更好的用户体验。此代码示例使用 Python 语言和一些伪代码元素表示这些技术的集成。

```
from flask import Flask, render_template, request, jsonify
import feedparser  # 用于处理RSS
import simple_wiki  # 假设的简化Wiki处理库


app = Flask(__name__)


# 假设有数据库存储用户信息、标签、订阅等
users_db = {}
tags_db = {}
subscriptions_db = {}


@app.route('/user/<username>')
def user_profile(username):
    user_info = users_db.get(username, {})
    return render_template('user_profile.html', user=user_info)



@app.route('/tag/<tagname>')
def tagged_content(tagname):
    tagged_items = tags_db.get(tagname, [])
    return render_template('tagged_content.html', items=tagged_items)
```

```
@app.route('/rss')
def rss_feed():
    feed = feedparser.parse(subscriptions_db['rss_url'])
    return render_template('rss_feed.html', entries=feed.entries)


@app.route('/wiki/<page>')
def wiki_page(page):
    content = simple_wiki.get_page_content(page)
    return render_template('wiki_page.html', content=content)


if __name__ == '__main__':
    app.run(debug=Tr
```

这些技术的集成使得图书馆能够提供更加丰富、互动和个性化的服务，也增强了用户参与社区建设的能力。通过这种方式，图书馆能够更有效地适应数字化时代的挑战，为用户提供更加贴合其需求的服务。

第三节　图书馆个性化信息服务定制创新

一、个性化定制服务

所谓个性化定制服务是指能满足用户的个人信息需求的一种服务。它运用先进的信息技术，定制特殊的用户界面，以获取用户个人信息，了解和推测用户的需求，从而为用户提供更为到位的信息服务，提高用户满意度。①

互联网上众多的数字化资源为个性化定制服务提供了强大的支持。通过对大量数据的分析和处理，这些服务能够提供基于用户行为、偏好和历史记录的定制化内容。目前，个性化定制服务主要体现在为用户提供创建和管理个人信息功能的网站上，如网易的个性化网页等。用户可以根据自己的兴趣和需求定制新闻显示方式，选择新闻来源，设定常用搜索引擎、电子邮件提醒服务以及个性化的页面布局。

然而，这些个性化网站服务尽管提供了定制化的新闻、天气预报、股市信息等，但仍存在一定的局限性。它们通常只能满足用户对一般性消息的需求，而无法像图书馆那样提供更深入的学术性研究资料。对于需要专业知识或全方位信息服务的用户，尤其是科研人员，这些服务往往不能完全满足他们的需求。

因此，图书馆个性化定制服务的推出，正逐渐受到用户的广泛关注。图书馆个性化定制服务不仅能够提供传统的书籍和学术资源，还能结合用户的研究领域和兴趣，提供更加定制化的信息服务，如专业的学术论文、研究资料、特定主题的数据库等。这种服务的推出标志着图书馆信息服务向更加深入、细致的方向发展，能更好地满足用户多样化和专业化的信息需求。

二、图书馆定制服务系统的基本模型

图书馆个性化定制服务系统，作为一个以用户需求为核心的信息系统，展现出独有的特性和功能。该系统在设计和功能实现上强调以用户需求为中心，这些需求在数量和内容上持续变化，因此系统需具备“随用随成长”的特性，即能够随着用户需求的增加而不断进化和扩展，从

① 王火青．个性化定制服务：图书馆信息服务的创新[J]．图书馆论坛，2004，24（1）：110-112.

而表现出显著的开放性。

在数据处理方面，个性化定制服务系统的优势在于其对数据维护的简便性。系统获取的信息通常不需要复杂的加工处理，而主要依赖对元数据的处理，这些元数据的处理旨在优化系统的查询功能和满足用户需求的精准匹配。

该系统的构建可以分为三个主要部分：首先是个性化信息代理模型的构建，该模型的目的是从全局信息空间中筛选和分离出与特定用户相关的个性化信息。其次是用户代理模型的构建，这一环节涉及跟踪用户行为、学习和更新用户的兴趣记录。通过分析用户的行为和反馈，系统能够描绘出用户的兴趣特征，并据此建立个性化的用户模型。最后是实现网上信息与用户需求的智能化匹配，这不仅是构建信息代理和用户代理的基础，也是实现个性化信息服务的关键环节。

（一）个性化信息代理模型

本地信息库是个性化信息代理模型的核心组成部分，主要负责存储和维护本系统所掌握的数据资源。这些数据资源被视为可能满足用户需求的信息。在本地信息库中，元数据的维护工作至关重要，它涉及数据的存储、分类以及被访问的特征等方面。系统对这些元数据的有效管理可以确保信息库中的数据保持最新，且易于检索和使用，从而有效提高系统对用户需求的响应速度和准确性。

外部信息库的功能则主要体现在拓展和丰富系统的数据资源上。当本地信息库中不存在用户所需的特定信息时，个性化信息代理会搜索外部信息库，以获取所需信息。这包括与其他信息服务商合作获取的联合品牌服务信息。外部信息库的关键任务是进行信息的格式化处理，确保所获取的信息能够以多样化的形式呈现，从而满足不同用户的个性化需求。

（二）用户代理模型

用户信息库的核心在于储存和处理关于用户个人特征档案的信息。

这些信息包括用户的基本资料、历史行为记录、偏好设置等，其数据结构的设计是决定个性化信息服务系统服务质量的关键。良好的数据结构设计能够确保用户信息的全面性和系统性，为后续的用户需求分析和服务个性化提供坚实的数据基础。

需求信息库则主要负责接收用户的请求，并跟踪收集用户需求信息。这一过程涉及对用户类型、检索行为及其特征的细致分析，从而建立详细而准确的用户模式。系统通过分析这些信息，能够更好地理解用户的需求，并据此提供更为精准的个性化服务。需求信息库的效能在很大程度上取决于其能否准确分析和表达用户需求，这是系统发挥作用的核心。

（三）网上信息与用户需求匹配模型

该模型围绕信息搜索与处理、个性化用户接口以及总控部分构建，其核心目标在于高效、准确地将用户需求与相应的信息资源匹配起来，以实现个性化服务。

信息搜索与处理部分是系统的信息流控制中心。其主要功能在于接收用户信息需求，判断这些需求是指向系统已有的信息（即存在于本地信息库中），还是指向系统尚未拥有的信息（即需查询外部信息库）。对于已存在的信息，系统将执行本地信息库查询；对于未存在的信息，系统则转向外部信息库搜索，以便在互联网上获取相应信息。这一过程确保了用户需求能够得到迅速且准确的响应。

个性化用户接口则负责根据用户的个人信息和数据需求有效组织页面内容，并将其传送至用户的浏览器。用户接口的设计决定了用户的操作体验和系统的呈现方式。作为系统的“面具”，它通过一套交互技术，为用户提供了友好且直观的使用界面，从而增强了用户体验。

总控部分的作用在于协调系统各模块之间的工作。由于信息搜索与处理、个性化用户接口等子系统间存在着相互的交互活动，有效地控制这些交互活动至关重要。总控模块通过实现对这些活动的控制，确保数字图书馆的资源组织、信息服务与用户需求能够协调统一，从而提升服务效率和效果。

三、图书馆可借鉴的个性化定制服务

（一）数据库查询服务

数据库查询服务在图书馆个性化定制服务中扮演着基础而重要的角色，尤其是通过建立“镜像”数据库为用户提供服务的方式。这种服务的实质是将网上信息系统的内容合理备份，以供本馆用户使用。在此过程中，“镜像”数据库的建立涉及图书馆员根据用户需求预先设定的网址，对网上信息进行合法备份，再通过自动跟踪、筛选、下载等步骤建立专业数据库，并定期更新以提供专题跟踪服务。

该数据库的优势在于其可重复使用性和检索文档的建立，这减少了用户重复上网查找相同信息的需求。然而，尽管这种数据库查询服务为用户提供了一定程度的信息自动化获取功能，但它在用户目标群体的准确细分和定位方面存在不足。由于每个用户的查询模式和所获得的信息模式基本相同，这种服务方式缺乏足够的个性化和定制化。因此，虽然数据库查询服务在某种程度上实现了信息的自动化和快速获取，但它更多的是定制服务的初级阶段，未能充分发挥个性化定制服务的潜力。

（二）学科信息导航

学科信息导航服务在图书馆个性化定制服务中占据重要的地位，特别是在面对互联网上海量学术资源时，为读者提供有效的信息导航和资源整合成为一项挑战。这项服务通过利用互联网交互技术，在读者和信息源之间架设了一座桥梁，使得用户能够更便捷地找到符合自己需求的信息资源。

在实际操作中，学科信息导航服务通过对互联网上的节点进行主题归纳和分类，按照用户友好的原则，引导用户访问特定的网址以获取所需信息。这种服务的优势在于其能够将繁杂、分散的网络资源进行有效的整合和分类，为用户提供针对性强、易于检索的信息导航。例如，上海交通大学图书馆的“重点学科网上资源收集”和复旦大学图书馆的“重点导航系统”都是这种服务模式的典型代表，它们集中了“211”工程重点学科资源，包括专业介绍、学科导航、网上数据库等。因此，学科信息导航不仅是一种网络信息整合的有效方式，也是图书馆在数字化时代积极响应用户需求，提高服务水平的体现。

（三）MyLibrary 个性化服务系统

MyLibrary 个性化服务系统是数字图书馆领域的一个创新概念，旨在通过提供定制化的信息服务，满足用户个性化的信息需求。在中国，许多图书馆也开始提供这种服务，其中浙江大学图书馆开发的“MyLibrary”系统便是一个典型的例子。浙江大学图书馆的“MyLibrary”系统以用户需求为核心，提供了一系列功能来满足用户对数字资源的定制需求。用户通过在“MyLibrary”系统中选择和组织自己所需的图书馆数字资源，能够在后续访问时获取与这些资源相关的最新内容。系统的功能包括但不限于以下几个方面。

（1）定制数字图书馆数字资源。用户可以从图书馆提供的网络数据库、电子期刊、新书目等中选择所需资源，并将这些资源集成到“MyLibrary”中。

（2）书签功能。类似于浏览器的书签功能，用户可以最多选择 6 个 Web 页面的 URL 地址放入书签中，便于快速访问常用的站点，包括图书馆网站的搜索页面、搜索引擎或其他经常访问的网站。

（3）最新信息通告。系统能够向用户提供最新的图书馆资源和活动信息。

（4）搜索引擎链接。提供快速链接到主要的搜索引擎，方便用户进行信息检索。

（5）更多的图书馆链接。链接到其他图书馆相关资源和服务。

（6）定制 Web 页面样式。允许用户根据个人偏好定制 MyLibrary 界面的外观和布局。

（7）用户个人信息安全与隐私保护。确保用户个人信息的安全和隐私不被泄露。

“MyLibrary”个性化服务系统通过其多样化的功能不仅提升了用户获取信息的便利性和效率，还增强了数字图书馆服务的个性化和用户体验。这种服务模式体现了数字图书馆服务向个性化、以用户为中心转变的趋势，对于满足用户多样化的信息需求和提升图书馆服务水平具有重要意义。随着技术的发展和用户需求的变化，此类个性化服务系统将在图书馆服务中发挥越来越重要的作用。

（四）最新信息推送服务

推送服务作为现代信息技术与图书馆服务结合的产物，展现了信息获取方式的创新与进步。该服务基于用户设定的检索条件，从资源库中筛选并及时通知用户最新信息，有效解决了读者日常不愿频繁浏览网站的问题。其核心优势在于实现信息获取的主动性与针对性，使用户能够高效地接收到相关领域的更新内容。

在实现机制上，通过监控网站内容的变更，当特定的网站内容发生变化时，系统即刻向用户推送相关最新信息。在这一过程中，最新信息跟踪工具发挥了关键作用，它们能够实时监控 Web 上的信息变化，包括网页内容的更新、搜索引擎的最新检索结果及 Usenet 的最新新闻等。这些工具不仅提高了信息筛选的效率，而且保证了信息的时效性和相关性。

第六章　图书馆数字化与个性化服务未来发展趋势

第一节　图书馆数字化服务的发展趋势

一、用户中心化

用户中心化是图书馆数字化服务发展的核心趋势之一。这一趋势反映了图书馆服务从传统的以资源为中心向用户需求导向的转变，其中，用户的个性化需求成为推动服务创新和改进的主要动力。

在数字化时代，图书馆面临着多元化、碎片化的用户需求。因此，用户中心化的服务模式不仅关注提供丰富多样的数字资源，还关注如何根据不同用户的需求提供定制化的信息服务。例如，利用数据分析技术，图书馆可以对用户的访问行为、偏好和反馈进行深入分析，据此优化资源的组织和推荐系统，实现有针对性的资源推荐和服务。

用户中心化还体现在提升用户体验和互动性方面。数字化图书馆应重视界面设计的友好性和易用性，确保用户能够轻松地访问和利用数字资源。通过社交媒体、线上讨论组和用户反馈机制，图书馆可以与用户建立更紧密的互动关系，及时收集用户意见，进一步改善服务。在技术应用层面，用户中心化还意味着采用先进技术以满足用户需求。例如，应用人工智能和机器学习技术，图书馆可以实现更智能的信息检索、个性化推荐和自动化客户服务。这些技术的应用不仅提高了服务效率，而且增强了用户体验。

二、集成化资源管理

集成化资源管理作为图书馆数字化服务的重要组成部分，其核心在于通过高效的技术手段统合各类信息资源，实现资源的优化配置和利用。在数字化时代背景下，这一管理模式对于提升图书馆服务的效率和质量具有重要意义。随着信息技术的飞速发展，数字资源呈现爆炸式增长，图书馆面临的挑战在于如何有效地管理这些庞杂的资源。集成化资源管理系统（integrated resource management system, IRMS）的设计和应用，是对此挑战的直接回应。集成化资源管理系统通过整合不同类型和格式的数字资源，提供一个统一的检索和访问平台，极大地简化了用户的信息获取过程。例如，通过该系统，用户可以在一个界面内访问电子书籍、学术期刊、数据库、多媒体材料等多种资源，无须切换多个平台，显著提高了检索的效率和体验。

除了资源整合外，集成化资源管理还注重资源的智能化处理。利用数据挖掘、自然语言处理等技术，集成化资源管理系统能够对资源进行智能分类、标签生成和相关性分析，进而提供精准的资源推荐和个性化服务。这种智能化处理不仅优化了资源的组织和检索过程，也为用户提供了更加贴合其需求的信息服务。

在数据管理方面，集成化资源管理系统还承担着资源的持续更新和维护职责。系统需要具备高效的数据更新机制，确保所提供的资源保持其时效性和准确性。系统还需具备良好的可扩展性和兼容性，以适应不断变化的技术环境和日益增长的资源需求。

集成化资源管理还涉及用户数据的分析和利用。通过对用户访问行为、检索历史和偏好设置的分析，集成化资源管理系统能够进一步优化资源的推荐算法，为用户提供更为个性化的信息服务。这种基于用户数据的分析和应用，不仅增强了服务的针对性，也促进了图书馆对用户需求的深入理解。

三、移动访问与云服务

移动访问与云服务是图书馆数字化转型的重要趋势，它们共同构成了现代图书馆服务框架的基础。在这一趋势下，图书馆通过利用移动技术和云计算资源，提供更为灵活和高效的信息服务，满足用户在数字化时代的多元化需求。

移动技术的应用为图书馆服务带来了根本性的变革。在移动互联网普及的背景下，用户期望能够随时随地访问信息资源。因此，图书馆需要通过开发移动应用程序（App）或优化移动网站，确保用户在不同设备上均能获得良好的访问体验。移动技术的应用不应局限于信息检索，还应包括移动支付、预约服务、线上咨询等多个方面，这些服务的移动化极大地提升了服务的便利性和可及性。

云服务的引入是图书馆数字化服务的另一个重要方向。云计算提供了一种高效、可扩展的数据存储和处理方案，使得图书馆能够处理和存储大量的数字资源，同时降低了硬件维护的成本和复杂性。云服务的优势不仅在于其存储能力，还在于其弹性和可扩展性。图书馆可以根据需求动态调整资源，有效应对用户访问量的波动和不断增长的数据存储需求。

移动访问与云服务的结合为图书馆服务带来了更高的灵活性和效率。用户可以通过移动设备访问云端存储的资源，享受无缝的信息获取体验。云服务还支持了资源的远程协作和共享，使得图书馆能够摆脱地理限制，与其他机构合作，共建更为丰富和多元的资源库。

移动访问与云服务还促进了图书馆服务的个性化和智能化。通过收集用户在移动端的访问数据，图书馆可以更准确地理解用户需求，提供更为精准的个性化推荐。云服务的强大计算能力也为大数据分析和人工智能算法的应用提供了基础，进一步优化了信息检索和资源推荐的智能化水平。

移动访问与云服务也带来了一系列挑战，如数据安全和隐私保护、服务质量的持续提升、用户培训和支持等。图书馆需要在确保服务安全和高效的同时，不断优化用户体验，满足用户日益增长的信息需求。

四、跨界合作

跨界合作作为数字化图书馆发展的一个显著趋势，揭示了图书馆在知识经济时代中的新角色和新功能。在这一趋势下，图书馆通过与学术机构、技术公司等不同领域的实体建立合作关系，共同推动信息资源的共享、知识的创造和创新活动。

在数字化环境中，图书馆的资源和服务已经超越了传统的物理边界，而跨界合作进一步扩展了图书馆的功能和影响力。与学术机构的合作可以促进学术研究和教育资源的共享。例如，图书馆可以与大学、研究所等机构共建数字资源库，共享学术资料，促进研究成果的交流和传播。通过参与学术项目，图书馆还可以参与学术研究活动，为其提供信息支持和技术服务。

与技术公司的合作则使得图书馆能够利用最新的技术进行服务创新。技术公司提供的云计算、大数据分析、人工智能等技术，不仅可以优化图书馆的信息管理和服务流程，还可以帮助图书馆开发新的服务模式，如智能检索、个性化推荐等。与技术公司的合作还可以带来资金和技术资源，支持图书馆进行技术升级和服务创新。

跨界合作还包括与其他行业和社区的合作。图书馆可以与政府机构、非营利组织、企业等合作，共同推动公共教育、文化传播和社会服务。

例如，图书馆可以参与公共健康、环境保护等社会问题的宣传和教育活动，利用自身的资源和平台进行知识普及和公众意识提升。在跨界合作的过程中，图书馆需要充分利用自身的专业优势，如信息组织、知识管理、用户服务等。图书馆还需要具备跨领域沟通和协作的能力，能够理解不同领域的需求和特点，构建有效的合作机制和模式。

跨界合作的成功还依赖对知识产权、数据隐私和伦理问题的妥善处理。图书馆需要在合作中保护知识产权，尊重用户的数据隐私，遵循相关的法律法规和伦理准则。

五、数据分析与可视化

数据分析与可视化在图书馆数字化服务的发展中扮演着日益重要的角色。这一趋势源于对图书馆资源使用和用户行为的深入理解所带来的需求，以及现代信息技术在处理大规模数据方面的进步。

数据分析在图书馆服务中的应用主要体现在对用户行为和资源使用情况的分析方面。通过收集和分析用户的搜索习惯、阅读偏好、互动反馈等数据，图书馆能够获得对用户需求的深入洞见。这些洞见对于优化资源配置、改进服务质量、设计个性化推荐等方面至关重要。例如，通过分析用户对特定资源的访问频率和持续时间，图书馆可以识别出高需求和低需求的资源，据此调整资源的采购和优先级。数据分析还有助于预测未来的趋势和需求。通过对历史数据的挖掘和模式识别，图书馆可以预测未来的用户需求和资源流行趋势，为采购决策和服务规划提供支持。例如，对过去的借阅数据进行的季节性分析，可能揭示在特定时间段内用户对某类资源增加的需求。

可视化技术的应用则是数据分析的重要补充。可视化技术可以将复杂的数据转换为直观的图形和图表，帮助用户和图书馆管理者更容易理解数据的含义和趋势。在用户服务方面，可视化技术可以帮助用户更快地发现和理解信息，提升信息检索的效率和准确性。例如，通过对搜索结果进行图形化展示，用户可以更快地找到所需资源，并了解资源之间的关联。

在管理层面，数据可视化有助于图书馆管理者更有效地进行决策。通过将数据转换为易于理解的视觉格式，管理者可以快速把握资源使用情况和用户行为的整体趋势，为资源配置、服务改进和政策制定提供依据。数据可视化也是向利益相关方，如资助者或管理机构，展示图书馆性能和服务成效的有效工具。

数据分析与可视化也面临着挑战，如数据质量的保证、用户隐私的保护、分析结果的准确性和可解释性等。图书馆需要建立有效的数据管理和分析体系，确保数据的准确性和安全性，同时合理解读和应用分析结果。

第二节 图书馆数字化与个性化智能服务

一、智能检索系统

在人工智能技术迅猛发展的当下，智能检索系统成为图书馆数字化服务中的一个重要技术发展趋势。该趋势的核心在于利用人工智能（AI）技术，特别是自然语言处理和机器学习优化传统的检索系统，提高检索的精度和效率，以及实现更加深入的语义理解。

智能检索系统通过集成先进的自然语言处理技术，使得图书馆的检索工具不仅能理解关键词，还能理解用户查询的语义和上下文。这意味着用户可以使用自然语言，甚至是非正式的、口语化的查询语句检索信息，而系统能够准确理解并返回相关结果。例如，通过对用户查询的同义词、上下文和意图的智能分析，系统能够提供更加精确和相关的搜索结果。机器学习技术的应用使得智能检索系统能够从用户的检索历史和反馈中学习，不断优化检索算法。这种学习能力意味着系统能够随着时间的推移和与用户互动的增加而不断提高性能。例如，系统可以识别出特定用户群体对某类资源的偏好，并据此调整未来相似查询的结果排序。

智能检索系统还包括对检索结果的智能分类和过滤功能。利用 AI 技术，系统可以自动对检索结果进行分类、摘要生成和重要性评估，使用户能够更快地找到最相关的信息。智能过滤技术可以帮助用户避开不相关或低质量的内容，提高检索的有效性。在用户体验方面，智能检索系统还支持个性化推荐和交互式查询。系统可以根据用户的历史行为和偏好提供个性化的资源推荐。通过交互式查询，用户可以与系统进行对话式的互动，逐步细化他们的信息需求，从而获得更为精确的检索结果。智能检索系统的发展还依赖对技术和数据的合理应用。为了实现有效的智能检索，图书馆需要收集和处理大量的用户数据和资源元数据。这不仅涉及技术的实现，还涉及数据隐私和安全性的问题。因此，图书馆在开发和应用智能检索系统时，需要确保遵循与数据保护相关的法律法规，保护用户的隐私。

二、个性化推荐

个性化推荐系统是图书馆数字化服务中人工智能应用的一个重要方向，其核心在于利用机器学习算法深入分析用户行为和偏好，进而提供定制化的图书和资料推荐。这一趋势的发展代表了图书馆服务从传统的一般性服务向更加个性化、用户导向的转变。

机器学习算法是实现个性化推荐的核心技术。通过分析用户的历史借阅记录、搜索查询、阅读时间、在线行为等数据，机器学习模型可以识别出用户的兴趣点和偏好模式。这种基于数据驱动的分析方式使得推荐系统能够自动学习和适应用户的行为变化，从而提供更加精准和相关的推荐。个性化推荐系统的应用不仅限于推荐相应的图书和资料，还包括为用户推荐相关的活动、课程和讲座等。通过综合考虑用户的兴趣、专业背景和活动参与历史，系统能够提供全方位的个性化服务，丰富用户的图书馆体验。

个性化推荐系统还能够帮助图书馆更好地管理和展示其资源。系统通过识别用户群体的普遍兴趣和需求趋势，可以指导图书馆对资源的采购、分类和展示方式进行优化。例如，如果系统识别出某一主题或类型的资源在特定用户群中受欢迎，图书馆可以相应增加该类资源的购买和推广。

个性化推荐在提升用户满意度和忠诚度方面发挥着重要作用。通过提供符合个人兴趣和需求的定制化推荐，图书馆能够更有效地吸引和保留用户，同时提升用户对图书馆服务的整体满意度。

三、自动化内容管理

在图书馆数字化服务的发展中，自动化内容管理作为人工智能应用的一个关键领域，正在逐步变革图书馆的内容组织和管理方式。该趋势涉及使用 AI 技术对图书馆的数字内容进行高效的分类、标签生成和管理，从而提升数据处理的效率和准确性。

自动化内容管理的核心在于利用人工智能，尤其是机器学习和自然语言处理技术，处理和组织大量的数字化资料。传统的内容管理往往依赖手动操作，耗时且容易出错。AI 技术通过对内容的自动识别和分类，能够显著提高处理速度和准确性。例如，机器学习算法可以自动识别文档的主题和类型，为其生成恰当的标签和元数据，从而使内容的检索和组织更为高效。AI 在内容管理中的应用还包括自动化文摘和关键词提取。这一功能对于帮助用户快速了解文档的主要内容和主题极为重要，尤其是在面对大量资料时。通过自动分析文本并提取关键信息，系统可以为用户节省筛选和阅读大量文档的时间。

自动化内容管理还支持文本的语义分析和情感分析。这种深度分析能力使图书馆能够更准确地理解内容的含义和情感色彩，进而提供更丰富的搜索和推荐功能。例如，对文学作品进行的情感分析，可以帮助用户找到具有类似情感色彩的作品。

AI技术在自动化内容管理中的应用还有助于发现和利用隐藏在数据中的模式和关系。通过数据挖掘技术，图书馆可以识别出不同内容之间的关联和趋势，为学术研究和知识发现提供支持。这种深入的数据分析能力为图书馆提供了从传统的内容存储者转变为知识探索者的可能性。

四、智能问答服务

智能问答服务作为人工智能在图书馆数字化服务中的应用之一，标志着信息咨询服务的一大进步。此类服务的核心在于利用自然语言处理技术提供智能化、自动化的问答和信息咨询，从而提高服务效率同时减少对人工参与的依赖。

自然语言处理技术在智能问答系统中的应用，使得系统能够理解和处理用户以自然语言形式提出的问题。这种理解能力基于对语言结构、语义和上下文的深入分析，使得系统不仅能识别关键词，还能把握问题的整体意图和具体细节。用户无须使用特定的关键词或遵循严格的查询格式，就能获得准确的答案和信息。

智能问答服务的另一个重要特点是其自我学习能力。随着与用户互动的不断增加，系统能够从过去的查询和交互中学习，不断优化其回答的准确性和相关性。例如，通过分析用户对回答的满意度和后续行为，系统可以调整其回答策略和内容，以更好地满足用户需求。

在应用层面，智能问答服务可以支持多种信息咨询任务。从基本的图书查询、借阅规则解答到更复杂的学术资源导引和研究问题讨论，这些服务能够覆盖图书馆用户的广泛信息需求。智能问答系统还可以提供全天候服务，解决时间限制和人力资源不足的问题，大大提高了服务的可及性和便利性。

智能问答服务还为图书馆提供了一种新的用户互动方式。通过这种互动，图书馆可以更深入地了解用户的需求和偏好，收集有价值的用户反馈，为服务改进和资源优化提供数据支持。这种互动也增强了用户对图书馆服务的参与感和满意度。

五、预测分析

预测分析在图书馆数字化服务中的应用，特别是结合人工智能技术，正逐渐成为提升资源管理效率和有效性的关键工具。预测分析的核心在于运用机器学习和数据挖掘技术，分析历史数据和用户行为，从而预测未来的资源需求和使用趋势，为图书馆的资源采购和配置提供科学的决策支持。

预测分析通过对图书馆历史借阅记录、用户访问数据、社会趋势等信息的综合分析，可以揭示资源使用的模式和趋势。例如，机器学习模型可以识别特定时期或特定用户群体的借阅偏好，预测某类书籍或资料未来的需求量。这种基于数据的预测能力使图书馆能够更加精准地进行资源采购，避免资源过剩或短缺的问题。

除了对借阅需求的预测，预测分析还可以应用于图书馆服务的其他方面。例如，通过分析用户在图书馆网站和在线资源上的行为模式，预测分析可以帮助图书馆优化网站布局和数字资源的组织方式，提高用户满意度和资源的使用效率。同样，预测分析还可以用于图书馆活动和项目的规划，通过预测用户对不同类型活动的兴趣和参与度，帮助图书馆更有效地进行活动策划和资源分配。

在实施预测分析时，数据的质量和处理技术是关键因素。图书馆需要确保收集到的数据具有足够的范围和深度，以便构建准确的预测模型。数据的处理和分析需要应用先进的机器学习算法和统计技术，以确保预测结果的准确性和可靠性。预测分析在应用中还需考虑用户隐私和数据安全问题。在收集和分析用户数据时，图书馆必须遵守相关的数据保护法律法规和伦理准则，确保用户信息的安全和隐私不被侵犯。

第三节　图书馆数字化服务的创新方向

一、虚拟现实与增强现实

虚拟现实（VR）和增强现实（AR）技术在图书馆数字化服务的创新方向上占据了重要地位，它们为用户提供沉浸式的阅读和学习体验，开辟了信息服务的新领域。这些技术的融入，不仅丰富了图书馆的服务形式，也加强了图书馆在教育和文化传播中的作用。

虚拟现实技术通过创造全面的虚拟环境，为用户提供了一种全新的阅读和学习方式。在这种环境中，用户可以身临其境地体验不同的场景和情境，无论是历史事件的重现、复杂概念的可视化，还是虚构世界的探索，虚拟现实技术都能提供近乎真实的体验。例如，通过虚拟现实技术，用户可以“走进”历史场景中，亲身体验历史事件，从而获得比传统阅读更深刻的理解和感受。

增强现实技术则通过在现实世界中叠加虚拟信息，丰富了用户的实际环境。在图书馆应用中，增强现实技术可以用来增强传统的阅读材料。例如，通过手机或平板电脑扫描书籍的图片，用户可以看到动画或视频，使得学习内容更加生动和易于理解。增强现实技术还可以用于图书馆导览，通过叠加指示和解释性信息帮助用户更好地利用图书馆的资源和设施。

虚拟现实和增强现实技术的应用，也为图书馆提供了新的教育工具。在教学活动中，这些技术可以用来模拟实验操作、展示复杂的科学过程或提供互动式的学习内容，从而增强学习的吸引力和效果。特别是在科学、工程和医学等领域，虚拟现实和增强现实技术的应用可以帮助学生以直观和实践的方式掌握专业知识。

虚拟现实和增强现实技术也为图书馆提供了新的文化体验方式。通过这些技术，图书馆可以创造富有吸引力的展览和文化活动，如虚拟的艺术画廊、历史展览，甚至是互动的文学体验，吸引更多的公众参与文化活动，提高公众对文化遗产的兴趣和认识。

然而，虚拟现实和增强现实技术在图书馆的应用也面临着挑战，包括技术成本、用户接受度、内容开发和版权问题等。图书馆在引入这些技术时需要考虑如何平衡技术投入和预期效益，如何设计符合用户需求和习惯的体验，以及如何合法合规地开发和使用相关内容。

二、开放获取与共享

在图书馆数字化服务的创新方向中，开放获取与共享的概念正日益成为核心议题。开放获取（open access, OA）指的是无须支付费用即可获取学术和教育资源的一种模式，其目的在于促进知识的自由流动和学术交流的加强。随着数字化技术的发展，图书馆正在成为推动开放获取和资源共享的重要力量。

开放获取资源的推广不仅有助于提升学术研究的可及性，还促进了教育资源的民主化。传统的学术出版模式往往涉及高额的订阅费用，这对于许多研究人员和学生来说是一个不小的门槛。通过开放获取，尤其是数字化的开放获取资源，图书馆能够为用户提供免费访问高质量学术内容的渠道，从而促进知识的平等获取。图书馆在推广开放获取方面扮演着多重角色。它们作为知识资源的收集者和提供者，可以积极收集和整理开放获取的学术杂志、论文集、专著和教育材料，为用户提供丰富的免费资源。图书馆还可以通过建立开放获取数据库和数字化存档，为学术成果的长期保存和公共访问提供支持。

图书馆还可以在开放获取的推广和教育中发挥作用。通过组织研讨会、讲座和工作坊，图书馆可以帮助研究人员、学生和公众了解开放获取的重要性和优势，鼓励他们利用和贡献开放获取资源。图书馆可以与学术出版社合作，推动更多的学术内容转向开放获取模式。在知识共享方面，图书馆通过数字化服务平台使得资源共享变得更加容易和高效。用户不仅可以远程访问开放获取资源，还可以通过社交媒体、论坛和在线社区分享和讨论这些资源。这种共享模式不仅促进了学术交流，还有助于构建跨学科和国际化的研究社群。

三、数字人文与社交媒体整合

数字人文与社交媒体的整合代表了图书馆数字化服务的一个创新方向，这一整合不仅拓展了图书馆服务的范围，也增强了其在社会上的影响力。数字人文（digital humanities）作为一门交叉学科，结合了人文学科的研究方法和信息技术，而社交媒体作为信息传播和社交互动的重要平台，其与数字人文的结合为图书馆服务带来了新的可能性。

图书馆通过整合数字人文项目与社交媒体，可以更有效地传播人文知识和文化价值。例如，图书馆可以利用社交媒体平台分享数字化的历史文献、艺术作品和文化遗产，使这些资源能够触及更广泛的受众。通过这种方式，图书馆不仅可以促进文化遗产的保护和传播，也能提升公众对人文学科的兴趣和认识。

社交媒体平台还为图书馆提供了与用户互动和鼓励用户参与的新渠道。图书馆可以利用这些平台开展在线研讨、互动展览和文化活动，鼓励用户参与数字人文项目。这种参与不仅提升了用户的参与感和满意度，也为图书馆提供了宝贵的用户反馈和数据，有助于进一步优化服务和资源。在数字人文项目的推广和教育中，社交媒体也发挥着重要作用。图书馆可以通过社交媒体进行数字人文教育和推广活动，如发布教育视频、互动问答和开设在线课程，使得人文学科的学习变得更加容易和有趣。

这种推广方式不仅扩大了图书馆服务的影响范围，也促进了人文学科知识的普及和传播。

数字人文与社交媒体的整合还为图书馆提供了新的研究工具和方法。例如，利用社交媒体数据进行文化趋势分析、公众情感分析等，可以为人文学科研究提供新的视角和数据来源。社交媒体平台上的用户互动和内容生成也为数字人文研究提供了丰富的实证材料。

四、数字保全与档案管理

数字保全与档案管理是图书馆数字化服务的一个创新方向，主要关注如何利用数字技术确保文化遗产和重要档案的长期保存。随着数字化时代的到来，图书馆面临着将传统资料转化为数字格式以及维护这些数字资料的挑战。这不仅是为了保护和保存历史文化遗产，也是为了确保未来世代能够访问这些宝贵资源。

数字保全涉及将传统的纸质文档、影像、录音等转化为数字格式，以及保护这些数字化资料免受技术淘汰和物理损坏的风险。数字保全不仅需要精确的扫描和转录技术，还需要合适的数字存储解决方案以及长期的数据管理策略。图书馆在这方面的工作不仅是技术性的，还涉及确保数字化过程中保持原始资料的完整性和真实性。

档案管理在数字化时代也遇到新的挑战和机遇。随着数字资料的日益增加，如何有效地组织、存储和检索这些资料成为一个重要议题。图书馆需要发展有效的数字档案管理系统，以便用户能够方便地访问和使用这些资料。这些系统不仅要有强大的搜索和检索功能，还需要具备元数据管理、资料分类和长期存储的能力。

为了实现有效的数字保全与档案管理，图书馆还需要考虑数据的安全性和可持续性。这包括保护数字资料免受技术故障、网络攻击和物理损害的风险，还要考虑如何应对技术快速更迭带来的挑战。例如，随着新的文件格式和存储媒体的出现，图书馆需要定期更新和迁移其数字资料，以确保这些资料能够在未来仍然被访问和使用。

数字化档案的可访问性和普及也是图书馆需要考虑的问题。图书馆不仅要确保数字资料的保存，还要努力使这些资料对公众和研究人员更加容易获取。这意味着图书馆需要开发友好的用户界面，提供丰富的在线访问服务，还要考虑知识产权的问题。

五、众包与用户参与

众包与用户参与在图书馆数字化服务的创新方面扮演着日益重要的角色。这种模式通过广泛动员用户群体的智慧和能力，为内容的创建、整理和管理贡献力量，它不仅丰富了图书馆的资源和服务，还促进了用户社区的形成和发展。众包在图书馆服务中的应用可以采取多种形式。最常见的是通过用户群体进行资料的数字化、标注和校对工作。例如，图书馆可以邀请用户帮助转录历史文档、标记和分类图像集，或参与地图的数字化过程。用户的参与不仅加速了数字化工作的进程，还增加了用户与图书馆资源的互动，提高了资源的准确性和丰富性。

用户参与还体现在内容创造和知识共享上。图书馆可以搭建平台，鼓励用户提供创作内容，如书评、研究笔记和教学材料，并与社区共享。这种方式不仅扩展了图书馆的资源种类，还丰富了用户的学习和交流体验，形成了知识共享和协作学习的氛围。

用户参与还可以通过社交媒体平台和在线论坛来实现。图书馆可以在这些平台上发布项目，邀请用户参与讨论和协作，如共同策划主题展览、参与在线研讨会或共同开发教育资源。通过这些活动，用户不仅能够贡献自己的知识和技能，还能在活动过程中学习新知识，拓宽视野。用户参与的成功在很大程度上依赖图书馆构建有效的参与机制和激励体系，包括提供清晰的参与指南、确保平台的易用性以及通过认可和奖励等方式鼓励用户参与。图书馆还需要确保参与过程中的沟通和反馈渠道畅通，以便及时解决问题和吸纳建议。

参考文献

[1] 林雅萍 . 图书馆数字化管理 [M]. 上海：上海辞书出版社，2008.

[2] 周献红 . 当代图书馆数字化研究与管理 [M]. 沈阳：白山出版社，2010.

[3] 张怀涛 . 高校图书馆数字化建设研究 [M]. 西安：西安出版社，2003.

[4] 李青，张丽红 . 中小型图书馆数字化建设应用读本 [M]. 北京：北京图书馆出版社，2007.

[5] 任慧栋 . 数字化图书馆研究 [M]. 北京：中国书籍出版社，2016.

[6] 李平，张旭芳，陈家欣 . 数字化档案管理与图书馆资源建设 [M]. 长春：吉林人民出版社，2022.

[7] 庞余良，董恩娜，温颖 . 数字化图书馆建设与阅读服务创新 [M]. 长春：吉林人民出版社，2021.

[8] 刘延青 . 最新图书馆个性化发展与发展评价实用全书: 上 [M]. 北京: 知识出版社，2010.

[9] 何璃芳 . 数字化时代的高校图书馆建设 [M]. 昆明：云南大学出版社，2007.

[10] 王荣国，卢朝霞 . 数字化图书馆文集 [M]. 沈阳：东北大学出版社，1999.

[11] 张政和 . 图书馆自动化与数字化 [M]. 呼和浩特：远方出版社，2004.
[12] 祁苑红 . 建设数字化时代的特色图书馆：2015 第七届中美图书馆实务论坛文集 [M]. 昆明：云南大学出版社，2016.
[13] 包冬梅 . 开放数字环境下的个性化科研信息空间研究：学术图书馆的视角 [M]. 广州：华南理工大学出版社，2017.
[14] 刘延青 . 最新图书馆个性化发展与发展评价实用全书 ：中 [M]. 北京：知识出版社，2010.
[15] 李哲汇 . 数字化进程中的图书馆 [M]. 北京：北京图书馆出版社，2007.
[16] 余光洲 . 数字图书馆信息化建设方向与构建策略及考核评估标准和优秀经营借鉴大全：第 2 卷 [M]. 北京：中国国际广播出版社，2011.
[17] 余光洲 . 数字图书馆信息化建设方向与构建策略及考核评估标准和优秀经营借鉴大全：第 3 卷 [M]. 北京：中国国际广播出版社，2011.
[18] 余光洲 . 数字图书馆信息化建设方向与构建策略及考核评估标准和优秀经营借鉴大全：第 4 卷 [M]. 北京：中国国际广播出版社，2011.
[19] 余光洲 . 数字图书馆信息化建设方向与构建策略及考核评估标准和优秀经营借鉴大全：第 1 卷 [M]. 北京：中国国际广播出版社，2011.
[20] 高俊杰，牛翠平，吴爽 . 大数据时代图书馆个性化服务探究 [M]. 长春：吉林人民出版社，2022.
[21] 熊拥军，张建中，袁小一，等 . 数字图书馆个性化服务研究与实践：基于新型决策支持系统 [M]. 北京：国防工业出版社，2012.

[22] 胡越 . 图书馆服务的学科化与个性化 [M]. 北京：首都师范大学出版社，2008.

[23] 顾立平 . 数字图书馆发展：个性化、开放化、社群化 [M]. 北京：科学技术文献出版社，2013.

[24] 侯英彩 . 高校图书馆个性化服务研究与实践 [M]. 郑州：郑州大学出版社，2016.

[25] 中国科学院上海生命科学信息中心 . 图书馆个性化知识服务发展报告 [M]. 北京：科学出版社，2010.

[26] 张克柱 . 数字图书馆个性化资源推荐系统的设计与实现 [M]. 徐州：中国矿业大学出版社，2012.

[27] 赵跃亮 . 以数字化资源建设为特色的图书馆服务优化思考 [J]. 采写编 ,2023(6):169–171.

[28] 李欣欣 , 曹国如 , 徐畅 . 高校图书馆数字化服务问题及策略研究 [J]. 科技资讯 ,2023,21(6):185–188.

[29] 王静 , 黄艳 . “互联网 +”背景下图书馆数字化阅读发展刍议 [J]. 信息系统工程 ,2023(3):10–12.

[30] 陈妙凤 . 探索高职院校图书馆数字化技术与信息服务模式 [J]. 信息记录材料 ,2023,24(3):89–91.

[31] 王静 , 黄艳 . 信息技术发展环境下的图书馆数字化服务研究思路分析 [J]. 信息系统工程 ,2023(2):60–62.

[32] 肖长青 . 虚拟现实技术在公共图书馆数字化服务中的应用探究 [J]. 兰台内外 ,2022(35):55–57.

[33] 徐琳娜 , 郭中清 . 信息技术在高校图书馆数字化转型中的应用 [J]. 无线互联科技 ,2022,19(18):110–112.

[34] 喻平 . 新时期公共图书馆数字化建设发展方向研究 [J]. 河南图书馆学刊 ,2022,42(8):26–28.

[35] 姚晓霞，高冰洁．高校图书馆数字化转型的探索与愿景[J]．中国图书馆学报，2022,48(2):13-24.

[36] 滕吉鹏．基于云计算技术的数字化信息平台的研究[J]．软件，2022,43(2):139-141.

[37] 陈佩欣．基于数据挖掘技术的数字图书馆个性化服务发展研究[J]．科技资讯，2021,19(36):149-151.

[38] 朱玉斌．探索高职院校图书馆数字化技术与信息服务模式[J]．中国设备工程，2021(19):211-212.

[39] 沈燕金．基于信息技术的数字化图书馆个性化信息服务系统分析[J]．信息记录材料，2021,22(10):44-45.

[40] 毛瑞瑞．互联网时代下党校图书馆数字化发展的理念和馆藏特色初探[J]．兰台内外，2021(19):67-69.

[41] 李欢欢．数字化阅读时代图书馆个性化服务及信息资源共享机制研究[J]．牡丹江教育学院学报，2021(6):115-116.

[42] 程向阳．数字化环境下高校图书馆空间功能布局探析[J]．传媒论坛，2020,3(22):127-128.

[43] 陈坛铭．高校图书馆数字化信息服务与发展趋势分析[J]．江苏科技信息，2020,37(21):20-22.

[44] 赵建凤．移动新媒体环境下高校图书馆数字阅读推广服务模式研究[J]．才智，2020(2):242.

[45] 祝凤云．数字化网络化环境下图书馆读者服务模式研究[J]．河南图书馆学刊，2019,39(8):122-123.

[46] 郭志勇，张慧敏．公共图书馆数字化阅读推广模式探究[J]．江苏科技信息，2019,36(10):1-3.

[47] 柳弦．高职院校图书馆数字化建设探究[J]．信息与电脑（理论版），

2019(1):255-256.

[48] 石云 . 人性化视角下的公共图书馆数字化建设 [J]. 数字通信世界 ,2019(1):270.

[49] 左丽 . 数字图书馆的个性化信息服务 [J]. 办公室业务 ,2018(17):55.

[50] 何可 . 高校图书馆数字化信息资源的开发与利用 [J]. 现代交际 ,2018(14):93-94.

[51] 熊瑛 . 抓住“双一流”发展契机 , 提升图书馆智能化服务水平：以中南大学图书馆为例 [J]. 出版广角 ,2018(13):56-59.

[52] 刘佳 . 大数据环境下少年儿童图书馆数字资源整合利用分析 [J]. 图书馆工作与研究 ,2018(7):120-123.

[53] 陆泓宇 . 大数据时代数字图书馆发展思考 [J]. 广东蚕业 ,2018,52(7):152，154.

[54] 孟雪锋 , 曹雅文 , 刘苏雨 , 等 . 浅析互联网时代高校图书馆的数字化建设：以安徽大学等五所高校图书馆为例 [J]. 办公室业务 ,2018(13):172-174.

[55] 李燕珩 . 高校图书馆数字化建设的对策及意义 [J]. 通讯世界 ,2018(5):307-308.

[56] 张春丽 . 社会网络环境与图书馆信息资源建设的互动路径研究 [J]. 图书馆学刊 ,2017,39(11):48-50，55.

[57] 汤宪振 . 信息化环境下高校图书馆数字空间利用策略 [J]. 图书馆学刊 ,2017,39(11):120-124.

[58] 苏旋芝 . 论数字图书馆和个性化服务 [J]. 文化创新比较研究 ,2018,2(7):147-148.

[59] 谭衍慧 .“互联网 +”视域下高校图书馆数字化信息服务共享平台建设研究 [J]. 黑河学院学报 ,2018,9(1):207-208.

[60] 张立 . 图书馆数字化建设主要问题及应对研究 [J]. 河南图书馆学刊 ,2018,38(1):129-131.

[61] 孙玲玲 , 杨佐志 , 石东玉 . 基于大数据的承德高校图书馆数字化学习环境共建共享研究 [J]. 网络安全技术与应用 ,2017(12):78-79.

[62] 古江华 . 高校数字图书馆个性化信息服务研究 [J]. 才智 ,2017(28):89.

[63] 王海燕 . 新技术条件下高校图书馆工作思考 [J]. 内蒙古科技与经济 ,2017(14):120-121.

[64] 郑卉奇 . 基于六西格玛管理的高校图书馆个性化服务研究 [D]. 哈尔滨：黑龙江大学 ,2020.

[65] 李雪莹 . 高校图书馆个性化服务质量评价研究 [D]. 哈尔滨：黑龙江大学 ,2019.

[66] 王娟 . 大数据环境下军校图书馆个性化服务及信息资源的共享 [D]. 南京：南京邮电大学 ,2017.

[67] 贠红梅 . 信息化背景下高校图书馆个性化服务研究：以甘肃 Z 学院图书馆为例 [D]. 西宁：青海师范大学 ,2018.

[68] 钟育伙 . 协同过滤技术在图书馆个性化服务中的应用研究 [D]. 福州：福州大学 ,2017.

[69] 周恬 . 我国数字图书馆个性化服务的用户信息保护 [D]. 哈尔滨：黑龙江大学 ,2017.

[70] 郑延明 . 移动图书馆个性化服务研究 [D]. 哈尔滨: 黑龙江大学 ,2017.

[71] 涂静 . 高校图书馆个性化服务评价指标体系研究：以西南交通大学为例 [D]. 成都：西南交通大学 ,2016.

[72] 李慧宇 . 中法数字图书馆个性化服务比较研究 [D]. 哈尔滨：黑龙江大学 ,2016.

[73] 李紫雪 . 智力资本视角下的图书馆个性化服务研究 [D]. 太原：山西大学 ,2015.

[74] 李灵芝 . 数据挖掘在图书馆个性化服务中的应用研究 [D]. 长春：吉林大学 ,2014.
[75] 刘金美 . 基于物联网的高校图书馆个性化服务研究 [D]. 南京：南京航空航天大学 ,2014.
[76] 杨强 . 基于增强现实的图书馆个性化服务系统的研究与实现 [D]. 北京：北京邮电大学 ,2014.
[77] 杨蓉 . Apriori 算法在图书馆个性化服务中的应用研究 [D]. 长沙：中南大学 ,2013.
[78] 曾祥满 . 增强现实技术在图书馆个性化服务平台中的应用研究 [D]. 北京：北京邮电大学 ,2013.
[79] 喻志鸿 . 高校图书馆个性化服务系统设计及实现 [D]. 成都：电子科技大学 ,2012.
[80] 潘小凤 . 数据挖掘在图书馆个性化服务中的应用研究 [D]. 南京：南京理工大学 ,2012.
[81] 王哲 . 数据挖掘技术在高校图书馆个性化服务中的应用研究 [D]. 重庆：重庆大学 ,2012.